Langfristige Vermögensvermehrung mit wertorientierten Investments

Eine Anleitung zur effizienten, selbstbestimmten Vermögensanlage

2. Auflage

Stefan Meißner

Copyright © 2018 Stefan Meißner
ste-meissner@web.de

Alle Rechte verbleiben beim Autor

ISBN-10: 1-7926-1406-3
ISBN-13: 978- 1-7926-1406-4

Inhaltsverzeichnis

Abbildungsverzeichnis V

Vorwort zur 2. Auflage Vii

1 Einleitung **1**

2 Vermögensklassen im Vergleich **4**

   2.1   Möglichkeiten der Kapitalanlage 4

   2.2   Historische Vermögensentwicklung mit unterschiedlichen Vermögensklassen 7

      2.2.1   Langfristige Renditen verschiedener Vermögensklassen 7

      2.2.2   Renditen von Aktien nach Arten und Regionen unterteilt 19

   2.3   Der Zinseszinseffekt 24

3 Investmentstrategien **29**

   3.1   Grundlagen verschiedener Investmentstrategien 29

   3.2   Kritik an der Theorie der effizienten Märkte 31

   3.3   Wertorientierte Investment-Strategien 34

      3.3.1   Value-Investing 34

      3.3.2   Wachstums-Investing 37

   3.4   Weitere Investment-Strategien 39

      3.4.1   Index-Investing 39

      3.4.2   Charttechnik 42

      3.4.3   Die Portfolio-Strategie 46

   3.5   Investmentphilosophien von erfolgreichen wertorientierten Investoren 47

      3.5.1   Formen des wertorientierten Anlegens 47

      3.5.2   Investmentphilosophie von Benjamin Graham 49

      3.5.3   Investmentphilosophie von Philip Fisher 51

      3.5.4   Investmentphilosophie von Warren Buffett 53

   3.6   Entwicklung eines eigenen wertorientierten Investmentstils 56

4 Langfristige Analyse der Märkte 59

- 4.1 Die historische Entwicklung und Bewertung der Märkte 59
- 4.2 Auswirkungen des Bewertungsniveaus auf die Renditen der Folgejahre 73

5 Unternehmensbewertung 84

- 5.1 Der Bewertungsansatz 84
- 5.2 Bestimmung des Gewinnniveaus 90
- 5.3 Bestimmung des Gewinnvielfachen 97
- 5.4 Die Discounted-Cash-Flow-Methode 110
- 5.5 Die Kombination der Bewertungsmethoden 115
- 5.6 Bestimmung des Wachstums 122
- 5.7 Berücksichtigung der Währung 129
- 5.8 Bestimmung der Sicherheitsmarge 137
- 5.9 Anwendung des Bewertungsansatzes 156

6 Vermögensmanagement 165

- 6.1 Ein Portfolio erstellen und verwalten 165
  - 6.1.1 Aktien suchen und verwalten 165
  - 6.1.2 Die Diversifikation des Portfolios 168
  - 6.1.3 Auswahlkriterien für das Portfolio 172
  - 6.1.4 Kosten vermeiden 174
- 6.2 Weitere Hinweise für Investoren 178
- 6.3 Absicherung mit Optionen und Zertifikaten 182
  - 6.3.1 Möglichkeiten mit und Eigenschaften von Optionen und Zertifikaten 182
  - 6.3.2 Gefahren beim Spekulieren mit Optionen und Knock-Out-Zertifikaten 188

7 Schlusswort 191

Informationsquellen für aktive Investoren 195

Quellenverzeichnis 199

Abbildungsverzeichnis

Abbildung 1: Eigenschaften verschiedener Vermögensklassen 6

Abbildung 2: Reale Renditen verschiedener Vermögensklassen im Vergleich 8

Abbildung 3: Reale Rendite von Standardwerteaktien unterschiedlicher Länder von 1900 – 2009 19

Abbildung 4: Reale Renditen verschiedener Aktienarten aus den USA von 1927 - 2008 21

Abbildung 5: Entwicklung von 10.000 Euro zu unterschiedlichen Zinssätzen über langfristige Zeiträume 25

Abbildung 6: Vermögensentwicklung mit monatlich 100 Euro über 45 Jahre und daraus resultierende Rentenbezüge 26

Abbildung 7: Investmentstrategien im Überblick 30

Abbildung 8: Renditevarianz amerikanischer Aktien von 1957 - 1961 31

Abbildung 9: Wertorientierte Investoren und ihre Strategien 48

Abbildung 10: Das Shiller-KGV des S&P 500 zwischen 1881 und 2014 62

Abbildung 11: Das KGV des S&P 500 von 1881 bis 2014 62

Abbildung 12: Entwicklung der Gewinne des S&P 500 (inflationsbereinigt) 63

Abbildung 13: Inflationsbereinigter Kursverlauf des S&P 500 64

Abbildung 14: Historische Inflationsraten in den USA 66

Abbildung 15: Historische Dividendenrenditen des S&P 500 67

Abbildung 16: Gewinnwachstum vom S&P 500 für 25-Jahreszeiträume 69

Abbildung 17: Reales Gewinnwachstum und Dividendenrendite von Aktienmärkten 71

Abbildung 18: Korrelation zwischen dem KGV10 und der Rendite des Folgejahres 74

Abbildung 19: Korrelation zwischen dem KGV10 und der Rendite der Folgedekade 74

Abbildung 20: Renditen des S&P 500 in Abhängigkeit vom Shiller-KGV 76

Abbildung 21: Renditen des S&P 500 in Abhängigkeit vom Shiller-KGV 77

Abbildungsverzeichnis

Abbildung 22: Gewinnvielfaches in Abhängigkeit von der intrinsischen Rendite 106

Abbildung 23: Formeln für unterschiedliche Wachstumsregressionen 108

Abbildung 24: Bewertungsmethoden für unterschiedliche Unternehmenstypen 120

Abbildung 25: Entwicklung anderer Devisen zum Euro seit 2008 131

Abbildung 26: Entwicklung anderer Devisen zum Euro und zur DM seit 1953 132

Abbildung 27: Die Inflationsraten verschiedener Währungsräume seit 2008 134

Abbildung 28: Risikofaktoren 149

Abbildung 29: Sicherheitsmarge in Abhängigkeit vom Risiko 155

Eine Anleitung zur effizienten, selbstbestimmten Vermögensanlage

Vorwort zur 2. Auflage

Nachdem einige Jahre seit der 1. Auflage vergangen sind, hat sich die Strategie ein wenig weiterentwickelt, weshalb im Laufe des Jahres 2018 noch eine 2. Auflage entstanden ist. Dabei wurde das Rad natürlich nicht neu erfunden, denn schließlich ist Value-Investing zeitlos und die Inhalte der 1. Auflage sind dementsprechend nicht überholt. Dennoch gibt es einige Ergänzungen und ein paar Anpassungen. An der Kernstrategie hat sich gegenüber der 1. Auflage nichts verändert und es werden noch dieselben zentralen Kennzahlen verwendet, um den Wert zu ermitteln. Es werden jedoch teilweise neue Methoden vorgestellt, um die zentralen Kennzahlen zu ermitteln und zudem neue Unterkennzahlen eingeführt. Dem Wachstums-Investing, der anderen wertorientierten Investmentstrategie neben dem Value-Investing, wurde dabei noch etwas mehr Raum gegeben.

Generell wurden alle Kapitel noch einmal überprüft und ggf. anhand neuer Erfahrungen und Ergebnisse optimiert. In den Kapiteln 1 – 2 gibt es nur wenige Ergänzungen. Im 3. Kapitel wird noch eine langfristige Kapitalmarktuntersuchung einbezogen und es wird die Bedeutung von Qualität und Wachstum, vor allem für das langfristige Investieren, etwas mehr hervorgehoben. Das Kapitel 4 wird durch die Auswertung einer umfangreichen internationalen Kapitalmarktanalyse aus dem Jahr 2016 bereichert, wodurch der starke Fokus auf den amerikanischen Aktienmarkt reduziert wurde und neue Erkenntnisse gewonnen wurden, die auch in die Bewertung mit einfließen. Da diese neue Studie mit Zahlen bis Anfang 2015 durchgeführt wurde, wurden auch die alten Analysen zum amerikanischen Aktienmarkt, die bis Ende 2014 durchgeführt wurden, nicht aktualisiert. Zum einen, weil dies bei der langfristigen Betrachtung für sich genommen kaum einen Mehrwert bringt, und zum anderen, weil die Zeiträume so besser zu der neuen globaleren Betrachtung passen. Es wurde jedoch geprüft, ob sich durch die Betrachtung der letzten Jahre Änderungen ergeben würden, und dies in wenigen Sätzen erläutert.

Im zentralen Kapitel 5 wurde eine neue Methode zur Bestimmung des Gewinnniveaus entwickelt, die stärker den Fokus auf aktuelle und zu erwartende Gewinne legt, wobei eine Anpassung über diverse Faktoren erfolgt, die aus einer langfristigen Betrachtung der Gewinne abgeleitet werden. Dadurch sollen die Vorteile aktueller und damit relevanterer Daten und einer ganzheitlichen langfristigen Betrachtung kombiniert werden. Bei der Bestimmung des Gewinnvielfachen in Kapitel 5.3 ergeben sich kleine Änderungen, da die neuen Erkenntnisse aus Kapitel 4 einfließen. Für die Bestimmung des Wachstums wurde nach weiteren Anhaltspunkten gesucht und es wurde die Wachstumsqualität eingeführt, die Aufschluss darüber geben soll, wie zuverlässig und langfristig das prognostizierte Wachstum ist. Die Ergebnisse aus dieser zusätzlichen Analyse können bei der Ermittlung des Wertes integriert werden. Dadurch sollen besonders zuverlässige, wachstumsstarke Langfristinvestments noch etwas mehr bevorzugt werden. Es wurde eine Optimierung und Feinjustierung der Risikoanalyse und der damit verbundenen Bestimmung der Sicherheitsmarge auf Basis einer rückblickenden Analyse durchgeführt. Die Möglichkeit der Optimierung durch eine rückblickende Analyse nach einer gewissen Zeit der Anwendung der Risikoanalyse wurde bereits in der 1. Auflage erwähnt. Für die Anwendung des Bewertungsansatzes am Ende vom 5. Kapitel wurde ein neues Beispiel gewählt und die Änderungen und Ergänzungen wurden einbezogen. Im Kapitel 6 wird noch auf die Vorzüge einer Marktanalyse im Vorfeld zur Aktienanalyse hingewiesen. Außerdem gibt es noch ein paar ergänzende Hinweise zur Möglichkeit Kosten zu vermeiden bzw. Kosten gering zu halten. Die Liste der Auswahl hervorragender Unternehmen wurde ebenfalls neu aufgesetzt. Die Unternehmen, die dabei herausgeflogen sind, haben ihren Status als Qualitätsaktien nicht zwangsläufig verloren. Die Liste wird nur bewusst auf 20 Unternehmen von besonderer Qualität beschränkt und diesmal fließen auch die Ergebnisse aus der Analyse zur Wachstumsqualität mit ein. Letztendlich wurden die Informationsquellen für aktive Investoren aktualisiert. Es sind einige neue hinzugekommen und es wurden ein paar veraltete entfernt.

1 Einleitung

Nach Benjamin Graham, dem Urvater des Value-Investing, liegt eine Kapitalanlage im Sinne des Investierens dann vor, wenn sie nach gründlicher Analyse die Sicherheit des eingesetzten Kapitals und einen angemessenen Gewinn verspricht. Sollte eine Kapitalanlage diese Kriterien nicht erfüllen, handelt es sich ihm zufolge um eine Spekulation.[1] Bei einer Spekulation herrscht also große Unsicherheit darüber, ob und wie schnell sich das Vermögen vermehrt bzw. es besteht auch die Gefahr, dass Vermögen vernichtet wird. Da bei keiner Anlage die zukünftige Kaufkraft des eingesetzten Vermögens hundertprozentig vorausgesagt werden kann und verschiedene Analysten nach einer gründlichen Analyse bei vielen Anlageformen auch zu unterschiedlichen Ergebnissen kämen, stellt diese Definition auch keine eindeutige Grenze dar. Allgemein lässt sich jedoch festhalten: Je genauer sich der zukünftige Wert einer Anlage bestimmen lässt, desto mehr handelt es sich um eine Investition, und je größer die vorliegenden Unsicherheiten sind, desto mehr handelt es sich um eine Spekulation. Eindeutige Spekulationen gleichen eher einem Glücksspiel und sind zur langfristigen Vermögensvermehrung nicht geeignet.

In diesem Buch wird zunächst eine besonders geeignete Anlageform und -strategie für die langfristige Vermögensmehrung vorgestellt und dabei mit verschiedenen Alternativen verglichen. Anschließend wird eine praxistaugliche Methode zur Durchführung dieser Strategie erarbeitet.

Mit langfristig ist hier ein Zeithorizont ab 10 Jahren gemeint. Die langfristige Vermögensvermehrung ist daher vor allem für diejenigen geeignet, die sich nicht auf die staatliche Rente verlassen oder diese zumindest aufbessern möchten und dafür bereit sind, etwas beiseite zu legen. Die langfristige Vermögensvermehrung kann auch bereits vor dem Renteneintrittsalter zu finanzieller Unabhängigkeit verhelfen. Wer be-

---

[1] Vgl. Graham, B., 1997, S. 1.

reits finanzielle Unabhängigkeit erreicht hat, kann mit ihr den Teil des Vermögens, den er in dem entsprechenden Zeitraum ohnehin nicht benötigt, effizient für sich arbeiten lassen und so beträchtlich vergrößern. Je früher mit der langfristigen Vermögensvermehrung begonnen wird bzw. je länger der Zeitraum ist, bis auf das zurückgelegte Vermögen zugegriffen werden soll, desto mehr kann mit ihr erreicht werden und desto weniger wird benötigt, um ein beachtliches Vermögen aufzubauen. Wer mit 20 Jahren 10.000 Euro auf die Seite legen kann und diese geschickt investiert, erreicht damit etwa genauso viel wie ein 40-Jähriger, der 100.000 Euro auf die Seite legt.[2] Daher ist es für die langfristige Vermögensvermehrung und das Ausnutzen des Zinseszinses zwar erst zu spät, wenn der entsprechende Zeithorizont nicht mehr gegeben ist, aber es ist nie zu früh und sollte nicht unnötig auf die lange Bank geschoben werden.

Es gibt viele Anlageformen, in die überschüssiges Geld investiert werden kann. Dieses Buch geht zu Beginn auf die verschiedenen Möglichkeiten ein, sein Vermögen zu erhalten bzw. es zu vermehren. Da es jedoch um die langfristige Vermögensvermehrung geht, befasst es sich vorwiegend mit einer Vermögensklasse, nämlich den Aktien. Es wird gleich zu Beginn aufgezeigt, warum diese Anlageform deutliche Vorteile gegenüber ihren Alternativen bietet, wenn es darum geht, Vermögen langfristig zu vermehren. Zum Investieren in Aktien gibt es verschiedene Strategien. Von diesen befasst sich das Buch vorwiegend mit dem Value-Investing. Es wird jedoch erläutert, welche alternativen Strategien es gibt und warum mit dem Value-Investing der Markt in der bereits besten Vermögensklasse für langfristige Investments geschlagen werden kann, was zu hervorragenden Renditen führt. Außerdem wird aufgezeigt, wie Value-Investing funktioniert und wie es mit einfachen Mitteln angewendet werden kann.

---

[2] Um ein Vermögen in 20 Jahren zu verzehnfachen wird eine Rendite von 12,2 % benötigt. In Kapitel 2.3 wird genauer und mit weiteren Rechenbeispielen auf die Auswirkungen des Zinseszinses eingegangen.

Zunächst werden im 2. Kapitel verschiedene Anlagemöglichkeiten vorgestellt und deren Eigenschaften sowie ihre langfristigen Renditen aufgezeigt. Außerdem wird die Wirkung des Zinseszinses veranschaulicht. Das 3. Kapitel stellt Anlagephilosophien und Strategien für die Aktienanlage allgemein vor und geht anschließend auf unterschiedliche Arten des wertorientierten Anlegens ein sowie auf Personen, die diese Arten praktizieren. Am Ende des 3. Kapitels wird daraus resultierend die Strategie vorgestellt und erläutert, mit deren Umsetzung sich die folgenden Kapitel befassen. Vor der Umsetzung wird im 4. Kapitel noch der amerikanische Aktienmarkt bzw. dessen Verhalten, Bewertung und Entwicklung in der Vergangenheit analysiert. Das 5. Kapitel befasst sich darauf aufbauend mit der Bewertung von einzelnen Unternehmen und der Bestimmung des Preises, den man maximal für eine Aktie bezahlen sollte. Hierfür setzt sich das Kapitel auch mit der Bestimmung des Risikos einer Aktienanlage auseinander. Im 6. Kapitel wird erläutert, wie auf Basis des bis dahin erlangten Wissens ein Portfolio zusammenstellt und verwaltet werden kann und was sonst noch bei der Vermögensverwaltung beachtet werden sollte. Außerdem wird auf die Möglichkeiten und Risiken von Zertifikaten und Optionsscheinen eingegangen. Nach dem Schlusswort sind im Anhang noch Informationsquellen für aktive Investoren hinterlegt, die bei der Auswahl und Bewertung von Unternehmen hilfreich sind, sowie Quellen, die für dieses Buch verwendet wurden.

2 Vermögensklassen im Vergleich

2.1 Möglichkeiten der Kapitalanlage

Es gibt verschiedene Möglichkeiten, nicht benötigte Kapitalreserven aufzubewahren oder sie Erträge generieren zu lassen. Die verschiedenen Formen, in denen das Kapital bzw. Vermögen gehalten wird, werden auch Vermögensklassen genannt. Die wohl unrentabelste Form ist Bargeld, da es keinen Inflationsschutz bietet und keine Erträge generiert. Dann gibt es die Möglichkeit, dieses Geld bei einer Bank auf einem Sparbuch, auf einem Tagesgeldkonto oder als Termingeld anzulegen. Auch Rentenansprüche gegenüber dem Staat, einem Unternehmen oder einer Versicherung stellen Vermögen dar. Zudem kann Vermögen in Form von Immobilien, Edelmetallen sowie Kunstgegenständen und Sammlerobjekten bestehen und es gibt noch Vermögensklassen, die an der Börse gehandelt werden. Dazu gehören Aktien und Anleihen.

Diese Vermögensklassen können nach verschiedenen Kriterien unterschieden werden. Ein Kriterium ist die Liquidität. Liquides Vermögen lässt sich sofort zu Geld machen und hat somit eine unmittelbare Kaufkraft. Bei weniger liquidem Vermögen, wie beispielsweise einer Immobilie, ist es aufwändiger und dauert länger, den Wert, den es darstellt, in Geld umzuwandeln, welches dann zum Kauf anderer Dinge verwendet werden kann. Liquides Vermögen hat somit Vorteile gegenüber illiquidem Vermögen, da es unmittelbar und mit wenig Aufwand genutzt werden kann.

Zudem lassen sich Vermögensklassen in Geldvermögen und Realvermögen einteilen. Geldvermögen ist auf einen bestimmten Geldbetrag festgelegt. Sein jetziger und meistens auch zukünftiger (abgesehen von Ausfallrisiken) Geldbetrag ist somit genau bestimmbar. Allerdings ist es nicht gegen Inflation geschützt. Es steht zwar fest, wie viel Geld es in der Zukunft darstellt, aber welche Kaufkraft dieses Geld in der Zukunft hat, hängt von der Inflation ab. Beim Realvermögen handelt es sich hingegen um Sachwerte, denen zu einem bestimmten Zeitpunkt ein Geldbetrag zugeordnet werden kann. Realvermögen ist inflationsgeschützt und bleibt auch nach einer Währungsreform bestehen. Der Geldbetrag, der hinter dem Realvermögen steht, kann, anders als bei Geldvermögen, schwanken. Dafür bleibt seine Kaufkraft auch in Phasen starker Inflation weitgehend konstant. Letztendlich ist Geld jedoch nur Mittel zum Zweck. Es kommt immer darauf an, was man für sein Geld bekommt. Daher ist es ein Fehler, zu glauben, Geldvermögen sei sicherer, da besser bestimmt werden kann, wie viel Geld man in der Zukunft hat. Wenn sich die gesamte Geldmenge erhöht, sinkt der Wert des Geldes. Der Betrag des ursprünglich angesparten Geldes bleibt zwar derselbe, aber sein Wert ist trotzdem geringer.

Außerdem gibt es noch Anlagen, die regelmäßige Erträge in Form von frei verwendbarem Geld erzeugen und solche, die dies nicht tun. Die laufenden Erträge können durch Zinsen, Dividenden oder Mieteinnahmen zustande kommen. Vor allem für diejenigen, die ihr Vermögen für sich arbeiten lassen und von ihm leben wollen, ohne es aufzuzehren, sind diese Erträge unerlässlich. Aber auch sonst sprechen laufende Erträge für gute Renditen.

Das folgende Schaubild unterteilt die oben genannten Vermögensklassen in die Kategorien liquide und illiquide, Geldvermögen und Realvermögen sowie Erträge erzeugend und keine Erträge erzeugend.

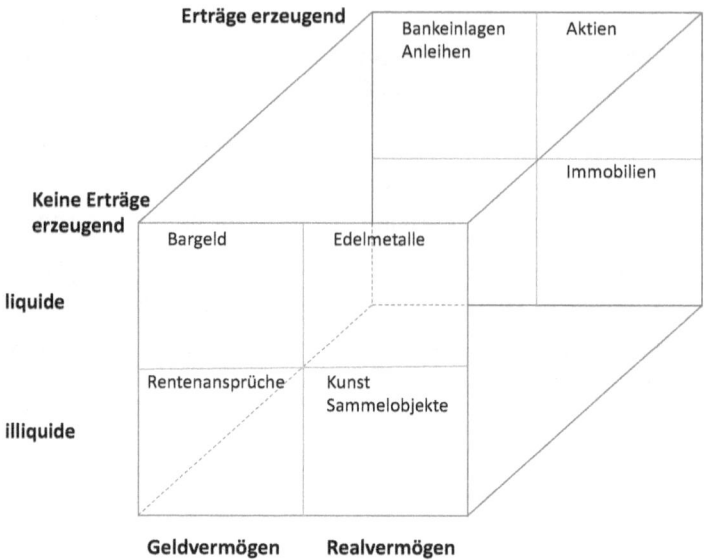

Abbildung 1: Eigenschaften verschiedener Vermögensklassen[3]

Immobilien erzeugen zwar Mieterträge bzw. ersparen Aufwendungen bei der Eigennutzung, aber sie müssen auch abgeschrieben werden bzw. es erfordert Aufwendungen, um ihren Wert zu erhalten.

Manche Kunst- und Sammelobjekte können bei Ausstellungen oder beim Verleihen gegen Gebühr laufende Einnahmen erzeugen. Das ist jedoch bei privaten Sparern eher die Ausnahme und es ist schwieriger, mit ihnen laufende Erträge zu erzielen, als mit Bankeinlagen, Anleihen, Aktien und Immobilien.

Rentenansprüche erzeugen zwar irgendwann laufende Einnahmen, diese beginnen jedoch erst mit dem Renteneintritt, während Bankeinlagen, Anleihen, Aktien oder Immobilien ihren Eigentümern gewöhnlich mindestens einmal im Jahr Einnahmen einbringen.

Aktien von Unternehmen, die keine Dividende ausschütten, generieren keine laufenden Erträge.

---

[3] Eigene Darstellung.

2.2 Historische Vermögensentwicklung mit unterschiedlichen Vermögensklassen

2.2.1 Langfristige Renditen verschiedener Vermögensklassen

Neben ihren Eigenschaften sollte vor allem die Rendite von Vermögensklassen ein wesentliches Kriterium für die Auswahl sein. Hierfür stellt die Abbildung 2 die inflationsbereinigten Renditen von Aktien, Anleihen, Immobilen und Gold in den 11 Dekaden zwischen 1900 und 2009 sowie für den gesamten Zeitraum dar. Da es bei einigen dieser Vermögensklassen kurz- und mittelfristig zu starken Schwankungen kommen kann, sollten möglichst langfristige Zeiträume verglichen werden. Bei den in Abbildung 1 erwähnten Bankeinlagen und Rentenansprüchen wird in gewisser Weise einer Bank oder einem Staat Geld geliehen, wodurch sie mit einer Anleihe verglichen werden können. Allerdings fallen Verwaltungskosten an und Banken wollen auch noch Gewinne erwirtschaften, wodurch die Renditen geringer ausfallen als bei der direkten Geldleihe an Staaten und Unternehmen über Anleihen. Kunst und Sammelobjekte sind am ehesten mit Gold und Immobilien zu vergleichen. Allerdings sind sie sehr vielfältig und ihr Wert liegt, im Gegensatz zu Immobilien, gewöhnlich deutlich über ihrem Nutzen und hängt stark von dem subjektiven Geschmack und den Interessen anderer Menschen ab, wodurch er schwer zu bestimmen ist.

Langfristige Vermögensvermehrung mit wertorientierten Investments

Zeitraum	Aktien (USA)	Aktien (entw. Länder)	Langfristige Staatsanleihen (USA)	Langfristige Staatsanleihen (entw. Länder)	Kurzfr. Staatsanleihen (USA)	Goldpreis	Hauspreise (USA)
1900 - 2009	6,1 %	5,3 %	2,1 %	1,7 %	1,0 %	0,5 %	0,4 %
1900 - 1909	9,3 %	6,9 %	1,8 %	1,7 %	3,7 %	-2,2 %	-0,4 %
1910 - 1919	-2,5 %	-3,6 %	-4,5 %	-7,7 %	-2,4 %	-6,5 %	-3,2 %
1920 - 1929	14,4 %	12,4 %	7,0 %	5,6 %	5,8 %	1,2 %	1,6 %
1930 - 1939	1,9 %	1,7 %	7,1 %	5,3 %	2,7 %	7,5 %	0,8 %
1940 - 1949	4,0 %	0,8 %	-2,1 %	-4,9 %	-4,7 %	-3,6 %	2,6 %
1950 - 1959	15,7 %	18,0 %	-2,2 %	-0,4 %	-0,3 %	-3,1 %	0,8 %
1960 - 1969	5,6 %	5,4 %	-1,0 %	0,7 %	1,3 %	-2,2 %	-0,4 %
1970 - 1979	-0,7 %	0,6 %	-1,7 %	1,5 %	-1,0 %	23,5 %	1,0 %
1980 - 1989	19,4 %	13,4 %	7,1 %	6,5 %	3,6 %	-10,2 %	0,7 %
1990 - 1999	6,2 %	7,9 %	5,7 %	6,7 %	1,9 %	-5,4 %	-0,2 %
2000 - 2009	-3,4 %	-2,5 %	6,6 %	5,2 %	0,4 %	12,3 %	0,8 %
Niedrigste Jahresrendite im Jahr	-38 % 1931	-35 % 1931	-19 % 1918	-27 % 1946	-15 % 1946	-40 % 1981	-20 % 2008
Niedrigste Dekadenrend.	-3,4 %	-4,9 %	-4,5 %	-7,7 %	-4,7 %	-10,2 %	-3,2 %

Abbildung 2: Reale Renditen verschiedener Vermögensklassen im Vergleich[4]

Während bei den Renditen in Abbildung 2 die Zinsen der Anleihen und die Dividenden der Aktien berücksichtigt wurden, muss man, um die Rendite von Immobilien zu erhalten, zu den Häuserpreisen noch die Erträge abzüglich der Kosten hinzuaddieren, die eine Immobilie mit sich bringt. Gold und andere Edelmetalle werfen ohnehin keine Erträge ab. Die durchschnittliche Mietrendite liegt in Deutschland bei etwa 4,5 %, wobei es hier natürlich auch Schwankungen und regionale Unterschiede gibt.[5] Etwa 20 % - 30 % der Mieterträge sollten pro Jahr als Bewirtschaf-

---

[4] Eigene Darstellung; Datenquellen: Kommer, G., 2009, S. 37, S. 43 – 46; Deutsche Bank, 2012, S. 65 (für die Renditen von Aktien und langfr. Staatsanleihen in der Dekade von 2000 – 2009. Für die Renditen „Aktien (entw. Länder)" und „Langfristige Staatsanleihen (entw. Länder)" von 2000 – 2009 wurde die Durchschnittsrendite aus den Märkten von Deutschland, Frankreich, Großbritannien, Japan und den USA genommen.); Shiller, R., 2015 (für die Hauspreise von 1890 – 2009 und für die Inflationsrate des US Dollar); U.S Department of the Treasury, 2015 (für die Rendite kurzfristiger Staatsanleihen (USA) 2009).

[5] Vgl. Kösling, B., 2006, S. 113, S. 120.

tungskosten eingeplant werden.[6] Für Abschreibungen oder entsprechende Instandhaltungskosten werden pro Jahr die gesetzlichen 2 % der Anschaffungskosten angenommen.[7] Das entspricht einer Nutzungsdauer von 50 Jahren, die durch Instandhaltungsinvestitionen verlängert werden kann. Somit müssen zu den Veränderungen der Häuserpreise aus Abbildung 2 noch ungefähr 1,5 % hinzuaddiert werden, um die durchschnittliche reale Rendite von Immobilien zu erhalten.[8] Dadurch ist die Rendite von Immobilien für die 110 Jahre zwischen 1900 und 2009 zumindest mit der von langfristigen Staatsanleihen vergleichbar.

Die Abbildung zeigt, dass Aktien langfristig eindeutig den höchsten realen Wertezuwachs bringen. Dabei sind hier noch nicht einmal die Renditen von Aktien kleiner Unternehmen enthalten, da für diese die vorhandenen Daten nicht so weit in die Vergangenheit reichen wie bei den großen Unternehmen. Im nächsten Kapitel wird sich noch herausstellen, dass deren Rendite noch über der von den hier aufgeführten großen Unternehmen liegt. Die angegebenen Prozentsätze zu den Vermögensklassen stellen den geometrischen Durchschnitt in dem entsprechenden Zeitraum dar. Das heißt, es wird die Wertveränderung des gesamten Zeitraumes betrachtet und dargestellt, bei welcher gleichbleibenden jährlichen Rendite es zu demselben Ergebnis gekommen wäre. Mit der Formel $[(x + 1)^n - 1] * 100$ erhält man die Performance für den gesamten Zeitraum in Prozent, wobei für x die geometrische Durchschnittsrendite eingesetzt werden muss und für n die Länge des Zeitraums in Jahren.

Die höchste Rendite wird Aktien auch im Allgemeinen zugesprochen, es wird ihnen jedoch immer ein besonders hohes Risiko unterstellt. Betrachtet man jedoch die einzelnen Dekaden und vergleicht die schlechtesten Dekaden von Aktien, Anleihen, Gold und Immobilien, so lässt sich feststellen, dass die schlechteste Dekade von Aktien immer noch besser war als die von kurz- und langfristigen Anleihen, sogar wesentlich besser

---

[6] Vgl. Zitelmann, R., 2008, S. 61.
[7] Vgl. Zitelmann, R., 2008, S. 77.
[8] 4,5 % Ertrag – 1 % Bewirtschaftungskosten (4,5 % * 22,2 % = 1%) – 2 % Abschreibungs- / Instandsetzungskosten = 1,5 %.

war als die von Gold und sich in dem Ranking nur gegenüber den Immobilien geschlagen geben muss. Fasst man zwei beliebige aneinander angrenzende Dekaden zusammen, stellen Aktien sogar die einzige Vermögensklasse dar, bei der die realen Renditen immer positiv waren. Dies zeigt, dass das höhere Risiko, das gerne mit der höheren Rendite von Aktien in Verbindung gebracht wird, nur für kurzfristige Zeiträume besteht. Für längere Zeiträume ab etwa einer Dekade scheint dieser Zusammenhang seine Gültigkeit zu verlieren oder sogar ins Gegenteil umzuschlagen. Dann bringen Aktien neben der höheren Rendite sogar noch ein geringeres Verlustrisiko.

Gerade Gold, das gerne als sicherer Hafen bezeichnet wird, hat mit -40 % im Jahre 1981 den höchsten realen Verlust innerhalb eines Jahres und in den 80er-Jahren mit -66 % den höchsten realen Wertverlust innerhalb eines Jahrzehnts aller hier aufgeführten Vermögensklassen erlitten. Des Weiteren hat es in 7 von den 11 aufgeführten Dekaden negative reale Renditen eingebracht. Für das gesamte 20. Jh. betrug die reale Rendite noch -0,5 %. Erst durch die herausragende letzte Dekade ist die Rendite für den 110-Jahreszeitraum noch in den positiven Bereich gekommen. Auch seine nominale Standardabweichung, die der Abbildung nicht zu entnehmen ist, liegt mit 23 % für den Zeitraum von 1927 bis 2008 über der des amerikanischen Aktienmarktes mit 21 %.[9] Einzelne Aktien unterliegen größeren Schwankungen als der Gesamtmarkt, aber Aktieninvestoren haben schließlich die Möglichkeit zu diversifizieren. Gold erzeugt fast keine reale Rendite und unterliegt trotzdem größeren Schwankungen als ein breit diversifiziertes Aktienportfolio. Selbst in den extremen 10er- und 40er-Jahren, in denen die beiden Weltkriege stattfanden, hat Gold deutlich an realem Wert eingebüßt. Demnach kann Gold nicht als sicherer Hafen bezeichnet werden. Ein weiterer Nachteil von Gold ist es, dass sein Nutzwert deutlich unter dem Preis liegt. Der hohe Preis kommt vorwiegend zustande, weil das Metall die Menschen fasziniert und ihm so ein besonderer Wert zugesprochen wird. Eigentlich kann es sogar als eine dauernde Preisblase bezeichnet

---

[9] Vgl. Kommer, G., 2009, S. 39.

werden. Da diese aber schon seit Jahrtausenden besteht, ist es sehr unwahrscheinlich, dass sie platzen und vollkommen verschwinden wird. Sie kann aber jederzeit kleiner werden. Warren Buffett hat zum Gebaren der Menschen um Gold gesagt, wenn Außerirdische es beobachteten, würden sie sich am Kopf kratzen. Die Menschen graben es aus, schmelzen es ein, um es dann wieder zu vergraben.[10] Eine Alternative, die zumindest von diesem Nachteil verschont ist, sind andere Edelmetalle mit höherem Nutzwert wie Silber, Palladium, Platin und Rhodium. Dafür geht die Nachfrage nach diesen Metallen seitens der Industrie in Krisenzeiten zurück, was den Preis stärker fallen lässt.

Ein Vorteil von hochwertigen Metallen gegenüber den anderen Vermögensklassen ist, dass mit relativ wenig Volumen viel Wert und reales Vermögen aufbewahrt werden kann. Dadurch können sie, wenn sie in physischer Form gehalten werden, gut vor möglichen Enteignungen in extremen Zeiten versteckt werden. Aktien und Anleihen befinden sich in einem Depot bei der Bank, das von der Bank verwaltet wird. Sie können, wie auch Häuser, nicht versteckt werden. Häuser können außerdem im Krieg zerstört werden. Als Zertifikat haben Gold und andere Edelmetalle keine Vorteile gegenüber Aktien. Falls man einen Teil seines Vermögens in Form von physischen Edelmetallen für eventuelle Extremsituationen aufbewahren möchte, sollte darauf geachtet werden, dass in den entsprechenden Extremsituationen auch auf diese zugegriffen werden kann. Selbst der Tresor der Hausbank kann bei entsprechenden Veränderungen der Rechtslage gesperrt werden. Größere Mengen im eigenen Haus bergen wiederum Risiken, die über das finanzielle Verlustrisiko hinausgehen. Eine mögliche Alternative wäre hierfür ein Tresor in der Schweiz. Und schließlich können, wie bei der Diversifizierung anderer Vermögensklassen, auch Edelmetallvorräte auf verschiedene Standorte verteilt werden.

Auch langfristige Staatsanleihen haben in den schwierigen Zeiten der beiden Weltkriege noch schlechter abgeschnitten als Aktien. Auch in Deutschland, Frankreich und Japan, die besonders unter dem zweiten

---

[10] Vgl. Löwe, J., 2010, S. 178.

Weltkrieg gelitten haben und für die es sich somit um eine besonders schwere Krise gehandelt hat, haben langfristige Staatsanleihen in den 40er-Jahren schlechter abgeschnitten als Aktien. Gleiches gilt für die 10er-Jahre, in denen der erste Weltkrieg für Zerstörung gesorgt hat, auch wenn Japan von diesem Krieg verschont blieb.[11] Langfristige amerikanische Unternehmensanleihen mit hoher Bonität, die in der Abbildung nicht aufgeführt werden, haben übrigens in dem 82-Jahres-Zeitraum zwischen 1927 und 2008 mit inflationsbereinigten 2,6 % dieselbe Rendite eingebracht wie langfristige amerikanische Staatsanleihen in demselben Zeitraum. Auch in den einzelnen Dekaden gab es meistens nur geringe Abweichungen unter einem Prozentpunkt.[12] Es scheint also langfristig keine gravierenden Renditeunterschiede zwischen Unternehmens- und Staatsanleihen zu geben. Die realen Renditen von Anleihen fielen im 19. Jh. und bis zur Mitte des 20. Jh. wesentlicher höher aus als seitdem. Seit den 60er-Jahren hat sich das Inflationsniveau deutlich erhöht.[13] Darunter leiden die realen Renditen von sämtlichen Vermögensklassen, die Geldvermögen darstellen.

Auf die drei Zehnjahresabschnitte des 20. Jh. mit den schlechtesten Performances folgten bei Aktien die drei Abschnitte mit den besten Performances. Zwischen den Jahren 1930 und 1949 gab es gleich 2 schwache Dekaden hintereinander, gefolgt von der besten Dekade des 20. Jh. So wurden Aktieninvestoren für die schlechten 10er- und 40er-Jahre in den 20er- und 50er-Jahren entschädigt. Dies war bei Anleihen nicht der Fall. In Deutschland musste man mit ihnen 1923 und 1948 sogar einen Totalverlust hinnehmen. Und nach einem Totalverlust gibt es für das eingesetzte Geld nicht mehr die Möglichkeit eines Ausgleichs. Das schlechteste Jahr für Aktien in Deutschland war 1948 mit -91 %, wie man der Abbildung 3 im folgenden Kapitel 2.2.2 entnehmen kann. In den 10 Jahren von 1950 bis 1959 stiegen deutsche Aktien jedoch um über 1500 %, was sogar den herben Verlust von 1948 ausgleichen konnte. Hierbei ist zu bedenken, dass ein Gewinn von 1111 % benötigt wird, um einen Ver-

---

[11] Vgl. Kommer, G., 2009, S. 43 – 44.
[12] Vgl. Kommer, G., 2009, S. 39.
[13] Siehe Ausführungen in Kapitel 4.1.

lust von -91 % auszugleichen. Deutschland hat nach dem zweiten Weltkrieg von der Hilfe Amerikas profitiert, aber auch japanische Aktien, die 1946 einen Verlust von -86 % hinnehmen mussten und in den gesamten 40er-Jahren noch schlechter abschnitten als die deutschen, haben in den gesamten 50er-Jahren eine Performance von immerhin fast 1000 % hingelegt. Japanische Staatsanleihen brachten in den 50er-Jahren im geometrischen Durchschnitt 2,5 % jährlich ein, was 28 % für den gesamten Zehnjahreszeitraum entspricht, nachdem sie in den 40er-Jahren nahezu einen Totalverlust erlitten hatten. Langfristige Staatsanleihen aller entwickelten Länder, als Gesamtes in einem Portfolio betrachtet, haben ihren Besitzern in den 40er- und 50er-Jahren reale Vermögensverluste eingebracht und langfristige amerikanische Staatsanleihen haben sogar zwischen 1940 und 1979 in vier aufeinanderfolgenden Dekaden real Verluste erzeugt. Dies ist auch eine Folge des 2. Weltkrieges und der darauf folgenden Kriege unter Beteiligung Amerikas. Der amerikanische Staat hat für die Kriege Schulden aufgenommen und sich dieser Schulden anschließend durch Inflation entledigt, was zu realen Verlusten bei sämtlichen Geldvermögen geführt hat. Längerfristig hat also unabhängig vom Ausgang eines Krieges in allen Szenarios (Gewinner oder Verlierer, mit oder ohne Kriegsschäden) das Geldvermögen an Kaufkraft eingebüßt, während Aktien keine großen Verluste erlitten oder sich zumindest wieder erholt haben.

In extremen Situationen, wie beispielsweise einem Krieg, verkaufen viele ihre Aktien, da diese als riskant gelten. Deshalb fallen zunächst die Aktienkurse, was ihr Risiko vorerst bestätigt. Dies ist jedoch ein Fehler, da die Vergangenheit zeigt, dass vor allem Geldvermögen gefährdet ist, egal, ob es schlagartig in einer Währungsreform oder Hyperinflation oder langsam durch eine anhaltende hohe Inflation entwertet wird. Aktien sind hingegen Realvermögen und damit weitgehend gegen die Inflation resistent. Deshalb steigen ihre Kurse auch wieder nach den anfänglichen, oft panikartigen und irrationalen Verkaufswellen. In Deutschland, Frankreich und Japan haben sowohl kurz- als auch langfristige Staatsanleihen, im gesamten 20. Jh. kumuliert, negative

Realrenditen abgeworfen.[14] Da zumindest die kurzfristigen Anleihen, abgesehen von extremen Situationen wie einer Währungsreform oder Staatsinsolvenz, nominal kaum Verluste verursachen, fällt dies nicht auf. Jedoch ist die Rendite oft niedriger als die Inflation, was das reale Vermögen schrumpfen lässt. In den Extremsituationen können sowohl kurzfristige als auch langfristige Staatsanleihen einzelner Länder schon in kurzer Zeit hohe Verluste einspielen. Ansonsten haben zumindest kurzfristige Anleihen den Vorteil, dass sie gewöhnlich nur sehr geringen Wertschwankungen unterliegen. Bei den kurzfristigen amerikanischen Staatsanleihen war die schlechteste reale Jahresrendite mit -15 % im Jahr 1946 immer noch deutlich besser als die schlechteste Jahresrendite aller anderen Vermögensklassen.

Immobilien bringen zumindest recht zuverlässig positive reale Rendite bei geringen Wertschwankungen. Werden zu den Veränderungen der Häuserpreise noch die oben errechneten 1,5 % für laufende Erträge abzüglich Aufwendungen addiert, so haben Immobilien nur in einer Dekade des 20. Jh. leicht negative reale Rendite eingebracht. In allen anderen Dekaden hat sich mit ihnen das Realvermögen vermehrt. Die Renditen sind jedoch wesentlich geringer als bei Aktien. Zudem verursacht die Anschaffung von Immobilien aufgrund von Grunderwerbssteuern und Notarkosten relativ hohe Einmalkosten und sie sind nicht sonderlich liquide.[15] Aufgrund der hohen Stückkosten und ihrer Immobilität ist auch eine Diversifizierung wesentlich schwieriger bzw. für viele Sparer unmöglich und bei einzelnen Immobilien können die Wertschwankungen heftiger ausfallen als die des gesamten Immobilienmarktes. Da Immobilien Realvermögen darstellen, sind sie von der höheren Inflation seit den 60er-Jahren nicht derartig betroffen wie Anleihen. Deshalb haben sie zumindest seit Mitte des 20. Jh. eine bessere Rendite als Anleihen und Gold erzielt. Eine Immobilie zur Eigennutzung bringt jedoch neben der etwas höheren Rendite gegenüber vermieteten Objekten aufgrund von niedrigeren Bewirtschaftungs-

---

[14] Vgl. Kommer, G., 2008, S. 44 – 45.
[15] Vgl. Zitelmann, R., 2008, S. 56, S. 61.

kosten und Steuervorteilen gewisse Freiheiten mit sich, wenn sie nicht fremdfinanziert ist. Immobilienbesitzer sind von keinem Vermieter abhängig, haben mehr Gestaltungsfreiraum und manche Menschen fühlen sich einfach wohler, wenn sie in ihren eigenen vier Wänden wohnen können. Außerdem bekommen Immobilienbesitzer relativ günstig Fremdkapital, wenn die Immobilie nicht bereits mit Fremdkapital finanziert ist. Dies hängt auch mit den geringen Wertschwankungen zusammen. Eine stark fremdfinanzierte Immobilie kann dem Besitzer stattdessen Freiheiten nehmen, da er über einen extrem langen Zeitraum die Raten bedienen muss und somit auf Einnahmen angewiesen ist. Sonst ist durch die anfallenden Zinsen alles, inklusive des eingesetzten Eigenkapitals, in Gefahr. Eine eigengenutzte Immobilie sollte selbstverständlich nur gekauft werden, wenn man einen Ort gefunden hat, an dem man lange bleiben möchte.

Es handelt sich hier zwar ausschließlich um Renditen aus der Vergangenheit, diese sind jedoch für sehr lange Zeiträume ermittelt worden, was den Einfluss von konjunktur- und bewertungsbedingten Schwankungen auf die Rendite fast vollständig beseitigt. In dieser Zeit gab es verschiedene extreme Ereignisse wie Weltkriege, Hyperinflationen, große Depressionen und Währungsreformen und es gab auch längere ruhige Phasen. Auch wenn sich immer wieder irgendwelche Untergangspropheten melden, gibt es keinen Anlass dafür, anzunehmen, dass sich in den nächsten 100 Jahren die wirtschaftliche Entwicklung deutlich verschlechtern wird. Eines der schlimmsten Szenarien für eine Volkswirtschaft ist ein Krieg, wie man den Renditen aus den unterschiedlichen Dekaden des 20. Jahrhundert und den Ausführungen zu Beginn des nächsten Kapitels entnehmen kann. Die Gefahr eines Krieges zwischen zwei Ländern aus der entwickelten Welt bzw. eines Krieges, bei dem eines oder mehrere entwickelte Länder massiv beschädigt werden, ist heute aufgrund der Globalisierung, der Einführung der Demokratie in vielen Teilen der Welt, der Verbundenheit der entwickelten Länder und des Endes des Kalten Krieges deutlich unwahrscheinlicher als noch im 20. Jahrhundert. Abgesehen davon bräuchte man sich im Falle eines dritten Weltkrieges, bei dem eventuell auch noch Atomwaffen eingesetzt werden würden, nicht mehr allzu viele Gedanken um die langfristige Vermögensvermehrung machen.

Trotzdem bietet auch eine langfristige historische Betrachtung natürlich keine hundertprozentige Garantie für die Zukunft. Die Überlegenheit von Aktien gegenüber anderen Vermögensklassen lässt sich neben dem Blick auf ihre Eigenschaften und ihre langfristige Performance jedoch auch logisch erklären. Unternehmen würden keine Anleihen ausgeben, gingen sie nicht davon aus, dass sie mit dem Kapital höhere Erträge für ihre Eigenkapitalgeber bzw. Aktionäre generieren können, als sie für die Zinsen aufwenden müssen. Als Anleihekäufer stellt man dem Unternehmen Fremdkapital zur Verfügung, als Aktienkäufer stellt man ihm Eigenkapital zur Verfügung. Banken würden ihren Kunden sicherlich keine Zinsen zahlen, wenn sie nicht davon ausgingen, dass sie dieses Geld gewinnbringender einsetzen können, zum Beispiel zum Kauf von Aktien oder Anleihen. Gold und Immobilien dienen eigentlich nur dem Erhalt der Kaufkraft, was auch deren langfristige reale Rendite bestätigt. Sie sind einfach Gegenstände mit besonderer Beständigkeit, die wegen ihrer langen Haltbarkeit nur sehr langsam oder gar nicht abgeschrieben werden müssen und deshalb als Anlage genutzt werden. Immobilien werfen zumindest noch Erträge ab, welche die Kosten ein Stück weit übertreffen. Da der Preis von Gold und Immobilien durch Angebot und Nachfrage bestimmt wird, kann es kurzfristig zu starken Preisschwankungen kommen. Somit können beide Vermögensklassen über gewisse Zeiträume auch bessere Renditen als Aktien erzielen. Man investiert mit ihnen jedoch nicht in die Wirtschaft, sondern spekuliert auf eine Veränderung der Nachfrage oder des Angebots oder versucht einfach sein Vermögen zu erhalten bzw. geringe Erträge zu erzielen. Aufgrund der stetig wachsenden Geldmenge (Inflation) steigt auch der Preis für Gold und Immobilien langfristig. An ihrer Kaufkraft ändert sich jedoch langfristig kaum etwas.

Die obigen Untersuchung ergab, dass Aktien eindeutig die beste Vermögensklasse darstellen, um langfristig Vermögen zu vermehren. Sie haben mit ihrer Liquidität, der Tatsache, dass sie Realvermögen sind und den laufenden Erträgen, die sie erzeugen, hervorragende Eigenschaften und bringen mit deutlichem Abstand die besten inflationsbereinigten Renditen. Anders als bei Staatsanleihen folgten bei Aktien auf längere Phasen mit schlechter Performance in der Vergangenheit immer Phasen mit einer besonders guten Performance. Daher sprechen längere Perioden mit schlechten Performances, wie wir sie bspw. zwischen 2000 und 2009 erlebt haben, erst recht dafür, dass Aktien in den Folgejahren wieder besser abschneiden werden. Langfristige Anleihen sollten komplett gemieden werden, da sie kaum Vorteile gegenüber Aktien haben. Die Gefahr von kurz- und mittelfristigen Verlusten ist nicht viel geringer und sie werfen langfristig viel schlechtere Renditen ab. Kurzfristige Anleihen oder Bankeinlagen werfen zwar noch etwas schlechtere Renditen ab, bei Ihnen besteht dafür auch kurzfristig fast kein Verlustrisiko. Somit können kurzfristige Anleihen, Bankeinlagen und Tagesgeldkonten genutzt werden, um das Vermögen zu parken, welches für das tägliche Leben und absehbare größere Anschaffungen benötigt wird. Der Erwartungswert ist auch kurzfristig bei Aktien höher. Die kurzfristig nicht vorhersehbaren Schwankungen könnten jedoch zum Verkauf zu einem ungünstigen Zeitpunkt zwingen. Gold unterliegt den größten Wertschwankungen und bringt fast keine reale Rendite. Für diejenigen, die über ein großes Vermögen verfügen, kann es für den Fall oben erwähnter Extremsituationen sinnvoll sein, einen kleinen Teil des Vermögens in physischem Gold an sicheren Orten aufzubewahren, wobei es sich hierbei empfiehlt, auch etwas Silber, Palladium, Platin und Rhodium beizumischen oder gar nur Nutzmetalle zu nehmen. Bei einzelnen Nutzmetallen bzw. Rohstoffen besteht immer die Gefahr, dass die Nachfrage aufgrund technologischer Veränderungen sinkt. Generell besteht bei Metallen und anderen Rohstoffen die Gefahr, dass das Angebot aufgrund unerwarteter großer Funde steigt. Sowohl die sinkende Nachfrage als auch das steigende Angebot würden den Wert senken. Daher empfiehlt es sich, auch bei den Edelmetallen zu diversifizieren, also das Vermögen auf verschiedene Edelmetalle zu verteilen. Immobilien kommen aufgrund ihrer schlechten Liquidität und der hohen Anschaffungskosten trotz der geringen Wertschwankungen nicht als Wertaufbewahrungsmittel für kurz- und mittelfristig anstehende

Anschaffungen in Frage. Als langfristiges Investment sind sie wiederum den Aktien wegen ihrer deutlich niedrigeren Rendite unterlegen. Allerdings kann für jemanden, der einen Ort gefunden hat, an dem er sich wohlfühlt, und der in der Lage ist, das gewünschte Haus mit Eigenkapital oder zumindest einem überschaubaren Kredit zu finanzieren, eine eigengenutzte Immobilie neben der akzeptablen Rendite auch noch weitere oben erwähnte Vorteile mit sich bringen. Ansonsten sind Immobilien für diejenigen eine Alternative, die mit den Schwankungen an der Börse überhaupt nicht klarkommen, oder diejenigen, die über ein großes Vermögen verfügen und sich für möglichst viele Szenarien absichern möchten. Da auch eine langfristige historische Betrachtung niemals eine 100-prozentige Garantie für die Zukunft bietet, ist es sinnvoll, größere Vermögen auf verschiedene Vermögensklassen zu verteilen, um bei möglichst vielen, auch unwahrscheinlichen Szenarien nicht alles zu verlieren. So bleibt auch bei einem extrem unwahrscheinlichen, totalen Kollaps einer ganzen Vermögensklasse noch ein Teil des Vermögens in den anderen Vermögensklassen erhalten. Es empfiehlt sich jedoch auch dann, die aussichtsreicheren Vermögensklassen stärker zu gewichten.

Auch wenn allen Vermögensklassen, abgesehen von den langfristigen Anleihen, eine auch für den Anleger sinnvolle Existenzberechtigung eingeräumt wurde (für die Staaten bzw. die Emittenten der langfristigen Anleihen haben sie natürlich nützliche Eigenschaften), konzentriert sich dieses Buch doch auf die langfristige Vermögensvermehrung und dafür sind Aktien aufgrund der obigen Ausführungen die geeignetste Vermögensklasse. Deshalb wird von nun an vorwiegend die Vermögensvermehrung mit Aktien betrachtet. Bevor mit der langfristigen Vermögensvermehrung begonnen wird, muss klargestellt werden, welches Vermögen dafür zur Verfügung steht. Vermögen, das kurz- oder mittelfristig benötigt wird, steht nicht für die langfristige Vermögensvermehrung zur Verfügung und sollte auch entsprechend anders angelegt werden.

2.2.2 Renditen von Aktien nach Arten und Regionen unterteilt

Anhand der Abbildungen 3 und 4 soll die Vermögensklasse Aktien genauer unter die Lupe genommen werden. Sie stellen zum einen die Aktienrenditen von Aktien verschiedener Länder für den Zeitraum von 1900 bis 2009 und zum anderen die Aktienrenditen verschiedener Aktiensorten für den Zeitraum von 1927 bis 2008 dar. Begonnen wird mit Abbildung 3 und dem regionalen Vergleich.

	D	GB	F	USA	JP
1900 - 2009 (110 Jahre)	3,0%	5,4%	3,4%	6,1%	3,9%
1950 - 2009 (60 Jahre)	8,6%	7,3%	6,8%	6,8%	7,2%
1900 - 1909 (10 Jahre)	3,9%	1,8%	4,3%	9,3%	11,8%
1910 - 1919 (10 Jahre)	-11,3%	-1,3%	-4,1%	-2,5%	7,1%
1920 - 1929 (10 Jahre)	0,4%	9,3%	9,1%	14,4%	2,5%
1930 - 1939 (10 Jahre)	4,0%	2,6%	-3,7%	1,9%	10,4%
1940 - 1949 (10 Jahre)	-12,4%	3,1%	-7,7%	4,0%	-26,4%
1950 - 1959 (10 Jahre)	32,4%	13,7%	16,5%	15,7%	26,9%
1960 - 1969 (10 Jahre)	3,9%	6,5%	0,6%	5,6%	8,5%
1970 - 1979 (10 Jahre)	-2,5%	-1,4%	-0,5%	-0,7%	3,5%
1980 - 1989 (10 Jahre)	14,0%	15,4%	15,4%	19,4%	18,2%
1990 - 1999 (10 Jahre)	9,9%	11,2%	12,5%	6,2%	-5,2%
2000 - 2009 (10 Jahre)	-2,5%	-0,3%	-2,1%	-3,4%	-4,7%
Niedrigste Jahresrendite	-91%	-51%	-40%	-38%	-86%
im Jahr	1948	1974	1945	1931	1946

Abbildung 3: Reale Rendite von Standardwerteaktien unterschiedlicher Länder von 1900 – 2009[16]

Beim regionalen Vergleich lässt sich feststellen, dass Aktien aus den USA und Großbritannien (GB) in den 110 Jahren zwischen 1900 und 2009 die besten Renditen erzielt haben. Anschließend kommen Japan (JP) und Frankreich (F) und die schlechtesten Renditen warfen in diesem Zeitraum Aktien aus Deutschland (D) ab. Dies entspricht auch dem Ausmaß, wie stark die entsprechenden Länder unter den beiden Weltkriegen gelitten haben. Amerika hatte abgesehen von Pearl Harbor kaum Kriegs-

---

[16] Eigene Darstellung; Datenquellen: Kommer, G., 2009, S. 43; Deutsche Bank, 2012, S. 65 (für die Dekade von 2000 – 2009).

schäden im eigenen Land zu beklagen. Großbritannien war zwar an beiden Weltkriegen beteiligt, hat aber, da es eine Insel ist und nicht zentral in Europa liegt, in beiden Weltkriegen deutlich geringere Schäden erlitten als Deutschland und Frankreich. Japan musste im 2. Weltkrieg bedingungslos kapitulieren und den Abwurf von 2 Atombomben ertragen, blieb aber immerhin vom 1. Weltkrieg verschont. Frankreich war an beiden Weltkriegen beteiligt und hat dabei auch unter Zerstörungen gelitten, gehörte jedoch nie zu den Verlierern. Deutschland stand im absoluten Mittelpunkt beider Kriege, hat beide begonnen und verloren und hatte dabei zweimal heftige Schäden im eigenen Land zu beklagen. Außerdem musste es nach dem ersten Weltkrieg auch noch Reparationszahlungen leisten. Die Auswirkungen der Kriege können auch direkt an den Renditen der jeweiligen Aktienmärkte in den 10er- und 40er-Jahren abgelesen werden. Trotzdem folgten in den 20er- und 50er-Jahren überdurchschnittliche Dekaden. Deutschland bildet in den 20er-Jahren hier eine Ausnahme, was sich wiederum mit den zu leistenden Reparationszahlungen aufgrund der Niederlage im ersten Weltkrieg erklären lässt.

Zwischen 1950 und 2009, also nach den großen verheerenden Kriegen, haben die Aktienmärkte der hier vorgestellten Länder ähnliche Renditen eingebracht. Dass Deutschland bei diesem Vergleich sogar etwas besser abschneidet, hängt mit dem Basiseffekt zusammen. Schließlich war 1948 mit -91 % das schlechteste Jahr aus dem gesamten Zeitraum aller in Abbildung 3 vorgestellten Märkte. Dementsprechend hatte der deutsche Aktienmarkt zu Beginn der 50er-Jahre besonderes Aufholpotential, was auch die einzigartige Rendite aus den 50er-Jahren in Deutschland bestätigt. In den 110 Jahren zwischen 1900 und 2009 konnten also nur die großen Kriege die Performance von Aktien ernsthaft langfristig beeinträchtigen. Trotzdem haben sich Aktien auch in diesen besser geschlagen als die in Kapitel 2.2.1 aufgeführten Alternativen und solange der Krieg nicht zur Zerstörung der eigenen Industrie führt, kann er die Renditen von Aktien langfristig sogar beflügeln, obwohl die Aktienmärkte kurz- und mittelfristig bei aufkommender Kriegsangst fast immer fallen. Der Staat erhöht in Kriegen seine Ausgaben, was die Nachfrage erhöht und die Wirtschaft stimuliert. Der amerikanische Aktienmarkt ist in dem 20-Jahres-Zeitraum zwischen 1940 und 1959 im geometrischen Durchschnitt um 9,7 % jährlich gewachsen, was deutlich über den 6,1 % für die gesamten 110 Jahre liegt. Aufgrund der Kriegsängste haben sich die Aktien in Amerika in den 40er-Jahren zwar auch unterdurchschnittlich entwickelt, ein Desaster wie in Zentraleuropa und Japan blieb jedoch aus. Trotzdem konnte Amerika in den 50er-Jahren von dem großen Aufschwung profitieren.

In Abbildung 4 werden die Renditen verschiedener Aktiensorten verglichen. Dabei bezieht sich die Abbildung 4 nur auf Aktien aus den USA, da es dort, auch für Aktien kleinerer Unternehmen die am weitesten zurückreichenden Daten gibt. Die amerikanischen Aktien sind auch am besten geeignet, da ihre Renditen nicht von den Weltkriegen verzerrt sind.

	Gesamter Aktienmarkt (USA)	Großunt., Wachstums-Aktien	Großunt., Substanzwerte-Aktien	Kleinunt. Wachstums-Aktien	Kleinunt. Value-Aktien
1927 - 2008 (82 Jahre)	6,2%	5,2%	8,2%	5,7%	10,5%
1927 - 1937 (11 Jahre)	3,8%	5,6%	-0,1%	4,1%	1,3%
1938 - 1947 (10 Jahre)	5,8%	4,2%	10,9%	10,2%	17,0%
1948 - 1957 (10 Jahre)	12,1%	12,4%	13,5%	8,2%	11,3%
1958 - 1967 (10 Jahre)	11,6%	10,4%	15,4%	16,6%	20,3%
1968 - 1977 (10 Jahre)	-2,4%	-3,9%	3,6%	-6,2%	4,3%
1978 - 1987 (10 Jahre)	7,9%	6,3%	10,3%	5,8%	14,8%
1988 - 1997 (10 Jahre)	13,6%	14,2%	13,5%	9,0%	15,9%
1998 - 2008 (11 Jahre)	-0,8%	-4,8%	1,7%	0,2%	2,5%
Maximaler Drawdown (nom.)	-69%	-65%	-79%	-80%	-84%
Std-abw. nom. Jahresrendite	21%	21%	27%	32%	32%

Abbildung 4: Reale Renditen verschiedener Aktienarten aus den USA von 1927 - 2008[17]

Beim Vergleich der Renditen verschiedener Aktiensorten lässt sich feststellen, dass kleinere Unternehmen höhere Renditen abgeworfen haben als große Unternehmen, sogenannte Blue Chips. Außerdem ist erkenn-

---

[17] Eigene Darstellung; Datenquelle: Kommer, G., 2009, S. 39.

bar, dass Value- bzw. Substanzwert-Aktien besser abgeschnitten haben als Wachstumsaktien. Wachstumsaktien sind Aktien von Unternehmen, denen in den nächsten Jahren überdurchschnittliche Wachstumsraten zugetraut werden. Value- und Substanzwert-Aktien sind Aktien von Unternehmen, von denen kein überragendes Wachstum erwartet wird und die deshalb oft weniger die Gunst der Anleger genießen. Ihr Wert begründet sich vorwiegend aus ihrer Substanz bzw. ihren Vermögenswerten, ohne dass die Investoren bereit wären, viel für Wachstumsphantasien zu bezahlen, wie dies bei den Wachstumsunternehmen häufig der Fall ist. Anscheinend wurde in dem betrachteten Zeitraum tendenziell zu viel für positive Aussichten bezahlt. Das heißt nicht, dass Aktien mit guten Wachstumsaussichten gemieden werden sollten, das Wachstum muss nur angemessen bewertet werden.

An der Standardabweichung kann abgelesen werden, dass die Renditen von kleinen Unternehmen ungleichmäßiger waren als die von großen und die Renditen von Value-Aktien stärker schwankten als die von Wachstumsaktien. Auch bei den höchsten Jahresverlusten liegen Kleinunternehmen vor den großen Unternehmen und Value- bzw. Substanzwerte vor den Wachstumswerten. Die Schwankungen des Kurses einer Aktie oder eines Indizes werden als Volatilität bezeichnet. In der gängigen Finanztheorie wird eine hohe Volatilität mit einem hohen Risiko gleichgestellt, da die Gefahr von hohen Verlusten in kurzer Zeit bei stark schwankenden Kursen höher ist als bei gleichmäßig verlaufenden Kursen.[18] Dies mag kurzfristig stimmen, aber langfristig hängt der Kurs der Aktie von dem Unternehmen ab, das dahintersteht. Volatilität kann daher auch als Chance anstatt als Risiko betrachtet werden. Nach dieser vereinfachten Theorie, bei der nur die Aktie für sich betrachtet wird und nicht das Unternehmen, das dahintersteht, gilt eine Aktie oder eine Aktiengruppe, die in kurzer Zeit stark gefallen ist, als riskanter als vor dem Fall, obwohl jetzt derselbe Anteil an dem Unternehmen zu einem viel günstigeren Preis gekauft werden kann und die vorherigen Analysen der obigen Abbildungen gezeigt haben, dass sich

---

[18] Vgl. Hagstrom, R., 2000, S. 32 – 34.

der Aktienmarkt als Ganzes nach Phasen mit schlechter Performance überdurchschnittlich gut entwickelt hat. Um das Risiko einer Aktie seriös zu bestimmen, muss man sich mit dem Unternehmen und dessen Bilanzen auseinandersetzen. Die Volatilität wird trotzdem gerne als Risikomaß verwendet, da nichts Besseres bekannt ist, das einfach und mit wenig Aufwand für sämtliche Aktien angewandt werden kann.[19] Eigentlich ist Volatilität jedoch ein Gradmesser für die Unsicherheit des Marktes bezüglich des wahren Wertes einer Aktie. In den nächsten Kapiteln wird sich herausstellen, dass diese Unsicherheit bzw. die daraus resultierende Fehlbewertung genutzt werden kann, um bessere Renditen als der Gesamtmarkt zu erzielen, ohne dabei höhere Risiken eingehen zu müssen.

Die kleinen Value-Aktien gelten zwar nach der gängigen Finanztheorie aufgrund des höchsten Rückgangs innerhalb eines Jahres und der hohen Standardabweichung als die riskanteste der hier aufgeführten Aktiensorten, sie sind jedoch die einzige Aktiensorte, mit der man in keiner der aufgeführten 10- und 11-Jahresabschnitte einen Verlust hinnehmen musste. Sie haben in 6 von 8 dieser Zeiträume am besten abgeschnitten und in keinem am schlechtesten. Als Gesamtes betrachtet und auf Sicht von 10 Jahren und mehr können sie also keineswegs als riskanter bezeichnet werden. Es muss jedoch bedacht werden, dass hier immer die Performance aller Aktien einer bestimmten Sorte oder einer Region abgebildet wird. Durch Diversifikation kann diese weitgehend abgebildet werden. Einzelne Aktien schwanken jedoch noch stärker als die jeweilige Gesamtheit. Das heißt, es sind noch deutlich höhere Renditen möglich, aber auch größere Verluste bis hin zum Totalverlust. Diversifikation ist deshalb unerlässlich, da ein Totalverlust unbedingt vermieden werden muss. Nach einem Totalverlust besteht keine Chance mehr auf einen Ausgleich in der Folgezeit mit demselben Kapital. Dagegen muss bei den volatilen kleinen Value-Unternehmen sogar der maximale Verlust von -84 % innerhalb des entsprechenden 10- oder 11-Jahresabschnitts ausgeglichen worden sein, obwohl hierfür ein Anstieg von 525 % benö-

---

[19] Vgl. Dobelli, R., 2011, S. 47; vgl. Otte, Max / Castner, J., 2010, S. 324.

tigt wird, ansonsten hätte es auch für diese Aktiensorte Zeitabschnitte mit Verlusten gegeben.

Betrachtet man zu den überdurchschnittlichen langfristigen Renditen die hohe Volatilität als eine Chance, statt wie üblich als ein Risiko, werden die ungeheuren Möglichkeiten noch deutlicher. Wenn der Markt einen Verlust von -84 % innerhalb von 50 Jahren ausgleichen und zusätzlich am Ende noch eine geometrische Durchschnittsperformance von 10,5 % vorweisen kann, wäre die Performance vom Zeitpunkt des Tiefs bis zum Ende der 50 Jahre im geometrischen Durchschnitt knapp 15 %, was fast einer Vertausendfachung des ursprünglich eingesetzten Vermögens nach 50 Jahren entspräche. Gelingt innerhalb von 20 Jahren der Ausgleich und das Erreichen der geometrischen Durchschnittsperformance von 10,5 %, so beträgt die geometrische Durchschnittsrendite beim Einstieg zum Tiefpunkt über 21 % für einen Zeitraum von 20 Jahren, ohne dass zwischenzeitlich noch einmal umgeschichtet werden muss. Das dauerhafte tiefe Einsteigen und hohe Aussteigen funktioniert in der Praxis kaum. Hierbei reicht es jedoch schon, eine besonders gute Einstiegsgelegenheiten zu erwischen. Die folgenden Kapitel dieses Buches befassen sich mit Investmentstrategien und dem Herausfinden von besonders günstigen Einstiegsgelegenheiten. Zunächst wird jedoch noch der Zinseszinseffekt genauer betrachtet, um zu verdeutlichen, was hohe Renditen über längere Zeiträume gegenüber niedrigeren Renditen bewirken können.

2.3 Der Zinseszinseffekt

Aufgrund des Zinseszinses steigt das zukünftige Vermögen bei hohen Renditen über längere Zeiträume überproportional gegenüber geringeren Renditen. Dieser Effekt kann leicht unterschätzt werden und fällt umso gravierender aus, je länger der Zeitraum ist. Legt ein Mann oder eine Frau im Alter von 45 Jahren ein Vermögen von 10.000 Euro für einen Zeitraum von 20 Jahren, also für die Rente, zu 4 % bei einer Bank an, so werden aus den 10.000 Euro 21.911 Euro. Erhalten sie die doppelte Rendite von 8 %, was in etwa der vergangenen durchschnittlichen nominalen Rendite von Aktien entspricht, wächst ihr Vermögen auf 46.610 Euro an. Bei einer Rendite von 15 %, was der Rendite eines sehr guten Value-Investors entspricht, werden aus den 10.000 Euro in 20 Jahren 163.665 Euro. Noch deutlicher wird der Unterschied, wenn ein jüngerer Mensch mit Anfang 20 diese 10.000 Euro für seine Rente (45 Jahre) anlegt. Bei 4 % werden es 58.412 Euro, bei 8 % werden es 319.204 Euro, bei 15 % werden es 5.387.693 Euro und bei 20 %, einer Rendite, die nur die besten Value-Investoren langfristig erreicht haben, werden es 36.572.620 Euro. Es wird deutlich, dass bei einem sehr langfristigen Zeitraum von 45 Jahren die Verdopplung der Rendite von 4 % auf 8 % das zukünftige Vermögen um das 5,5-Fache steigert. Mit den Extremwerten, also den 4 % und den 20 % über 45 Jahre, entsteht bei der 5-fachen Rendite ein Vermögen, das 626-mal größer ist. Die nachfolgende Abbildung fasst die Zahlen noch einmal zusammen.

	20 Jahre	45 Jahre
Sparbuch 4 % (normale Zeiten)	21.911 €	58.412 €
Aktienmarkt 8 %	46.610 €	319.204 €
Sehr guter Value-Investor 15 %	163.665 €	5.387.693 €
Warren Buffett 20 %	383.376 €	36.572.620 €

Abbildung 5: Entwicklung von 10.000 Euro zu unterschiedlichen Zinssätzen über langfristige Zeiträume[20]

Es ist also beim langfristigen Vermögensaufbau absolut entscheidend, welche Rendite auf das bereits vorhandene Vermögen erzielt wird. Außerdem kann dem Rechenbeispiel entnommen werden, welches Vermögen man für die Rente zusammensparen kann, wenn schon in jungen Jahren etwas beiseitegelegt wird, und dass man sich dann keine Sorgen mehr wegen der wahrscheinlich geringen staatlichen Renten machen muss, vorausgesetzt, man investiert das Vermögen in vermögensmehrende Vermögensklassen. Die im Beispiel angegebene Rendite von 4 % beim Sparbuch setzt „normale" Zeiten voraus. In Zeiten, in denen die Zentralbanken versuchen, die Staaten auf Kosten der Klein-

---

[20] Eigene Darstellung; eigene Berechnung.

sparer zu entschulden, kann mit dem Sparbuch kein Zinseszinswunder erwartet werden. Bei 1 % Rendite erhält man auch nach 45 Jahren nur 15.648 Euro. Wird dazu noch die Inflation berücksichtigt, ist eher mit negativen realen Renditen zu rechnen, und dann wirkt sich der Zinseszinseffekt sogar negativ auf den Sparprozess aus.

Für diejenigen, die mit Anfang 20 noch keine 10.000 Euro haben, die sie sparen können, reicht es, wenn sie einfach von da an jeden Monat 100 Euro auf die Seite legen. Die Abbildung 6 zeigt, welche Vermögen und monatlichen Renten damit in 45 Jahren bei unterschiedlichen Zinssätzen entstehen können, wenn das Geld in Aktien investiert wird.

	Vermögen	monatliche Rente	inflationsbereinigte Rente bei 2 % Inflation
Aktienmarkt 8 %	483.669 €	3.112 €	1.254 €
Guter Value-Investor 12 %	1.733.984 €	16.453 €	6.629 €
Sehr guter Value-Investor 15 %	4.644.243 €	54.407 €	21.919 €

Abbildung 6: Vermögensentwicklung mit monatlich 100 Euro über 45 Jahre und daraus resultierende Rentenbezüge[21]

Bei dieser monatlichen Rente werden die entsprechenden Renditen auf das bis dahin ersparte Vermögen angesetzt. Da Aktien keine gleichmäßigen Renditen abwerfen, kann hier auch nicht von einer gleichmäßigen monatlichen Entnahme in der errechneten Höhe ausgegangen werden. Zumindest die Dividenden können jedoch unabhängig von den Kursschwankungen entnommen werden und der Teil darüber hinaus wird mal geringer und mal größer ausfallen. Dafür werden bei obiger Annahme keine Reserven aufgebraucht. Das heißt, man kann getrost sehr alt werden, ohne Angst haben zu müssen, die Reserven könnten irgendwann ausgehen, und am Ende seinen Nachfahren noch ein stattliches Erbe hinterlassen. Wer bereit ist, die Reserven aufzubrauchen,

---

[21] Eigene Darstellung; eigene Berechnung; Bei der Berechnung der Monatsraten für die Rente wurde das bis zum Zeitpunkt der Rente angesparte Vermögen mit der geometrischen Durchschnittsrendite für einen Monat [(1 + Rendite)$^{(1/12)}$ -1] multipliziert. Würde man die Jahresrenditen (angespartes Vermögen * Zinssatz) von 38693, 208078 und 696.636 durch 12 Monate teilen, erhielte man sogar 3.224, 17.340 und 58.053 Euro pro Monat.

kann tendenziell noch höhere Entnahmen realisieren. Es empfiehlt sich, diese Entwicklung bei entsprechenden Renditen im Hinterkopf zu behalten, wenn man eine Rentenversicherung angeboten bekommt, und zu vergleichen, was diese bei einer bestimmten Einzahlungsrate in 45 Jahren zu bieten hat. So lässt sich erkennen, wie schlecht die Angebote sind, die bei vielen Rentenversicherungen trotz teilweiser staatlicher Förderungen unterbreitet werden. Die Anbieter werben zwar gerne mit staatlichen Förderungen, beim Nachrechnen wird jedoch klar, dass diese vorwiegend in den Taschen der Anbieter in Form irgendwelcher Gebühren landen. Aktien sind Realvermögen, sie sind also inflationsgeschützt, wodurch im Falle einer anziehenden Inflation innerhalb der 45 Jahre auch mit höheren Renditen zu rechnen wäre, die in etwa die höhere Inflation ausgleichen würden. 15 % entsprechen schon einer ziemlich guten Rendite, die ohne Erfahrung und ausführliche Analyse langfristig kaum erreichbar ist. Sie entsprechen jedoch der Rendite, die seriöse Value-Investoren mit einer wertorientierten Anlagestrategie für erreichbar halten.[22] Warum und wie dieses wertorientierte Investieren funktioniert, wird in den folgenden Kapiteln erläutert.

Eine einfache Methode, um ungefähr zu berechnen, nach wie viel Jahren sich eine Anlage in Abhängigkeit von der Rendite verdoppelt, ist die 72er-Regel. Sie lautet:

$$\frac{72}{Rendite} = \text{Anzahl der Jahre, bis sich das Vermögen verdoppelt hat}$$

Bei 8 % Rendite dauert es also 72 / 8 = 9 Jahre, bis sich das Vermögen verdoppelt hat. Nach 18 Jahren hat es sich zweimal verdoppelt, also ist es 2^2 = 4-mal so groß. Nach 27 Jahren ist es 2^3 = 8-mal so groß und nach den 45 Jahren hat man das 32-Fache des ursprünglich eingesetzten Kapitals. Es lässt sich so leicht erkennen, dass das Vermögen wegen des Zinseszinses mit der Zeit exponentiell wächst. Die 72er-Regel wird bei Renditen über 20 % etwas ungenau bzw. sie gibt etwas zu geringe Zeiträume an. Langfristige Renditen von über 20 % sind jedoch ohnehin

---

[22] Vgl. Otte, Max, 2008, S. 27; vgl. Hagstrom, R., 2000, S. 99; vgl. Town, P., 2007, S. 148.

nicht realistisch. Es ist zwar sinnvoll, sich klarzumachen, was solide Renditen zwischen 8 % und 15 % über längere Zeiträume bewirken, dabei sollte jedoch niemand übermütig werden. Aufgrund der Schwankungen am Aktienmarkt sind nämlich kurzfristig weit mehr als 20 % möglich, aber langfristig hat selbst der erfolgreichste Investor, Warren Buffett, nur knapp über 20 % erreicht. Es wäre deshalb etwas überheblich, zu glauben, man selbst könnte langfristig deutlich mehr als 20 % erreichen, und Versprechen, die mit höheren Renditen locken, können getrost als unseriös abgetan werden. Der Versuch, durch viel Fremdkapital oder extrem geringe Diversifizierung, deutlich mehr als 20 % Rendite zu erzielen, kann einige Jahre gut funktionieren, aber irgendwann kommt ein schlechtes Jahr und macht die ganze Arbeit zunichte. Die Kurse des Dow Jones und des Dax sind zwischen dem Hochpunkt aus 2007 und dem Tiefpunkt aus 2009 um über 50 % eingebrochen, was bei einem Fremdkapitalanteil von 50 % zum Totalverlust des Eigenkapitals und bereits bei einem Fremdkapitalanteil von 25 % zu einem Verlust von über 75 % des Eigenkapitals führt. Um einen Verlust von 75 % auszugleichen, bedarf es eines Gewinns von 300 %, und ein Totalverlust kann gar nicht mehr ausgeglichen werden. Die langfristigen Maximalverluste liegen sogar deutlich über 50 % und stellen damit noch nicht die Grenze für die möglichen zukünftigen Maximalverluste dar.[23] Wären die Renditen am Aktienmarkt gleichmäßig, könnte man bei günstigen Zinssätzen die Rendite durch Fremdkapital zu passenden Konditionen steigern, die natürlichen Schwankungen führen jedoch zu einer deutlichen Erhöhung des Risikos. Da das Fremdkapital irgendwann zurückgezahlt werden muss, und manchmal gerade dann, wenn die Kurse am Boden sind, handelt es sich hierbei um das reale Risiko, nachhaltige Verluste zu realisieren, und nicht nur um vorrübergehende Kursschwankungen. Deswegen sollten für die langfristige Vermögensvermehrung zwar deutlich höhere Renditen verlangt werden als die, die bei den Sparbüchern und Festgeldern geboten werden, es ist aber auch wichtig, realistisch zu bleiben und aus der Vermögensvermehrung keine Spekulation zu machen, die irgendwann zu fatalen Verlusten führen wird.

---

[23] Siehe Abbildung 4.

3 Investmentstrategien

3.1 Grundlagen verschiedener Investmentstrategien

Es gibt verschiedene Anlagephilosophien, aus denen verschiedene Strategien resultieren. Ein wesentliches Merkmal der Anlagephilosophien ist die Einstellung zum Kurs-Wert-Verhältnis. Während nach der Theorie der effizienten Märkte der Kurs einer Aktie immer ihrem Wert entspricht und alle zu diesem Zeitpunkt verfügbaren Informationen beinhaltet, basiert die Strategie von Value- und Wachstums-Investoren auf dem Unterschied zwischen Kurs und Wert einer Aktie.[24] Demnach glauben Value- und Wachstums-Investoren nicht an die Theorie der effizienten Märkte. Nach der Theorie der effizienten Märkte hätte es keinen Sinn, Aktien zu bewerten und auszuwählen, da ohnehin keine Aktien unter ihrem Wert notieren würden. Dass mit bestimmten Anlageklassen mehr Rendite als mit anderen erzielt werden kann, begründet diese Theorie damit, dass die Anlagen mit der höheren Rendite auch höhere Risiken beinhalten.[25] Die Abbildung 7 gibt einen Überblick über verschiedene Anlagestile, deren Verfechter und die Einstellung bezüglich des Kurs-Wert-Verhältnisses, die dahinter steckt. Die Strategien aus Abbildung 7 schließen sich nicht alle gegenseitig aus. Investoren können auch manche dieser Strategien miteinander kombinieren.

---

[24] Vgl. Cunningham, L., 2005, S. 10 – 11.
[25] Vgl. Cunningham, L., 2005, S. 11.

Stil	Verfechter	Einstellung zum Kurs-Wert-Verhältnis	Beschreibung
Value	Graham/Dodd	variabel und bestimmbar	Konzentration auf Wert; Suche nach Werten, die höher sind als der aktuelle Kurs
Wachstum	Fisher/Lynch	variabel und bestimmbar	Konzentration auf Wachstum; Suche nach Aktien, deren Wert schneller steigt, als es der Kurs reflektiert
Index	Bogle	unsicher und nicht bestimmbar	Ignoriert das Kurs-Wert-Verhältnis und kauft den Markt
Technisch	O'Neil	Kann in Beziehung zueinander stehen, ist jedoch nicht relevant.	Konzentration auf Kurstrends
Protfolio	Malkiel	identisch	Stimmt das Risiko auf das Maß des Kurs-Wert-Verhältnisses ab

Abbildung 7: Investmentstrategien im Überblick[26]

Value-Investoren suchen nach Unternehmen, deren Aktien unter ihrem Wert notieren.

Wachstums-Investoren suchen Unternehmen, denen sie in den nächsten Jahren ein überdurchschnittliches Wachstum zutrauen. Sie setzen darauf, dass der Wert, der in dem schnellen Wachstum steckt, höhere Kurse als die aktuellen rechtfertigt.

Index-Investoren kaufen Aktien, die möglichst den gesamten Markt abbilden. Sie halten dies für die sicherste Strategie.

Technische Investoren konzentrieren sich auf die Aktiencharts. Sie versuchen Trends zu identifizieren und Aktien zu kaufen, die sie möglichst schnell wieder zu höheren Kursen verkaufen können.

Portfolio-Investoren glauben daran, dass Kurs und Wert immer identisch sind und Kursänderungen das Risiko messen. Sie konzentrieren sich darauf, eine Mischung aus Wertpapieren zusammenzustellen, die das gewünschte Risikoniveau darstellt.[27]

---

[26] In Anlehnung an Cunningham, L., 2005, S. 11.
[27] Vgl. Cunningham, L., 2005, S. 9 – 11.

3.2 Kritik an der Theorie der effizienten Märkte

Philip Fisher, der zwar kein klassischer Value-Investor war, glaubte dennoch nicht an die Theorie der effizienten Märkte. Er ließ im Jahr 1961 von seinen Studenten die Performance einer Stichprobe von 140 Aktien für den Zeitraum von Anfang 1957 bis zum 13.10.1961 untersuchen und kam zu folgendem Ergebnis:

Kapitalzuwachs oder -verlust in Prozent	Anzahl der Aktien in jeder Klasse	Anteil an der Stichprobe
200 % bis 1020 %	15	11%
100 % bis 199 %	18	13%
50 % bis 99 %	14	10%
25 % bis 49 %	21	15%
1 % bis 24 %	31	22%
Unverändert	3	2%
-1 % bis -49 %	32	23%
-50 % bis -75 %	6	4%

Abbildung 8: Renditevarianz amerikanischer Aktien von 1957 - 1961[28]

In diesen knapp 5 Jahren hat der Dow Jones um 41 % zugelegt. Das heißt, aus einer Investition von $ 10.000 in den Dow Jones wären $ 14.100 geworden. Aus einer Investition von $ 10.000 in die besten 5 Aktien dieser Stichprobe wären $ 70.260 geworden, während es bei den schlechtesten 5 Aktien $ 3.180 geworden wären. Philip Fisher hat dieses Experiment übrigens später noch einmal mit einer anderen Stichprobe und einem neuen Zeitraum wiederholt und ist, was die Streuung betrifft, zu einem ähnlichen Ergebnis gekommen.[29] Sicherlich war es unmöglich bzw. mit außergewöhnlichem Glück verbunden, Anfang 1957 genau die 5 besten Aktien auszuwählen, und ein Teil dieser Streuung geht auch auf unvorhersehbare Ereignisse zurück. Dennoch weist das Ergebnis schon außerordentliche Unterschiede bezüglich der Performance verschiedener Aktien für einen Zeitraum von knapp 5 Jahren aus, was es sinnvoll erscheinen lässt, Aktien nach ihrer potentiellen zukünftigen Performance auszuwählen. Wäre der Markt effizient, wäre dies nicht der Fall.

---

[28] In Anlehnung an Fisher, P., 2003, S. 269.
[29] Vgl. Fisher, P., 2003, S. 269 – 270.

In Panikphasen schwanken die Aktien von großen Unternehmen aus dem Dax, Eurostoxx oder Dow Jones manchmal innerhalb eines Tages um 10 % oder mehr, ohne dass es eine besondere neue Nachricht geben muss. Nebenwerte schwanken sogar noch stärker.[30] Das allein spricht gegen die Theorie der effizienten Märkte. Entweder sind sie vor dem Absturz/Anstieg zu hoch/tief bewertet gewesen oder nach ihm zu tief/hoch. Auch ein Blick auf den Kursverlauf der Stammaktien und der Vorzugsaktien desselben Unternehmens zeigt Ineffizienzen des Marktes auf. Vor allem, wenn eine von den beiden in einem Standardindex gelistet ist, gibt es oft große Unterschiede, die nicht fundamental begründet sind. Ein schönes Beispiel hierfür stellt Volkswagen-Aktie zwischen Anfang 2008 und Ende 2010 dar, bei denen Ende 2009 die Stammaktien durch die Vorzugsaktien im Dax abgelöst wurden. Die Stammaktien wurden lange Zeit deutlich höher gehandelt als die Vorzugsaktien. Im Jahr 2010 wurden sie dann von den Vorzugsaktien überholt, nachdem sie teilweise das Vielfache einer Vorzugsaktie gekostet hatten. Am tatsächlichen Werteverhältnis zwischen diesen beiden hat sich kaum etwas verändert. Wie dies im Fall der Volkswagen-Stammaktien Ende 2008 geschehen ist, können Aktienkurse auch kurzfristig von Spekulanten getrieben und völlig ineffizient werden. So hat sich der Kurs der Volkswagen-Stammaktien Ende Oktober 2008 innerhalb von 2 Handelstagen kurzfristig im Höhepunkt verfünffacht, um dann wieder abzustürzen.[31] Außerdem kommt es vor, dass börsennotierte Unternehmen vom Markt niedriger bewertet werden, als ihre ebenfalls an der Börse gehandelten Beteiligungen laut Marktwert sein müssten.[32] Dies ist ein weiterer Widerspruch, der auf Ineffizienzen des Marktes hindeutet.

Wenn jeder Anleger blind auf die Kurse vertrauen würde, könnten sie nur noch zufällig exakt den Wert widerspiegeln, da keiner mehr da

---

[30] Vgl. Tageshoch- und Tagestiefkurse von einzelnen Aktien (bspw.: von Allianz, Daimler, American Express, General Electric, sämtlichen Aktien aus dem Bankensektor oder von Nebenwerten aus dem SDAX) in Phasen in denen die Volatilität besonders hoch war (bspw. September 2008 – März 2009 oder August 2011).

[31] Vgl. entsprechenden Kursverlauf der Volkswagen Stamm- und Vorzugsaktien (WKNs: 766400 und 766403).

[32] Vgl. Marktkapitalisierung von Renault mit dem Börsenwert seiner Beteiligungen an Nissan und Daimler Ende 2011.

wäre, der sich an ihm orientiert und ihn so bestimmt. Es gibt viele Gründe, warum Menschen Aktien kaufen oder verkaufen, die nichts mit dem Wert der Aktie zu tun haben. So verkaufen manche, weil sie sich ein neues Auto kaufen wollen oder weil sie mit Fremdkapital spekuliert haben und jetzt ihre Schulden bedienen müssen. Sie verkaufen wegen des Herdentriebs aus Panik oder kaufen, weil Euphorie herrscht. Es gibt Aktionäre, die dem psychischen Druck eines anhaltenden schweren Kurssturzes nicht standhalten können und panisch aus Aktien fliehen. Sie bekommen Angst, noch mehr oder gar alles zu verlieren, und hören auf ihre Urinstinkte, also fliehen sie vor dem, wovor sie Angst haben. Manche Charttechniker verstärken sämtliche Trends, indem sie diesen folgen, ohne sich am Wert zu orientieren, und die Portfolio-Investoren verkaufen vielleicht stark fallende Aktien, weil sie diese aufgrund der starken Schwankungen riskanter einstufen und ihr Portfolio ihrer Risikobereitschaft anpassen. Dies kann auch große institutionelle Anleger aufgrund ihrer Bestimmungen zwingen, Aktien zu verkaufen. Andere verkaufen, weil ihre Stop-Loss-Marke unterschritten wird. Bei den Stop-Loss-Marken wird ein Kurs festgelegt und wenn das Wertpapier diesen Kurs erreicht oder unterschreitet, wird es automatisch verkauft, unabhängig vom Grund dafür. Sie sollen vor zu großen Verlusten schützen. Es ist jedoch unlogisch, eine Aktie zu verkaufen, nur weil ihr Kurs gefallen ist, ohne eine weitere Begründung. Die Aktie ist schließlich in diesem Moment noch günstiger als zum Zeitpunkt der Kaufentscheidung und man sollte sie deshalb eher nachkaufen als verkaufen. All diese Akteure sorgen dafür, dass der Aktienkurs nur selten exakt dem Wert der Aktie entspricht, sondern vielmehr um diesen herum pendelt. Selbst diejenigen, die sich beim Kauf am Wert einer Aktie orientieren, können dabei noch Fehler begehen. All dies und die Tatsache, dass es viele Anhänger von Benjamin Grahams Value-Ansatz, der auf dem Unterschied zwischen Kurs und Wert einer Aktie basiert, geschafft haben, auch sehr langfristig überdurchschnittliche Renditen zu erzielen, spricht dafür, dass die Märkte alles andere als effizient sind.[33] Das bedeutet natürlich nicht im Umkehrschluss, dass Aktienmärkte völlig ineffizient sind. Es gibt

---

[33] Vgl. Buffett, W., 1984.

einen klaren Zusammenhang zwischen Kurs- und Wertentwicklung, aber dieser Zusammenhang führt eben nicht dazu, dass Kurs und Wert durchgehend gleich sind, und es kann vor allem kurzfristig auch zu deutlichen Unterschieden kommen. Daher gibt es jederzeit Aktien, die über oder unter ihrem Wert notieren und dadurch ist wiederum die Grundlage für die wertorientierten Strategien, die diesen Unterschied anerkennen und daraus einen Vorteil in Form von überdurchschnittlichen Renditen erzielen wollen, gegeben.

3.3 Wertorientierte Investment-Strategien

3.3.1 Value-Investing

Value-Investing bedeutet wertorientiertes Anlegen. Beim Value-Investing basieren die Kauf- oder Verkaufsentscheidungen auf dem Wert, den man für sein Geld bekommt. Beim Kauf eines Autos ist es für die meisten Menschen selbstverständlich, dass es ein gutes Preis-Leistungs-Verhältnis haben sollte, und im Supermarkt suchen sie nach Schnäppchen. Aber bei Aktien achten viele auf alle möglichen Indikatoren und vernachlässigen dabei das Preis-Leistungs-Verhältnis oder bedenken gar nicht erst, dass hinter der Aktie, die sie kaufen, auch ein Unternehmen steht, das einen Wert hat.[34] Beim Value-Investing geht es darum, eine Aktie günstig zu kaufen bzw. weniger für eine Aktie zu bezahlen, als sie wert ist.

Im Gegensatz zu Trendfolge- oder anderen charttechnischen Strategien konzentrieren sich Value-Investoren auf das Unternehmen, das hinter einer Aktie steht. Sie kaufen einen Teil eines Unternehmens.[35]

Value-Investoren zweifeln die Theorie der effizienten Märkte an, nach der der Kurs einer Aktie immer sämtliche zu diesem Zeitpunkt verfügbaren Informationen über ein Unternehmen berücksichtigt und dem Wert

---

[34] Siehe alternative nicht-wertorientierte Strategien aus Kapitel 3.4.
[35] Vgl. Otte, Max / Castner, J., 2010, S. 30.

der Aktie entspricht. Nach der Theorie der effizienten Märkte hätte es keinen Sinn, Aktien zu bewerten und unterbewertete Aktien auszuwählen, da ohnehin keine Aktien unter ihrem Wert gekauft werden könnten. Warren Buffett meint hierzu, dass er mit einer Blechbüchse an der Straße sitzen würde, wenn die Märkte wirklich immer effizient wären.[36] Tatsächlich ist er jedoch einer der reichsten Menschen der Welt.[37]

Mit der Fundamentalanalyse wird anhand verschiedener Bewertungsmaßstäbe versucht, den Wert des Unternehmens zu bestimmen. Wird der Wert des Unternehmens durch die Anzahl seiner ausgegebenen Aktien geteilt, ergibt sich der Wert einer Aktie. Der Preis einer Aktie bzw. der Aktienkurs soll beim Kauf der Aktie möglichst weit unter ihrem Wert liegen.

Das Risiko besteht für Value-Investoren vorwiegend darin, für eine Aktie zu viel zu bezahlen.[38] Es wird nicht über die Volatilität einer Aktie gemessen. Um dieses Risiko zu mindern, hat Benjamin Graham, der Gründer des Value-Investings, die Sicherheitsmarge eingeführt. Nach ihr sollte ein gewisser Mindestabstand zwischen dem Wert und dem Preis einer Aktie bestehen, um bei eventuellen Fehlbewertungen oder einem unerwarteten Ereignis einen Sicherheitspuffer zu haben, der verhindert, dass zu viel für eine Aktie bezahlt wird.[39] Weitere Risiken bestehen darin, dass sich die Erträge und Dividendenausschüttungen des Unternehmens nachhaltig schlechter entwickeln als angenommen oder dass man zu einem ungünstigen Zeitpunkt, zu dem der Preis unter dem Wert liegt, verkaufen muss. Die Kursschwankungen der Aktien werden, solange nicht verkauft werden muss, nicht als Risiko angesehen.[40]

Value-Investoren sollten außerdem konservativ bewerten. Das heißt, es sollte vermieden werden, den Wert zu hoch anzusetzen.[41] Erwartetes

---

[36] Vgl. Löwe, J., 2010, S. 136.
[37] Vgl. Forbes, 2018.
[38] Vgl. Graham, B., 1997, S. 61.
[39] Vgl. Graham, B., 1997, S. 277 ff.
[40] Vgl. Graham, B., 1997, S. 60.
[41] Vgl. Penman, S., 2010, S. 164 - 165, S. 209.

Wachstum darf nicht zu sehr honoriert werden, da es sich um eine Spekulation auf die Zukunft handelt, die mit Risiko verbunden ist. Falls das Wachstum nicht in dem Maß eintritt, in dem es erwartet wurde, ist das Unternehmen zu hoch bewertet und dies ist wiederum mit Risiken verbunden, die ein Value-Investor vermeiden möchte. Das Wachstum sollte eher eine Chance darstellen, noch höhere Renditen zu erzielen, wenn das Unternehmen bereits ohne dieses mögliche Wachstum günstig bewertet ist.[42]

Value-Investoren konzentrieren sich vorwiegend auf einzelne Unternehmen und weniger auf den Gesamtmarkt.[43] Sie versuchen, Erschütterungen des Gesamtmarktes (Depressionen) zu nutzen, um besonders günstige Aktien kaufen zu können, da diese Erschütterungen auch Aktien von Unternehmen mit herunterreißen, bei denen dies fundamental nicht gerechtfertigt ist.[44]

Eine Gefahr für Value-Investoren besteht in der sogenannten Value-Falle. Sie liegt vor, wenn ein Unternehmen zwar unter seinem Wert gehandelt wird, dieser Zustand jedoch lange anhält. Wenn das Unternehmen seinen Wert im Laufe der Zeit nicht steigert, kann es passieren, dass es ewig unter seinem Wert gehandelt wird. Solange der Value-Investor nicht das ganze Unternehmen zum entsprechenden Preis kaufen kann, um seine Vermögenswerte dann zu veräußern, hat er nichts von dieser Unterbewertung. Sein Vermögen, das er in dieses Unternehmen gesteckt hat, wächst nicht wie geplant an. Die Probleme hierbei sind, dass viele, vor allem private Investoren nicht die Mittel haben, ein ganzes Unternehmen zu kaufen, und wenn ein Investor die Mittel haben sollte, muss er einen ordentlichen Aufschlag auf den Aktienkurs bezahlen, um das ganze Unternehmen zu erwerben. Es anschließend zu liquidieren ist außerdem mit Aufwand und gewissen ethischen Konflikten gegenüber den Arbeitnehmern und anderen Stakeholdern verbunden.

---

[42] Vgl. Graham, B., 1997, S. 55 - 56; vgl. Penman, S., 2010, S. 6.
[43] Vgl. Otte, Max / Castner, J., 2010, S. 22; vgl. Pardoe, J., 2005, S. 81.
[44] Vgl. Pardoe, J., 2005, S. 69 – 73.

3.3.2 Wachstums-Investing

Auch Wachstums-Investoren orientieren sich am Wert des Unternehmens, dessen Aktie sie kaufen wollen. Die Wachstums-Investoren konzentrieren sich hierbei vorwiegend darauf, ein hervorragendes Unternehmen zu identifizieren, das seine Vermögenswerte und seine Gewinne möglichst lange überdurchschnittlich schnell steigern kann und bei dem dies noch nicht vollständig im aktuellen Preis berücksichtigt wird. Das Problem beim Wachstums-Investing ist, dass ein solides Wachstum bei der Bewertung vorausgesetzt wird. Somit wächst der Spielraum für Enttäuschungen, die einen Kursrückschlag verursachen, gegenüber einem Unternehmen, von dem nur ein sehr geringes Wachstum erwartet wird, das dafür aber niedriger im Verhältnis zu seinen Assets bewertet ist. Wachstums-Investoren, die sich vorwiegend auf die Auswahl des wachstumsstarken Unternehmens konzentrieren und dabei den Preis vernachlässigen, gehen somit auch das Risiko ein, zu viel zu bezahlen. Wachstums-Investing erfordert auch eine intensivere Analyse der einzelnen Unternehmen als das Value-Investing, da das zukünftige Wachstum des Unternehmens im Mittelpunkt steht und es schwierig ist, dieses Wachstum für die langfristige Zukunft zu beurteilen. Philip Fisher hat hierfür 15 Punkte herausgearbeitet, um hervorragende, aussichtsreiche Unternehmen zu identifizieren.[45] Diese mühsam erwählten Wachstumsunternehmen sollten möglichst langfristig gehalten oder sogar gar nicht mehr verkauft werden, um von dem überdurchschnittlichen Wachstum zu profitieren.[46]

Value-Investoren konzentrieren sich hingegen voll auf den günstigen Preis und sind auch bereit, Unternehmen zu kaufen, bei denen die Aussichten nicht so gut sind, wenn sie diese zu einem entsprechend guten Preis bekommen. Generell lassen sich Wachstums- und Value-Investing auch kombinieren, so sagte zum Beispiel Warren Buffett, der erfolgreichste Investor des 20. Jh., er sei zu 85 % von Benjamin Graham (Value-Investing) und zu 15 % von Philip Fisher (Wachstums-Investing)

---

[45] Vgl. Fisher, P., 2003, S. 47 ff.
[46] Vgl. Fisher, P., 2003, S. 109, S. 260.

geprägt worden.[47] Die Statistiken aus Kapitel 2 haben gezeigt, dass Value-Aktien tendenziell besser abschneiden als Wachstumsaktien. Dies hängt damit zusammen, dass die Wachstumsaktien oft so viel höher bewertet sind, dass sie, obwohl sie zu aussichtsreichen Unternehmen gehören, am Ende weniger für den Investor abwerfen als Aktien von weniger aussichtsreichen Unternehmen, die dafür deutlich niedriger bewertet sind. Die Börse scheint zu Übertreibungen zu neigen, die dazu führen, dass in der Tendenz Unternehmen mit schlechten Aussichten zu niedrig und Unternehmen mit guten Aussichten zu hoch bewertet werden.

Dies gilt jedoch nicht für jeden Einzelfall und schließt entsprechend nicht aus, dass bei einer sorgfältigen Selektion von Unternehmen mit guten langfristigen Wachstumsperspektiven auch mit dem Wachstums-Investing überdurchschnittliche Renditen erzielt werden können. Erst recht, wenn der Wachstumsinvestor den Preis nicht völlig aus den Augen verliert. Immerhin hat Warren Buffett auch gesagt, man solle lieber ein hervorragendes Unternehmen zu einem fairen Preis kaufen als ein mittelmäßiges Unternehmen zu einem hervorragenden Preis.[48] Diese Aussage klingt nach Wachstums-Investing unter Berücksichtigung des Wertes.

Obwohl bereits in Kapitel 3.2 erläutert wurde, was alles gegen die Theorie der effizienten Märkte und für wertorientierte Anlagestrategien spricht, werden auch noch die anderen Investment-Strategien sowie deren Nutzen vorgestellt. Schließlich können Strategien auch miteinander kombiniert werden und es ist auch nicht für jeden dieselbe Strategie geeignet.

---

[47] Vgl. Hagstrom, R., 2005, S. 27.
[48] Vgl. Buffett, W., 1990, S.22.

3.4 Weitere Investment-Strategien

3.4.1 Index-Investing

Das Index-Investing ist vor allem für diejenigen geeignet, die zwar die Vorzüge von Aktien für sich nutzen wollen, aber nicht bereit sind, sich mit der Bewertung und Auswahl von Aktien auseinanderzusetzen, und auch niemanden kennen, den sie für vertrauenswürdig halten und der für sie Aktien bewertet und günstige auswählt. Auch wenn sich der Wert einer Aktie ungefähr bestimmen lässt, ist dafür doch ein gewisses Fachwissen notwendig, und die Bewertung selbst ist zudem mit Aufwand verbunden.

Die aktiv gemanagten Aktienfonds schneiden oft schlechter ab als ihr Vergleichsindex, schließlich verursachen die vom Fondmanager getätigten Umschichtungen Transaktionskosten, die sich auf die Performance niederschlagen. Dafür verlangen sie Gebühren, die auch bezahlt werden müssen, wenn der Fonds schlecht abschneidet. Unterm Strich bleibt dem Privatanleger, der sein Geld einem durchschnittlichen Fonds anvertraut, eine Rendite, die deutlich unter der des Gesamtmarktes liegt. Die Durchschnittsperformance aller Anleger, sämtliche Fonds eingeschlossen, kann ohne die Ausgaben für Transaktionen und Gebühren nicht besser sein als die des Gesamtmarktes. Einige sind besser, andere sind schlechter. Es müssen jedoch noch Transaktionskosten, Gebühren und Steuern abgezogen werden, um die Nettorendite zu erhalten, auf die es letztendlich ankommt. Der Fokus von Index-Investoren sollte darauf gerichtet sein, so wenig wie möglich an Transaktionskosten, Gebühren und Steuern abzugeben. Damit kann ein Index-Investor, was die Nettorendite betrifft, schon zu den Top-Performern gehören, ohne sich mit dem Thema Aktien besonders gut auskennen zu müssen.

Eine Möglichkeit, kostengünstig in einen Index zu investieren, stellen ETFs (Exchange Traded Funds) dar. Es handelt sich hierbei um nicht aktiv gemanagte Investmentfonds ohne Laufzeitbegrenzung, die an der Börse gehandelt werden. Sie enthalten genau die Werte eines Index, und zwar in der Gewichtung, wie sie in diesem Index enthalten sind. Da kein

Fondsmanager versucht, durch aktives Handeln den Index zu schlagen, was ohnehin oft schief geht und auch ins Gegenteil münden kann, fallen nur relativ geringe Gebühren an, und solange sich an dem Index nichts verändert, fallen auch keine Transaktionskosten an. Beim Index-Investing sollte darauf geachtet werden, dass nicht alles in eine Region oder Branche investiert wird. Außerdem empfiehlt es sich aufgrund der Statistiken in Kapitel 2, nicht nur auf Standardwerteaktien zu setzen. Auf der anderen Seite sollten es nicht zu viele verschiedene ETFs werden, da dies die Transaktionskosten erhöhen würde. Es könnte beispielsweise ein ETF auf den Euro Stoxx 50 (europäische Standardaktien), einer für den S&P 500 (amerikanischer Aktienmarkt) und einer auf den SDAX (deutsche Nebenwerte) gekauft werden oder einfach einer auf den MSCI World. Es gibt verschiedene Kombinationsmöglichkeiten, von denen man sich für eine entscheiden kann. Index-Investoren sollten sehr langfristig investieren und versuchen, wenig oder gar nicht umzuschichten, was auch Steuern spart, da Steuern immer erst dann fällig werden, wenn Gewinne realisiert werden, also das entsprechende Wertpapier mit Gewinn verkauft wird.

Für diejenigen, die ein größeres Vermögen anlegen, besteht auch die Möglichkeit, sämtliche Aktien eines Index einzeln selbst zu kaufen und dann einfach zu halten. So fallen nur noch einmal Transaktionskosten und keine weiteren Gebühren an.[49] Mit einem kleinen Vermögen empfiehlt sich dies nicht, da sonst die Transaktionskosten im Verhältnis zur Anlagesumme zu hoch werden und die Rendite zu stark beeinträchtigen. Es können hierbei alle Aktien eines Index gekauft oder stichprobenartig Aktien ausgewählt werden. Es sollten am Ende jedoch wenigstens 30, besser sind 50, verschiedene, in etwa gleich stark gewichtete Aktien sein, damit die Rendite des Portfolios keine großen Abweichungen gegenüber der des Gesamtmarktes verzeichnet.[50] Diese Strategie kann in Richtung Value-Investing optimiert werden, indem die Aktien mit den

---

[49] Es muss darauf geachtet werden, dass das Depot, in dem die Aktien gehalten werden, keine Depotführungsgebühren verursacht.
[50] 30 – 50 Aktien entsprechen der Menge, die in etlichen großen bekannten Aktienindizes (Dax, Eurostoxx, Dow Jones) enthalten sind.

höchsten Dividendenrenditen der jeweiligen Indizes ausgewählt werden. So können beispielsweise die 25 Aktien mit der höchsten Dividendenrendite aus dem Euro Stoxx 50, die 15 dividendenstärksten aus dem Dow Jones und noch die 15 mit der höchsten Dividendenrendite aus dem SDAX in ein Portfolio gesteckt werden. Dies entspricht jeweils der Hälfte der Aktien, die in dem jeweiligen Index enthalten sind. Die Dividendenrenditen von Aktien kann man, auch ohne sich mit dem Thema intensiver befassen zu müssen, auf den im Anhang unter "Informationsquellen für aktive Investoren" angegebenen Internetseiten einsehen. Um sie zu erhalten wird einfach die jährliche Dividendenausschüttung durch den Aktienkurs geteilt. Diese dem Index-Investing ähnliche Strategie ist zwar etwas zeitaufwändiger, verspricht dafür aber auch etwas bessere Renditen, und da nicht jede Aktie der entsprechenden Indizes gekauft wird, wird auch etwas weniger Kapital benötigt.[51]

Ein uninformierter Käufer sollte möglichst viele verschiedene Aktien kaufen, um ungefähr die Rendite des Gesamtmarktes zu erhalten. Je mehr verschiedene Aktien er kauft, desto mehr nähert sich die Rendite seines Portfolios der Rendite des Gesamtmarktes an, und je größer die Beträge sind, die in die einzelnen Positionen investiert werden, desto geringer sind die Transaktionskosten im Verhältnis zum eingesetzten Kapital, was wiederum die Nettorendite verbessert. Je länger die entsprechenden Aktien gehalten werden, desto unbedeutender werden die Transaktionskosten auch bei kleineren Anlagesummen im Verhältnis zum Ertrag. Auch wenn die Aktien der Indizes einzeln gekauft werden, gilt das Prinzip "kaufen und halten". Das heißt, die Aktien werden ausgewählt, gekauft und dann liegen gelassen, bis das Geld wieder benötigt wird. Wie schon im 2. Kapitel beschrieben, sind Aktien vor allem für die langfristige Vermögensvermehrung geeignet. Das Vermögen sollte also möglichst für viele Jahre nicht benötigt werden.

---

[51] Vgl. Otte, Max, 2008, S. 181 – 183.

3.4.2 Charttechnik

Charttechnische Analyse ignoriert die Fundamentaldaten aus den Jahresabschlüssen und sie ignoriert sogar die aktuelle Lage bzw. die zukunftsorientierten Aussichten des Unternehmens und der Gesamtwirtschaft. Sie konzentriert sich ausschließlich auf den Kursverlauf der Vergangenheit. Es gibt viele verschiedene charttechnische Kauf- und Verkaufssignale, die sich auch teilweise widersprechen. Charttechniker berücksichtigen weder den Wert des Unternehmens noch das Umfeld. Sie versuchen, aus den Kursen der Vergangenheit, unabhängig davon, wie diese zustande gekommen sind, den zukünftigen Preis, unabhängig von dem aktuellen Zustand des Unternehmens, zu bestimmen. Inwiefern das seriös oder Kaffeesatzleserei ist, sollte jeder für sich entscheiden. Warren Buffett, der durch seine vielfältigen Investments zu einem der reichsten Menschen der Welt wurde, ist allerdings der Meinung, dass Benjamin Grahams wertorientierte Form der Aktienanlage wie eine Erleuchtung für ihn war, nachdem er zuvor alle möglichen charttechnischen Strategien studiert hatte.[52]

Viele Charttechniker versuchen, irgendwelche Trends zu erkennen, diesen zu folgen und dann wieder rechtzeitig auszusteigen. Ein Kaufsignal für Freunde der Charttechnik ist es beispielsweise, wenn irgendein kurzfristig gleitender Durchschnitt einen langfristig gleitenden Durchschnitt von unten nach oben kreuzt. Andersrum wird es als Verkaufssignal verstanden. Der gleitende Durchschnitt wird aus dem Mittelwert der Schlusskurse der letzten X Tage ermittelt. X = 10 wäre zum Beispiel ein kurzfristiger gleitender Durchschnitt und X = 200 ein langfristiger gleitender Durchschnitt (auch 200-Tage-Linie genannt). Ein ähnliches Kauf-/Verkaufssignal der Trendfolgetechnik wird erzeugt, wenn der aktuelle Kurs irgendeinen gleitenden Durchschnitt durchkreuzt. Bei kurzfristigen gleitenden Durchschnitten werden deutlich mehr Transaktionen benötigt als beim Arbeiten mit langfristigen gleitenden Durchschnitten. Durch die relativ hohen Transaktionskosten ist es für soge-

---

[52] Vgl. Löwe, J., 2010, S. 130; vgl. Forbes, 2018.

nannte Trader extrem schwierig, überhaupt Gewinne zu erwirtschaften, geschweige denn, den Markt zu schlagen. Die Banken und Börsen, die diese Transaktionskosten kassieren, profitieren natürlich besonders von Tradern, deshalb haben sie auch eher den Anreiz, Investitionen am Kapitalmarkt mit dem Bildnis des Traders zu verbinden bzw. diese zu umwerben. Der langweilige, inaktive Depotbesitzer ist hingegen für Banken und Börsen weniger lukrativ.

Die unter Charttechnikern besonders verbreitete Strategie, Trends zu folgen, widerspricht eigentlich der Anlagephilosophie von Value-Investoren, da Aktien bevorzugt werden, deren Kurse in der Vergangenheit gestiegen sind und die entsprechend tendenziell höher bewertet sind. Charttechnik ist jedoch alles, was sich mit den vergangenen Kursverläufen beschäftigt, und muss nicht dazu verwendet werden, um kurz- und mittelfristigen Trends zu folgen. Stattdessen könnte auch gegen den Trend investiert werden, also bspw. in Aktien die in letzter Zeit besonders schlecht performt haben. Allerdings ist auch hier Vorsicht geboten.

Trotz der kritischen Haltung gegenüber Trendfolgestrategien, muss erwähnt werden, dass James P. O'Shaughnessy in einer langfristigen Analyse von historischen Daten festgestellt hat, dass zwischen 1951 und 2003 Portfolios, die aus den Aktien bestehen, die im letzten Jahr am besten gelaufen sind, deutlich besser abgeschnitten haben als Portfolios, die im letzten Jahr am schlechtesten abgeschnitten haben. Dieser Effekt hat sich allerdings bei der Verwendung der Performance der letzten 5 Jahre umgedreht. Er hat hierzu alle untersuchten Aktien entsprechend ihrer Ein-Jahres-Performance in 10 Dezile unterteilt und die entsprechenden Portfolios analysiert. Vor allem das letzte Dezil war deutlich abgeschlagen. Diese Unterperformance des letzten Dezils war bei Aktien kleiner Unternehmen noch ausgeprägter. [53] Dieses Portfolio enthielt sicherlich schwerpunktmäßig stark angeschlagene Aktien und wenig bis keine Qualitätstitel. Die Aktien in diesem Portfolio waren scheinbar trotz der stark gesunkenen Bewertung keine guten

---

[53] Vgl. O'Shaughnessy, J., 2005, S. 237 – 239.

Investments. Es ist also bei der Suche nach günstigen Investment über Listen mit besonders schlecht gelaufenen Aktien auch Vorsicht geboten.

Scheinbar gab es in der Vergangenheit den Trend, dass gut performende Aktien weiterhin gut perform haben. Tendenziell spricht die gute Performance für Qualität und Wachstum und eventuell war dies bei den besten Performern über ein Jahr im Durchschnitt noch nicht ausreichend berücksichtigt. Allerdings war zwar die Unterperformance der Aktien, die bereits im letzten Jahr schlecht abgeschnitten haben, recht signifikant, jedoch nicht die Überperformance der Aktien, die am besten performt haben.[54] Man findet sicherlich zu fast jeder empirischen Beobachtung eine Erklärung, aber hier fehlt eine zwingende Begründung, warum dies auch weiterhin funktionieren wird.

Eine weitere Variante der Charttechnik ist es, mögliche Widerstände ausfindig zu machen, bspw. indem man nach markanten Tiefpunkten sucht. Hierbei sind die Tiefpunkte in der Währung der Heimatbörse bzw. der Börse, an der die Aktie vorwiegend gehandelt wird, entscheidend. Am besten ist es, wenn eine Aktie bei einem gewissen Kurs schon mehrmals nach oben gedreht ist und dieser Kurs auch noch einen mittel- oder langfristigen Tiefpunkt darstellt. Hat der Kurs an einer bestimmten Stelle schon mehrmals gedreht, deutet dies darauf hin, dass es Käufer gibt, die speziell an diesem Punkt bereit sind, zuzukaufen, oder Verkäufer, die unter dieser Marke nicht mehr verkaufen wollen. Vor allem andere wertorientierte Käufer könnten zu einem bestimmten Preis bereit sein, trotz des Abwärtstrends einzusteigen, und somit für den Wendepunkt sorgen. Man sollte sich selbstverständlich nicht auf diese Widerstände verlassen und auch die Nachrichtenlage berücksichtigen, da eine schlechte Nachricht in der Nähe dieses Widerstands den Kurs schnell unter die entsprechende Hürde befördern kann. Ist dieser Widerstand dann deutlich durchbrochen, spricht das wiederum dafür, dass diese Käufer aufgrund anderer Umstände nicht mehr kaufen wollen oder kein Geld mehr zur Verfügung haben, was einen kurzen,

---

[54] Vgl. O'Shaughnessy, J., 2005, S. 237.

starken Abschwung herbeiführen kann, da der Kurs fallen muss, bis ein Preis erreicht wird, bei dem sich neue wertorientierte Käufer finden.

Bei einer Betrachtung der Kurse aus der Vergangenheit im Zusammenhang mit den Fundamentaldaten aus der Vergangenheit kann außerdem ermittelt werden, wie eine Aktie in der Vergangenheit bewertet wurde. Dadurch lässt sich erkennen, wie ausgeprägt die Fehlbewertungen in der Vergangenheit waren, was bei ähnlicher Unternehmensgröße und Marktlage als Orientierung für die Gegenwart und die Zukunft verwendet werden kann. Grundsätzlich besteht die Möglichkeit, Charttechnik, egal welcher Art, mit wertorientierten Strategien zu kombinieren. Weitere empirische Untersuchungen von James P. O'Shaughnessy kamen zu dem Ergebnis, dass Portfolios aus Aktien, die im letzten Jahr besonders gut abgeschnitten hatten und die zusätzlich gewisse fundamentale Kriterien erfüllt haben, noch deutlich besser performt haben als Portfolios, bei denen diese fundamentalen Kriterien nicht berücksichtigt wurden.[55] Beim ausschließlichen Investieren nach Charttechnik ist das Fundament, auf dem die Entscheidungen beruhen, recht fragwürdig, da nicht geklärt ist, wie der Kursverlauf zustande kam und erst recht hinterfragt werden kann, warum dies Relevanz für die Zukunft haben sollte. Es ist vergleichbar mit einer Autofahrt, bei der man ausschließlich in den Rückspiegel schaut. Selbst wenn man glaubt an manchen Abschnitten, wie beispielsweise in einer Kurve, die folgenden Meter erahnen zu können, so wäre es doch mehr als grob fahrlässig, sich den Blick nach vorne zu verwehren.

---

[55] Vgl. O'Shaughnessy, J., 2005, S. 243 – 247.

3.4.3 Die Portfolio-Strategie

Eine grundlegende Annahme der Portfolio-Strategie, dass Risiko und Rendite unmittelbar zusammenhängen, wurde von Harry Markowitz 1952 aufgestellt.[56] Das Ziel eines Portfoliomanagers ist es demnach, das Portfolio dem gewünschten Risiko anzupassen.[57] Das Risiko einer Aktie wird bei dieser Strategie anhand ihrer historischen Kursschwankungen bestimmt.[58] Dies ergäbe nur Sinn, wenn der Markt effizient wäre und die Kursschwankungen somit auch mit unvorhersehbaren Wertschwankungen gleichgesetzt werden könnten. Auch für den konsequenten Zusammenhang zwischen Risiko und Rendite kann nur ein effizienter Markt sorgen. Dementsprechend basiert die Portfolio-Strategie auf der Theorie der effizienten Märkte.

In Kapitel 2.2 wurde bereits festgestellt, dass der Zusammenhang zwischen Verlustrisiko und hohen Renditen bezogen auf unterschiedliche Vermögensklassen, wenn überhaupt, nur für kurzfristige Zeiträume Bestand hat und bei langfristigen Zeiträumen sogar ins Gegenteil umschlägt.[59] Später wurden im Kapitel 3.2 etliche Argumente, die gegen die Theorie der effizienten Märkte sprechen, aufgeführt.[60] Falls man trotz der Ausführungen in Kapitel 3.2 an die Theorie der effizienten Märkte glaubt, ist die Aktienauswahl ohnehin nicht relevant, da diese Theorie besagt, alle Aktien seien fair bewertet und man könne nur mit Glück besser abschneiden als der Gesamtmarkt. Dass es zufällig eine ganze Gruppe von Investoren gibt, die sich an die Lehren von Graham und Dodd gehalten haben, welche die beiden in ihrem 1934 zum ersten Mal erschienenen Buch „Security Analysis" veröffentlicht hatten, und dabei mit unabhängigen Portfolios den Markt über lange Zeiträume deutlich geschlagen haben, bezeichnen Anhänger der Theorie der effizienten Märkte wahrscheinlich als sehr großes Glück. Es gibt hierzu den Artikel

---

[56] Vgl. Markowitz, H., 1952.
[57] Vgl. Hagstrom, R. 2000, S. 31.
[58] Vgl. Markowitz, H., 1952; vgl. Hagstrom, R., 2000, S. 33.
[59] Siehe Ausführungen in Kapitel 2.2.
[60] Siehe Ausführungen in Kapitel 3.2.

„Die Superinvestoren aus Graham- und Doddsville", der auf einer Rede von Warren Buffett aus dem Jahr 1984 basiert, in der er die Performance von 9 wertorientierten Anlegern und Fonds vorstellt, die alle nach Grahams Ansätzen gehandelt und den Markt über lange Zeiträume deutlich geschlagen haben.[61] Warren Buffett hat aber auch festgestellt, dass die meisten Menschen diesen wertorientierten Ansatz entweder sofort verstehen und für absolut logisch befinden oder nie zum Value-Investor werden.[62] Wer zu der Gruppe gehört, die den Value-Ansatz nie versteht und logisch findet und trotz der Gegenargumente an die Theorie der effizienten Märkte glaubt, braucht sich um die Auswahl keine Gedanken zu machen und sollte sich darauf konzentrieren, die Nebenkosten (Transaktionskosten, Gebühren und Steuern) so niedrig wie möglich zu halten. Hierfür empfiehlt sich das Index-Investing. Für diejenigen, die nicht an effiziente Märkte glauben und vom wertorientierten Anlegen überzeugt sind, befasst sich das nächste Kapitel mit verschiedenen wertorientierten Ansätzen und deren Verfechtern.

3.5 Investmentphilosophien von erfolgreichen wertorientierten Investoren

3.5.1 Formen des wertorientierten Anlegens

Es gibt verschiedene Formen des wertorientierten Anlegens. In Kapitel 3.3 wurde bereits zwischen dem klassischen Value-Investing, bei dem es vorwiegend um den günstigen Preis geht und als dessen Gründer Benjamin Graham gilt, und dem Wachstums-Investing, bei dem es vorwiegend um die Auswahl eines hervorragenden Unternehmens geht und dessen Verfechter Philip Fisher war, unterschieden. Weitere Unterschiede gibt es bei der Bewertung der Unternehmen. So legen verschiedene Value-Investoren auf unterschiedliche Kennzahlen besonderen Wert und haben unterschiedliche Methoden, unterbewertete Unter-

---

[61] Vgl. Buffett, W., 1984.
[62] Vgl. Buffett, W., 1984, S. 11.

nehmen ausfindig zu machen. Abbildung 9 stellt bedeutende wertorientierte Anleger, die Schlüsselpunkte ihrer Anlagestrategie und Publikationen, die sie veröffentlicht haben, vor.

Person	Rolle	Schlüsselpunkte	Publikationen
Graham	Vater des Value-Investings	Sicherheitsspanne; Konzentration auf die Bilanz; 10-Punkte-Checkliste	The Intelligent Investor; Security Analysis
Fisher	Rolle des Wachstums, qualitative Dimension	Gerüchte; Konzentration auf Gewinne; 15-Punkte-Checkliste	Common Stocks and Uncommen Profits
Buffett	Integration	Kompetenzbereich; Unternehmensanalyse	The Essays of Warren Buffet: Lessons for Corporate America

Abbildung 9: Wertorientierte Investoren und ihre Strategien[63]

Benjamin Graham gilt aufgrund seiner Bücher „Security Analysis", welches er gemeinsam mit David Dodd verfasste und erstmals 1934 veröffentlichte, und „The Intelligent Investor", welches erstmals 1949 erschien, als Vater des Value-Investings. Graham lebte von 1894 bis 1976 und lehrte an der Columbia University.[64] Zu seinen Studenten gehören viele erfolgreiche Investoren, der bekannteste und erfolgreichste von ihnen ist Warren Buffett.[65] Graham vertrat die Lehre, dass Aktien nur unter ihrem fundamentalen Wert gekauft werden dürfen.[66]

Philip Fisher lebte von 1907 bis 2004. Er war Wertpapieranalyst und Vermögensverwalter und schrieb mit dem Buch „Common Stocks and Uncommon Profits" eines der meistverkauften Bücher im Bereich der privaten Geldanlage.[67] Er war der Meinung, der Preis sei nicht so wichtig wie die Auswahl eines hervorragenden Unternehmens. Er war ein typischer Wachstums-Investor. Seine Strategie beruhte auf einer besonders

---

[63] In Anlehnung an Cunningham, L., 2005, S. 24.
[64] Vgl. Gottschalk, A., 2009; vgl. Graham, B., 1997, S. viii.
[65] Vgl. Buffett, W., 1984.
[66] Vgl. Graham, B., 1997, S. 61, S. 277 ff.
[67] Vgl. Fisher, K., 2004.

intensiven Analyse des Unternehmens, die zum Teil auch die Möglichkeiten eines privaten Investors übersteigen.[68]

Warren Buffett wurde am 30.08.1930 in Omaha geboren.[69] Das Buch "The Essays of Warren Buffett: Lessons for Corporate America" wurde nur indirekt von Warren Buffett geschrieben. Es wurde mit seinem Einverständnis von Lawrence A. Cunningham aus den Jahresberichten von Warren Buffetts Investmentfirma Berkshire Hathaway zusammengestellt. Diese Jahresberichte wurden von Warren Buffett geschrieben und enthalten neben den üblichen Inhalten eines Jahresberichts auch viele lehrreiche Gedanken von ihm.[70] Er gilt als der erfolgreichste Investor des 20. Jh. und war auch zeitweise der reichste Mann der Welt.[71] Warren Buffett hat aus den theoretischen Ansätzen anderer wertorientierter Anleger, vor allem aus denen von Benjamin Graham und Philip Fisher, eine eigene Anlagestrategie kreiert. In gewisser Weise hat er das Value-Investing mit dem Wachstums-Investing kombiniert.[72]

3.5.2 Investmentphilosophie von Benjamin Graham

Bei Benjamin Graham stand immer der Preis im Mittelpunkt. Er war auch kein reiner Aktieninvestor, sondern setzte immer auf eine Mischung aus Aktien und Anleihen. Aktien und Anleihen befand Benjamin Graham als gleichwertige Investmentmöglichkeiten. In Abhängigkeit vom Preis von Aktien bzw. der Rendite von Anleihen empfahl er eine Mischung aus Aktien und Anleihen, bei der weder Aktien noch Anleihen jemals mehr als 75 % bzw. weniger als 25 % des Portfolios ausmachen sollen. Er empfahl jedoch auch sehr vorsichtigen Investoren, nie ganz

---

[68] Vgl. Fisher, P., 2003.
[69] Vgl. Löwe, J., 2010, S. 238.
[70] Vgl. Cunningham, L., 2009.
[71] Vgl. Otte, Max / Castner, J., 2010, S. 22 – 24.
[72] Vgl. Hagstrom, R., 2005, S. 27.

auf Aktien zu verzichten, und teilte damit nicht die Meinung, Aktien seien generell riskanter als Anleihen.[73]

Graham ist der Erfinder von Mr. Market. Mr. Market, der die Börse personifiziert, ist laut Graham ein manisch-depressiver Mensch, der jeden Tag ein neues Angebot für Aktien abgibt, zu dem er bereit ist zu kaufen, aber auch zu verkaufen. Mal ist er total euphorisch und bietet/verlangt utopische Preise und mal ist er total niedergeschlagen und verschleudert seine Anteile. Diese Stimmungsschwankungen von Mr. Market sollten Investoren für sich ausnutzen.[74]

Benjamin Graham bestand auf der von ihm so bezeichneten "Margin of Safety" bzw. der Sicherheitsmarge. Nach diesem Prinzip wird ein gewisser Abschlag vom Wert verlangt und es werden nur Wertpapiere gekauft, die deutlich unter ihrem Wert gehandelt werden. Bei Anleihen bestand die Sicherheitsmarge darin, darauf zu achten, dass die emittierenden Unternehmen deutlich mehr als ausreichende Einnahmen bzw. Vermögenswerte hatten, um ihre Schulden zu begleichen. Die Sicherheitsmarge sichert gegen eventuelle Fehlbewertungen oder negative Überraschungen ab.[75] Graham war es besonders wichtig, nie zu viel zu bezahlen. Darin sah er das größte Risiko. Weitere Risiken sah er darin, dass sich die Unternehmenssituation deutlich verschlechtert oder ein Wertpapier zu einem ungünstigen Kurs abgestoßen werden muss. In den Kursschwankungen bzw. der Volatilität sah er kein Risiko, solange der Inverstor seine Wertpapiere nicht verkaufen muss.[76]

Bei der Bewertung seiner Unternehmen legte er großen Wert auf die Bilanz und den Buchwert.[77] Er vermied es, Unternehmen zu kaufen, die deutlich über dem Buchwert gehandelt wurden.[78] Besonders gerne kaufte er Unternehmen, die unter ihrem Nettoumlaufvermögen gehan-

---

[73] Vgl. Graham, B., 1997, S. 41.
[74] Vgl. Graham, B., 1997, S. 108; vgl. Cunningham, L., 2009, S. 12.
[75] Vgl. Graham, B., 1997, S. 277 – 278.
[76] Vgl. Graham, B., 1997, S. 60 – 61.
[77] Vgl. Graham, B. / Dodd, D., 2002, S. 567.
[78] Vgl. Graham, B., 1997, S. 103, S. 185; vgl. Cunningham, L., 2005, S. 18.

delt wurden. Das Nettoumlaufvermögen ist das Umlaufvermögen, also das Geldvermögen und das Vermögen, das schnell zu Geld gemacht werden kann, abzüglich der Verbindlichkeiten.[79] Er erkennt zwar an, dass besonders rentable Unternehmen im Verhältnis zu ihren Vermögensgegenständen höher bewertet werden dürfen, sieht jedoch in dieser höheren Bewertung auch ein Risiko für Kursrückschläge.[80]

3.5.3 Investmentphilosophie von Philip Fisher

Für Philip Fisher war es vor allem wichtig, Unternehmen mit überdurchschnittlichen Wachstumsaussichten zu kaufen. Er weist darauf hin, dass solche Unternehmen, selbst wenn sie zum Zeitpunkt des Kaufes mit Bewertungsparametern wie der Dividendenrendite oder dem Kurs-Gewinn-Verhältnis noch teuer wirken sollten, langfristig durch ihr Wachstum hervorragende Renditen bieten und auch die Bewertungsparameter, bezogen auf den ursprünglichen Kaufpreis, aufgrund der stetig steigenden Gewinne und Dividenden immer attraktiver werden.[81]

Philip Fisher hat eine Checkliste mit 15 Punkten erarbeitet, um hervorragende Unternehmen mit guten Wachstumsaussichten ausfindig zu machen. Nach dieser Checkliste muss kontrolliert werden, ob das Unternehmen eine aussichtsreiche Produktpalette mit Wachstumspotential vorweisen kann. Dieses Wachstum muss ohne die Ausgabe neuer Aktien aus eigenen Mitteln finanziert werden können. Außerdem muss das Unternehmen von einem guten, innovativen, ehrlichen und integeren Management geführt werden, das Probleme offen anspricht und nicht vertuscht. Des Weiteren sollte das Unternehmen in wichtigen Bereichen, wie beispielsweise der Entwicklung und dem Verkauf, effizienter als seine Konkurrenz sein und entsprechend hohe, möglichst steigende Margen bezogen auf den Umsatz erzielen. Innerhalb des Unternehmens

---

[79] Vgl. Graham, B., 1997, S. 84 - 86, S. 205 - 207, S. 214 - 216; vgl. Graham, B. / Dodd, D., 2002, S. 578 – 583.
[80] Vgl. Graham, B., 1997, S. 102 – 103.
[81] Vgl. Fisher, P., 2003, S. 83 – 88.

sind eine gute Organisation und ein angenehmes Betriebsklima wichtig. Die Unternehmensstrategie soll auf langfristigen und nicht kurzfristigen Erfolg ausgerichtet sein.[82]

Nach Philip Fisher bringen die Aktien von guten Unternehmen immer Gewinne, wenn sie nur lange genug gehalten werden. Er versuchte, diese Aktien dann zu kaufen, wenn sie aufgrund kleiner, vorrübergehender Schwierigkeiten nicht die Gunst der anderen Anleger genossen, und schenkte dabei dem makroökonomischen Umfeld keine Aufmerksamkeit.[83]

Für Philip Fisher gab es nur drei Gründe, warum ein Unternehmen verkauft werden sollte. Der erste Grund, weshalb eine Aktie verkauft werden sollte, ist, dass bei der Analyse Fehler gemacht wurden und sich die ursprüngliche Entscheidung, die Aktie zu kaufen, als schlecht herausstellt.[84] Der zweite Grund liegt vor, wenn das Unternehmen aufgrund von Veränderungen nicht mehr als gutes Investment nach seiner 15-Punkte-Checkliste eingestuft wird. Außerdem darf nach Philip Fisher eine Aktie verkauft werden, wenn es eine eindeutig besser Alternative gibt, in die das Geld investiert werden kann.[85] Ansonsten sollten Aktien sehr langfristig gehalten und am besten gar nicht mehr verkauft werden.[86]

Philip Fisher setzte auf ein fokussiertes Portfolio und befand übermäßige Diversifikation für schädlich.[87] Er hielt es für vertretbar, bis zu 20 % des Portfoliovermögens in eine einzige Aktienposition zu stecken, solange es sich um die Aktien eines soliden großen Unternehmens handelt.[88]

---

[82] Vgl. Fisher, P., 2003, S. 47 ff.
[83] Vgl. Fisher, P., 2003, S. 89 - 93, S. 104.
[84] Vgl. Fisher, P., 2003, S. 106.
[85] Vgl. Fisher, P., 2003, S. 106 – 107.
[86] Vgl. Fisher, P., 2003, S. 109, S. 260.
[87] Vgl. Fisher, P., 2003, S. 135.
[88] Vgl. Fisher, P., 2003, S. 137.

3.5.4 Investmentphilosophie von Warren Buffett

Warren Buffetts Regel Nummer 1 ist es, niemals Geld zu verlieren.[89] Damit meint er, dass man sich bei einer Geldanlage sicher sein und Risiken meiden soll. Warren Buffett kauft nur, wenn er eine besonders gute Kaufgelegenheit identifiziert hat. Er lässt lieber mal eine gute Gelegenheit aus und vermeidet es so, einen Fehler zu begehen oder zu früh einzusteigen.

Warren Buffett kauft hervorragende Unternehmen, die von guten Managern geführt werden, zu vernünftigen Preisen und distanziert sich ein wenig von der Strategie, nur den Preis zu berücksichtigen, wobei er trotzdem stark von Graham geprägt wurde und niemals den Preis außer Acht lässt. Er achtet jedoch noch zusätzlich darauf, nur Aktien von hervorragenden Unternehmen zu kaufen, und ist dafür auch bereit, ein wenig mehr zu bezahlen.[90] Wenn er ein hervorragendes Unternehmen identifiziert hat, wartet er ab, bis es irgendwann zu einem Preis zu haben ist, der ihm zusagt.[91] Dabei achtet er auch auf die Sicherheitsmarge von Benjamin Graham, indem er, wie er meint, nach Investments sucht, bei denen er 1 Dollar für 40 Cent bekommt.[92] Er kombiniert die Strategien von Graham und Fisher, deren Bücher er auch anderen Investoren empfiehlt.[93]

Ein hervorragendes Unternehmen zeichnet sich durch stetig steigende Gewinne und Cashflows aus. Es hat eine solide Bilanz und es hat einen besonderen Vorteil gegenüber vorhandener oder möglicher Konkurrenz. Dieser Vorteil kann in Form von einer starken Marke, Patenten, Lizenzen, die nur in beschränkter Menge vergeben werden, Größenvorteilen, hohen Umstellungskosten für wechselnde Kunden oder Kostenvorteilen bestehen. Der Vorteil sorgt für überdurchschnittliche Renditen und

---

[89] Vgl. Löwe, J., 2010, S. 127; vgl. Buffett, M. / Clark, D., 2008, S. 3.
[90] Vgl. Löwe, J., 2010, S. 130, S. 134; vgl. Buffett, M. / Clark, D., 1999, S. 67; vgl. Buffett, M. / Clark, D., 2008, S. 126.
[91] Vgl. Buffett, M. / Clark, D., 1999, S. 67 – 68.
[92] Vgl. Löwe, J., 2010, S. 130.
[93] Vgl. Löwe, J., 2010, S. 174; vgl. Buffett, M. / Clark, D., 2008, S. 3.

kann auch aus mehreren der eben genannten Dinge bestehen.[94] Warren Buffett verbildlicht diesen Schutz vor Konkurrenten mit hohen Mauern und einem Burggraben, welche das Unternehmen umgeben und vor Angriffen der Konkurrenz, welche die Renditen und Gewinne schmälern, schützt.[95] Hierbei sollte unterschieden werden, wie groß und anhaltend dieser besondere Vorteil ist. Ein großartiges Unternehmen sollte auch noch 25 - 30 Jahre großartig bleiben und dafür sorgt der Burggraben bzw. der besondere Vorteil.[96]

Außerdem soll ein Investor laut Buffett nur in Unternehmen investieren, deren Geschäftsmodell er versteht, da er ansonsten keine brauchbaren Prognosen über die Zukunft treffen kann. Dafür ist es seiner Meinung nach wichtig, die Branche zu kennen.[97] Er sucht sich Unternehmen, bei denen er einschätzen kann, wie sie sich in den nächsten 10 - 15 Jahren entwickeln werden.[98] Warren Buffett meidet Hightech-Unternehmen und sucht stattdessen nach Unternehmen mit einfachen, verständlichen Geschäftsmodellen, die keinem allzu starken Wandel unterliegen.[99] Dabei ist es ihm besonders wichtig, dass diese Unternehmen von einem guten und ehrlichen Management geführt werden. Manager sollten nicht nur in ihre eigenen Taschen wirtschaften, sondern sich auf das Wohl der Aktionäre, die sie einstellen, konzentrieren.[100]

Allerdings hat er inzwischen auch schon in Aktien von IBM und Apple investiert. Er investiert immerhin seit mehr als einem halben Jahrhundert, weshalb es nicht verwunderlich ist, dass sich sein Investmentstil auch verändert hat. So hat er sich beispielsweise erst im Laufe der Zeit von Benjamin Grahams Ansatz ein Stück weit entfernt und mehr Wert auf die gute Qualität des Unternehmens gelegt.[101] Dies kann auf

---

[94] Vgl. Löwe, J., 2010, S. 148 - 149, S. 200 - 201, S. 204 - 206; vgl. Pardoe, J., 2005, S. 39 – 43.
[95] Vgl. Löwe, J., 2010, S. 204; vgl. Pardoe, J., 2005, S. 39.
[96] Vgl. Löwe, J., 2010, S. 201.
[97] Vgl. Löwe, J., 2010, S. 165 – 166.
[98] Vgl. Buffett, M. / Clark, D., 2008, S. 39.
[99] Vgl. Löwe, J., 2010, S. 167; vgl. Pardoe, J., 2005, S. 45 – 49.
[100] Vgl. Pardoe, J., 2005, S. 87 – 88.
[101] Vgl. Löwe, J., 2010, S. 134.

zunehmende Erfahrung und / oder ein verändertes Marktumfeld zurückzuführen sein.

Warren Buffett ist kein Freund starker Diversifizierung. Ein Investor sollte sich lieber vor dem Investieren ausreichend mit einem Unternehmen befassen, damit er sich seiner Sache sicher ist. Mit starker Diversifizierung nähert sich die Rendite des Portfolios nur der Rendite des Gesamtmarktes und die will Buffett übertreffen. Er steckt lieber einen größeren Anteil des Vermögens in besonders aussichtsreiche Investments.[102] Übermäßige Diversifizierung kostet Geld, da sie die Rendite der besten Investments verwässert.[103]

Die Investments von Buffett sind sehr langfristig ausgelegt, am liebsten für ein ganzes Leben.[104] Trotzdem meint auch Buffett, dass er in der extremen Aktienblase, die ihren Höhepunkt im Jahr 2000 hatte und für eine deutliche Überbewertung von Aktien gesorgt hat, ein paar Aktien hätte verkaufen und das Geld später wieder investieren sollen.[105] Es ist vor allem wichtig, einen langen Zeithorizont zu haben und nie verkaufen zu müssen, da es manchmal Jahre dauern kann, bis eine Aktie wieder zu ihrem fairen Wert gehandelt wird.

Warren Buffett ist der Meinung, dass auf den Business Schools viel zu komplizierte Theorien gelehrt werden, da die wirklich wichtigen und nützlichen Dinge zu einfach wären und der Stoff deshalb zu schnell abgehandelt wäre.[106] Menschen neigen dazu, zu glauben, dass komplizierte Dinge auch automatisch gehaltvoller seien, dies trifft aber nicht immer zu.[107] Er sagt, die wichtigen Dinge sind sehr leicht in der Theorie zu erlernen, jedoch viel schwieriger in der Praxis anzuwenden, was mit den menschlichen Emotionen und dem Herdentrieb zusammenhängt.[108]

---

[102] Vgl. Hagstrom, R., 2000, S. 17, S. 19; vgl. Buffett, M. / Clark, D., 2008, S. 23.
[103] Siehe Ausführungen in Kapitel 6.1.2.
[104] Vgl. Löwe, J., 2010, S. 213; vgl. Buffett, M. / Clark, D., 2008, S. 153.
[105] Vgl. Löwe, J., 2010, S. 138.
[106] Vgl. Löwe, J., 2010, S. 135; vgl. Buffett, M. / Clark, D., 2008, S. 51, S. 74.
[107] Vgl. Löwe, J., 2010, S. 144; vgl. Buffett, M. / Clark, D., 2008, S. 51, S. 75.
[108] Vgl. Pardoe, J., 2005, S. 17 – 18.

Warren Buffett hält es deshalb für unerlässlich, an der Börse selbstständig zu denken und sich nicht von der Masse mitreißen zu lassen. Ihn interessieren die Meinungen der Wall-Street-Analysten nicht.[109]

Er setzt anders als Graham fast ausschließlich auf Investments in Unternehmen, hat jedoch auch schon andere Investments, z. B. in Junkbonds oder Silber, getätigt.[110] Er hält jedoch wenig von Investitionen in Gold, da der wirkliche Nutzwert von Gold viel geringer ist als der Preis.[111] Bei der Bewertung seiner Unternehmen achtet er im Gegensatz zu Graham mehr auf die Erträge und Renditen, die ein Unternehmen generieren kann, als auf den Substanzwert.[112]

3.6 Entwicklung eines eigenen wertorientierten Investmentstils

Auf Basis obiger Ausführungen und mit Hilfe der Investmentphilosophien einiger der besten Investoren aus der Vergangenheit kann man sich nun eine Strategie aussuchen bzw. eine eigene kombinierte Strategie erstellen. Es ist dabei wichtig, dass man seine eigene Strategie und ihre Hintergründe versteht und von ihr überzeugt ist. Schließlich wurde eben noch erwähnt, dass an der Börse selbstständig gedacht werden sollte. Wer nicht einmal seine eigene Strategie begründen kann und voll hinter ihr steht, wird kaum selbstständig denken können. Außerdem wird es immer Phasen geben, in denen eine Strategie besonders schlecht abschneidet, und gerade dann sollte man seiner Strategie treu bleiben können. Ohne diese feste Überzeugung wird man gerade in besonders ungünstigen Momenten aussteigen oder die Strategie ändern. Selbstverständlich darf man seine Strategie regelmäßig kritisch analysieren, eine Änderung sollte jedoch nur vorge-

---

[109] Vgl. Löwe, J., 2010, S. 158 - 159; vgl. Buffett, M. / Clark, D., 2008, S. 52.
[110] Vgl. Löwe, J., 2010, S. 156, S. 203.
[111] Vgl. Löwe, J., 2010, S. 178.
[112] Vgl. Löwe, J., 2010, S. 148 – 149.

nommen werden, wenn diese Änderung logisch begründet werden kann, und nicht nur, weil die Strategie in einem Jahr schlecht abgeschnitten hat. Sollte eine Strategie über einen wirklich langfristigen Zeitraum im Verhältnis zum Gesamtmarkt schlecht abschneiden, sollte sie auf jeden Fall überdacht werden.

Die Strategie, mit deren Umsetzung sich die folgenden Kapitel befassen, soll empirisch und logisch begründet werden. Entsprechend wird es eine wertorientierte Investment-Strategie. Fundamentaltechnik kann auch mit Charttechnik kombiniert werden und empirische Untersuchungen bestätigen auch den möglichen Erfolg einer solchen Kombination. [113] Allerdings liegt der Fokus in den folgenden Kapiteln auch auf Grund der logischen Argumente auf der Fundamentalanalyse. Dabei erfolgt die Bewertung nicht einfach anhand einer Kennzahl, da dies zu einfach wäre, und auch empirische Untersuchungen belegen, dass Strategien aus mehreren Komponenten tendenziell noch besser abschneiden können.[114] Stattdessen fließen verschiedene fundamentale Komponenten aus den Jahres- bzw. Quartalsabschlüssen mit ein, die nicht einfach zusammengeworfen, sondern logisch kombiniert werden sollen, um einen Wert und einen attraktiven Einstiegskurs zu ermitteln.

Letztendlich hat jedes Investment seinen fairen Preis. Man kann zumindest für alles zu viel und für das meiste zu wenig bezahlen. Die Strategie konzentriert sich darauf, Aktien günstig zu kaufen, wobei ebenfalls die Qualität und die Wachstumsaussichten berücksichtigt werden, so dass bestenfalls ein Qualitätsunternehmen zu einem guten Preis gekauft wird. Durch den Anspruch auf ein gewisses Wachstum oder entsprechende Dividendenausschüttungen soll der Value-Falle entgangen werden. Die Untersuchungen von James P. O'Shaughnessy bzgl. Aktien, die im letzten Jahr am schlechtesten abgeschnitten haben, und der Wandel von Warren Buffett vom puren Value-Investor zum Value-Growth-Investor sprechen dafür, dass die häufig günstig erscheinenden, stark abgestürzten Aktien nicht unbedingt gute Investments

---

[113] Vgl. O'Shaughnessy, J., 2005, S. 243 – 247, 348.
[114] Vgl. O'Shaughnessy, J., 2005, S. 243, 338 – 344, 383.

sein müssen. Deshalb dürfen die Komponenten Wachstum und Qualität nicht vernachlässigt werden. Sie sollen voll in die Bewertung integriert werden.

Bei der Bewertung steht zunächst die Gewinn- und Verlustrechnung (GuV) bzw. der Gewinn und dessen Entwicklung im Mittelpunkt, die Bilanz und die Kapitalflussrechnung werden jedoch zur Einschätzung der Risiken herangezogen und haben somit auch Einfluss auf den Preis, der maximal für eine Aktie bezahlt werden darf. Es wird konservativ bewertet, also bei Unsicherheit zum niedrigeren Wert tendiert, und eine variable Sicherheitsmarge angewendet, die das Mindestmaß an verlangter Unterbewertung bestimmt und deren Höhe vom Risiko abhängt. Das Risiko einzelner Investments wird individuell eingeschätzt, ohne dabei die Volatilität zu beachten, da die Logik hinter der Risikomessung anhand der Volatilität eigentlich einen effizienten Markt voraussetzt. Es wird darauf geachtet, dass die am Ende stehende Kaufentscheidung, die sich aus Bewertung und Risiko ergibt, vollkommen fundamental begründet ist.

Beim Kauf wird langfristig gedacht. Es muss zumindest die Bereitschaft vorhanden sein, dieselben Aktien über viele Jahre oder besser für immer zu halten. Da eine Aktie anders als eine Anleihe kein Fälligkeitsdatum hat, sollte sie auch so behandelt werden. Solange man sie wegen der stetigen, im Idealfall steigenden Ausschüttungen hält und nicht mit dem Gedanken, sie später teurer verkaufen zu wollen, kann man den Kursverlauf entspannt betrachten. Die Zahl der Transaktionen soll möglichst gering gehalten werden. Diversifizierung wird nur im nötigen Maß betrieben und ist auch abhängig von der Auswahl. Die endgültige Auswahl wird vorwiegend auf Basis der Unterbewertungen und der langfristigen Aussichten der infrage kommenden Aktien getroffen. Genauere Anweisungen zur Bestimmung des Wertes, des Risikos und der daraus resultierenden Sicherheitsmarge gibt es im 5. Kapitel. Auf die Erstellung und Verwaltung eines Portfolios sowie die Diversifikation wird im 6. Kapitel eingegangen.

4 Langfristige Analyse der Märkte

4.1 Die historische Entwicklung und Bewertung der Märkte

Bevor im 5. Kapitel einzelne Unternehmen und deren Aktien bewertet werden, wird in diesem Kapitel der Gesamtmarkt bezüglich seiner vergangenen Entwicklung und seiner historischen Bewertung analysiert, um daraus Schlüsse für die Zukunft ziehen zu können und eine Orientierung für die Bewertung von Märkten und einzelnen Aktien zu erhalten.

Langfristig betrachtet steigen die Aktienindizes und erreichen mit der Zeit durch das stetige Wirtschaftswachstum und die Inflation immer neue Höchststände. Die reale Wirtschaft wächst dabei jedoch trotz der Konjunkturschwankungen deutlich gleichmäßiger als die Aktienkurse.

Bei den langfristigen Charts lässt sich in der Vergangenheit nämlich eine schubweise Steigerung der Aktienkurse beobachten. Das heißt, es gab lange Phasen, in denen die Kurse nicht gestiegen sind, gefolgt von langanhaltenden Phasen, in denen sie überdurchschnittlich schnell stiegen. So hat sich der Kurs des Dow Jones in den 13 Jahren von Anfang 1937 bis Ende 1949 kaum verändert, auch wenn es innerhalb dieser Zeit Schwankungen gab. In den 16 Jahren von 1950 bis Ende 1965 haben sich die Kurse dann verfünffacht und anschließend auch nie wieder nur annähernd die Niveaus von vor 1950 erreicht. Anfang 1966 war der Höhepunkt des Dow Jones bei 995. Es hat mehr als weitere 16 Jahre gedauert, bis der Dow Jones die 1000 am Ende des Jahres 1982 nachhaltig überwinden konnte. In diesen knapp 17 Jahren hat er sich zwischen 577 und 1050 bewegt. Auch wenn es viele Hochs und Tiefs gab und die Kurse stark schwankten, hat sich für den gesamten Zeitraum kaum etwas verändert. Dafür hat sich der Dow Jones in den folgenden 17 Jahren bis Anfang 2000 sogar mehr als verelffacht. Anschließend folgte wieder ein Seitwärtstrend.

Das Phänomen dieser extrem langfristigen Zyklen, bestehend aus zwei lang anhaltenden übergeordneten Trends, lässt sich ein Stück weit mit den Kondratieff-Zyklen erklären. Nach Kondratieff gibt es neben den kurzfristigen, saisonalen Schwankungen und den mittelfristigen, sich alle paar Jahre wiederholenden Konjunkturzyklen auch noch deutlich längerfristige Konjunkturwellen. Der Artikel "Die langen Wellen der Konjunktur" des Wirtschaftswissenschaftlers Nikolai Kondratieff erschien bereits 1926 in einer deutschen Fachzeitschrift. Diese Wellen werden durch Basisinnovationen ausgelöst und ein Zyklus dauerte nach Kondratieff zwischen 45 und 60 Jahren.[115] Allerdings hat sich die Wellenlänge seitdem scheinbar etwas verkürzt, so dass der 4. und 5. Kondratieff-Zyklus, deren Basisinnovationen die individuelle Mobilität mit dem Automobil und der Fortschritt in der Informationstechnologie waren, ungefähr zu den letzten langfristigen Kurszyklen an der Börse passen.[116] Neben dieser wirtschaftlichen Entwicklung hängt das Phänomen der langfristigen übergeordneten Zyklen jedoch im Wesentlichen mit einer Fehlbewertung des Marktes zusammen. Die Wirtschaft und die Unternehmensgewinne haben sich nämlich vor allem seit dem Ende des 2. Weltkriegs deutlich gleichmäßiger entwickelt, als dies die Kurse darstellen. Die langen Wellen müssen als Schwankung innerhalb eines stetig steigenden Trends betrachtet werden. Es sind keine langen Rezessionen und Aufschwünge, sondern längere Phasen mit langsamerem und schnellerem Wirtschaftswachstum.[117]

Während der Seitwärtstrends hat ein sinkendes Kurs-Gewinn-Verhältnis (KGV) dafür gesorgt, dass die steigenden Unternehmensgewinne die Kurse nicht nach oben treiben konnten, und in den Bullenphasen hat ein steigendes KGV dafür gesorgt, dass die Kurse deutlich schneller gestiegen sind als die Unternehmensgewinne.[118] Beim KGV wird der Kurs einer Aktie ins Verhältnis zu dem Gewinn pro Aktie, den das Unternehmen in einem Jahr erwirtschaftet, gesetzt. Das KGV stellt damit den Kehrwert

---

[115] Vgl. Nefiodow, Leo, 2001, S. 2.
[116] Vgl. Nefiodow, Leo, 2001, S. 3.
[117] Vgl. Shiller, R., 2015.
[118] Siehe Ausführungen in Kapitel 4.2.1.

der Rendite (Gewinn / Preis) dar. Ein niedrigeres KGV bzw. eine höhere Rendite deuten auf eine niedrig bewertete Aktie hin und umgekehrt. Nach einem langanhaltenden rasanten Aufschwung, in dem immer neue Rekordmarken gebrochen werden, herrscht Euphorie und der Markt ist stark überbewertet (Ende eines langen Bullenmarktes). Irgendwann wird dies wahrgenommen und die Kurse brechen ein.

Passend zu den Trends gelangte das KGV10 des S&P 500 Ende 1949 an einen Tiefpunkt, 1966 folgte ein Hochpunkt, 1982 wieder ein Tiefpunkt und 2000 hatte das KGV10 des S&P 500 erneut einen Hochpunkt erreicht. Beim KGV10, welches nach seinem Erschaffer Robert Shiller auch Shiller-KGV oder Shiller-CAPE genannt wird, wird der Kurs ins Verhältnis zum durchschnittlichen inflationsbereinigten Gewinn der letzten 10 Jahre gesetzt. Dies hat gegenüber dem normalen KGV den Vorteil, dass konjunkturbedingte Gewinnschwankungen geglättet werden. Schon Benjamin Graham schlug vor, den Durchschnittsgewinn mehrerer Jahre zu verwenden.[119] Am Ende eines langen Seitwärtstrends waren Aktien extrem niedrig bewertet und dies hat sich anschließend in Form der folgenden hohen Rendite ausgezahlt. Am Ende der Bullenmärkte waren Aktien überbewertet, weshalb eine lange Phase mit ernüchternden Renditen folgte. Die Abbildung 10 zeigt die Entwicklung des Shiller-KGV des S&P 500 zwischen 1881 und 2014.

---

[119] Vgl. Shiller, R., 2009, S. 6; vgl. Graham, B., 1997, S. 165, S. 172.

Langfristige Vermögensvermehrung mit wertorientierten Investments

Abbildung 10: Das Shiller-KGV des S&P 500 zwischen 1881 und 2014[120]

Zum Vergleich zeigt die Abbildung 11 den Verlauf des einfachen KGV des S&P 500, bei dem der Kurs ins Verhältnis zum Gewinn der letzten 12 Monate gesetzt wird.

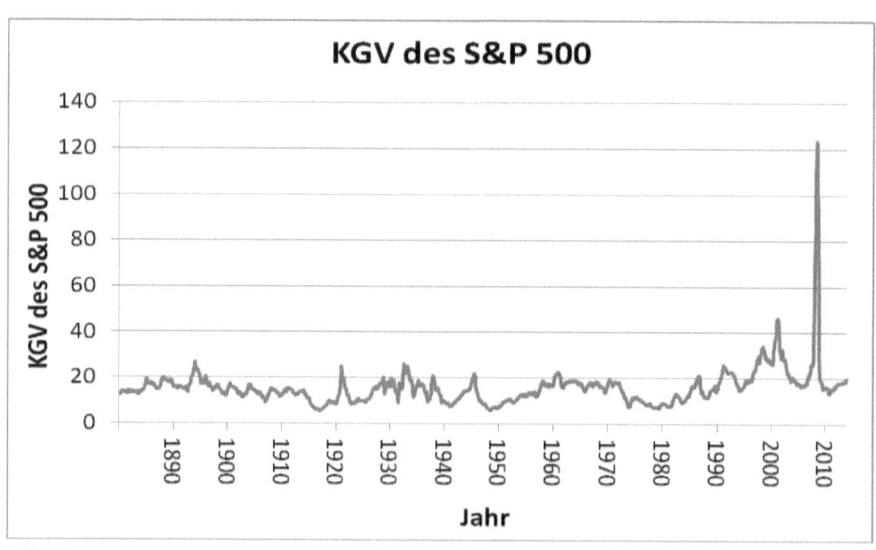

Abbildung 11: Das KGV des S&P 500 von 1881 bis 2014[121]

---

[120] Eigene Darstellung; Datenquelle: Shiller, R., 2015.
[121] Eigene Darstellung; Datenquelle: Shiller, R., 2015.

Zu den meisten Zeiten ist das KGV genauso wie das Shiller-KGV zur Bewertung der Märkte geeignet. Kurzfristig können die Gewinne jedoch konjunkturbedingt einbrechen, wodurch das einfache KGV recht hoch wird. Diese kurzfristig einbrechenden Gewinne sollten jedoch nicht als Orientierung für die Zukunft verwendet werden. Eine langfristige Betrachtung mit dem Shiller-KGV gibt deshalb noch zuverlässigeren Aufschluss darüber, wie hoch oder niedrig ein Markt bewertet ist und welche Renditen in der Zukunft erwartet werden können. Abbildung 12 zeigt die inflationsbereinigten Gewinne des S&P 500 von 1881 bis 2014.

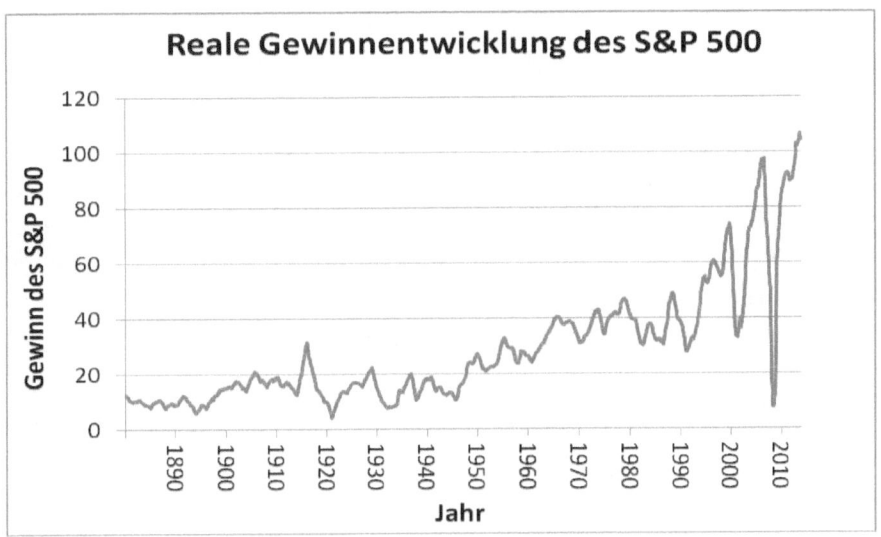

Abbildung 12: Entwicklung der Gewinne des S&P 500 (inflationsbereinigt)[122]

Die inflationsbereinigten Gewinne sind in der Tendenz relativ gleichmäßig gestiegen, jedoch gelegentlich kurzzeitig eingebrochen. Vor allem im Jahr 2009 sind sie einmalig außergewöhnlich stark eingebrochen. Bei diesen Einbrüchen steigt das KGV unverhältnismäßig stark an, obwohl die Kurse des S&P 500 in diesen Phasen fallen. Da davon ausgegangen werden kann, dass sich die Gewinne wieder erholen, ist vor allem in diesen Phasen das Shiller-KGV deutlich aussagekräftiger, was die Bewertung des Marktes angeht. Passend dazu zeigt Abbildung 13 die inflationsbereinigte Kursentwicklung des S&P 500.

---

[122] Eigene Darstellung; Datenquelle: Shiller, R., 2015.

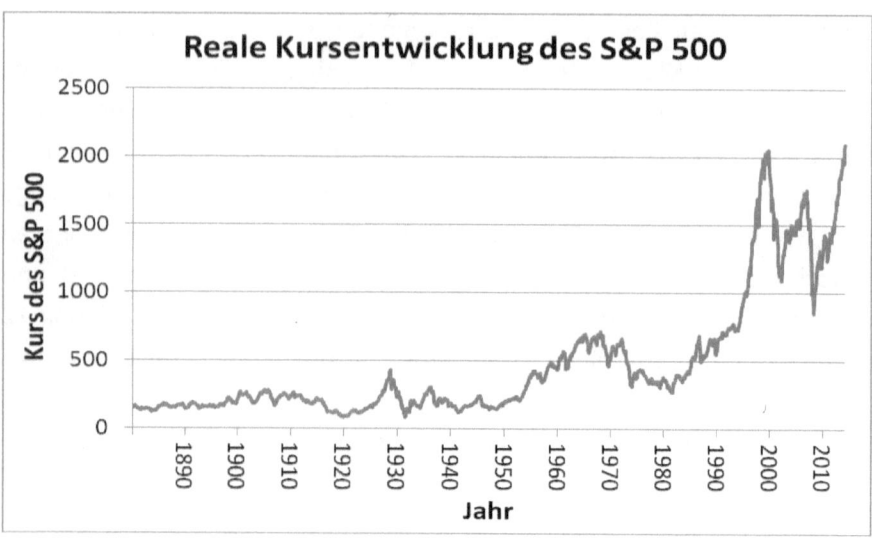

Abbildung 13: Inflationsbereinigter Kursverlauf des S&P 500[123]

Es besteht ein eindeutiger Zusammenhang zwischen den Gewinnen im S&P 500 und dem Kurs des S&P 500. Zu beiden muss noch dieselbe Inflationsrate hinzugerechnet werden, um die nominale Entwicklung zu erhalten. In der langfristigen Tendenz entwickeln sich beide Charts gleich, auch wenn vor allem seit den 50er-Jahren die Entwicklung der inflationsbereinigten Gewinne, abgesehen von dem kurzen brutalen Einbruch 2009, gleichmäßiger verlief als die der Kurse, was mit den unterschiedlichen Bewertungsniveaus zusammenhängt. Der heftige Gewinneinbruch 2009 hing vor allem mit den hohen Abschreibungen und aufgebauten Rückstellungen bei Banken zusammen, was Einmalbelastungen waren. Auch wenn diese Belastungen gerechtfertigt waren, so resultieren sie doch aus zu hoch ausgewiesenen Gewinnen der vorangegangenen Jahre. So gesehen hat dieser Einbruch zumindest teilweise auch etwas mit den Bilanzierungsmethoden zu tun und ist nicht ausschließlich auf die reale Wirtschaftsentwicklung zurückzuführen. Kurzfristig lassen sich Gewinne über Bilanzierungsmethoden besser oder schlechter ausweisen, als sie eigentlich sind, dies gleicht sich jedoch irgendwann in den folgenden Jahren wieder aus. Auch deshalb hat ein

---

[123] Eigene Darstellung; Datenquelle: Shiller, R., 2015.

KGV, bei dem der Durchschnittsgewinn mehrerer Jahre genommen wird, Vorteile.

Die inflationsbereinigten Gewinne aller Unternehmen des Index sind von den 80er-Jahren des 19. Jh. bis zum ersten Jahrzehnt des 21. Jh. im Schnitt um ca. 1,6 % jährlich gewachsen. Zur Berechnung dieser Zahl wurden die Durchschnittsgewinne der jeweiligen Dekade genommen, um konjunkturelle Schwankungen zu glätten. Mit den Gewinnen von Anfang 1881 und Ende 2014 ergeben sich im geometrischen Durchschnitt ebenfalls 1,6 % Wachstum.[124] Bei kürzeren Zeiträumen wird es jedoch wichtiger Durchschnittsgewinne zu verwenden, um konjunkturbedingte Einflüsse zu beseitigen. Die Inflation in Amerika betrug von 1881 bis 2014 im Durchschnitt ca. 2,4 % pro Jahr. Die nominalen Gewinne sind dementsprechend um ca. 4 % jährlich gestiegen. Dies entspricht auch ziemlich genau der Entwicklung des S&P 500 für diesen Zeitraum, wobei der S&P 500 ein wenig schneller gestiegen ist, was sich mit dem höheren Bewertungsniveau zum Ende des Zeitraums erklären lässt. Allerdings lag die Inflation von 1960 bis 2014 im geometrischen Durchschnitt bei etwa 3,9 % jährlich, während sie für den Zeitraum von 1881 bis 1959 im geometrischen Durchschnitt nur bei ca. 1,2 % pro Jahr lag.[125] Die Inflation verläuft seit 1960 auch deutlich gleichmäßiger und lag nur noch einmal kurz unter Null, während sie vor 1960 extrem schwankte und regelmäßig negativ war, was Abbildung 14 zeigt.

---

[124] Eigene Berechnung; Datenquelle: Shiller, R., 2015.
[125] Eigene Berechnung; Datenquelle: Shiller, R., 2015.

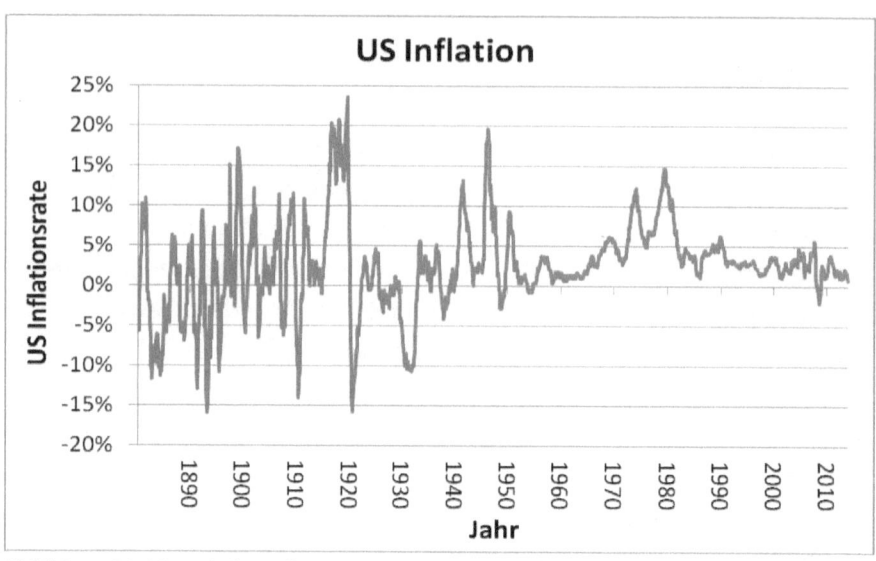

Abbildung 14: Historische Inflationsraten in den USA[126]

Der Kurs des S&P 500 hat zwischen 1960 und 2014 durchschnittlich um ca. 6,7 % pro Jahr zugelegt. Das entspricht wieder ziemlich exakt dem realen Gewinnwachstum + der Inflationsrate (2,4 % + 3,9 % = 6,3 %) in demselben Zeitraum, wobei sich der geringe Unterschied wieder durch das leicht höhere Bewertungsniveau des S&P 500 von Ende 2014 gegenüber Anfang 1960 erklären lässt. Dieses kann auch damit zusammenhängen, dass sich die inflationsbereinigten Gewinne von Anfang 1960 bis Ende 2014 um ca. 2,4 % jährlich gesteigert haben, was deutlich über dem Durchschnitt liegt. Dies scheint jedoch stark konjunkturbedingt zu sein. Betrachtet man nämlich die durchschnittlichen inflationsbereinigten Gewinnsteigerungen aus beliebigen 40-Jahres-Zeiträumen mit den Gewinnen zwischen 1945 und 2014 und nimmt zur Glättung von konjunkturbedingten Gewinnschwankungen den Durchschnittsgewinn aus den dem Zeitpunkt vorangegangenen und folgenden 5 Jahren, so erhält man immer Werte zwischen 1,4 % und 1,9 %.[127]

---

[126] Eigene Darstellung; Datenquelle: Shiller, R., 2015.
[127] Eigene Berechnung; Datenquelle: Shiller, R., 2015. Für die inflationsbereinigten Gewinne wurde immer der Mittelwert aus 10-Jahresabschnitten genommen.

Es kann also festgehalten werden, dass sich das langfristige Wachstum des S&P 500 und anderer Kursindizes aus der inflationsbereinigten Gewinnsteigerung, welche beim S&P 500 im langfristigen Durchschnitt etwa 1,6 % betrug, und der Inflation zusammensetzt, wobei die Inflation einen deutlich größeren Teil beisteuert hat. Für den Investor kommt hier zu seiner endgültigen Rendite noch die Dividende hinzu. Die Dividendenrendite betrug zwischen 1881 und 2014 im Schnitt immerhin 4,3 %, wobei sie bis zur Mitte des 20. Jahrhunderts im Schnitt deutlich höher war als seitdem. Von 1950 bis 2014 betrug sie im Schnitt nur noch 3,3 % und von 1960 bis 2014 sogar nur noch 3 %.[128] Vor allem seit Mitte der 90er-Jahre ist die Dividendenrendite ungewöhnlich gering ausgefallen, was neben dem Shiller-KGV auch auf eine Überbewertung der Märkte seit dieser Zeit hindeutet, da auch die Dividendenrendite Aufschluss über das Bewertungsniveau des Marktes geben kann.[129] In den Zeiten, in denen der S&P 500 besonders niedrig bewertet war, war die Dividendenrendite besonders hoch. Abbildung 15 zeigt die Entwicklung der Dividendenrendite seit 1881.

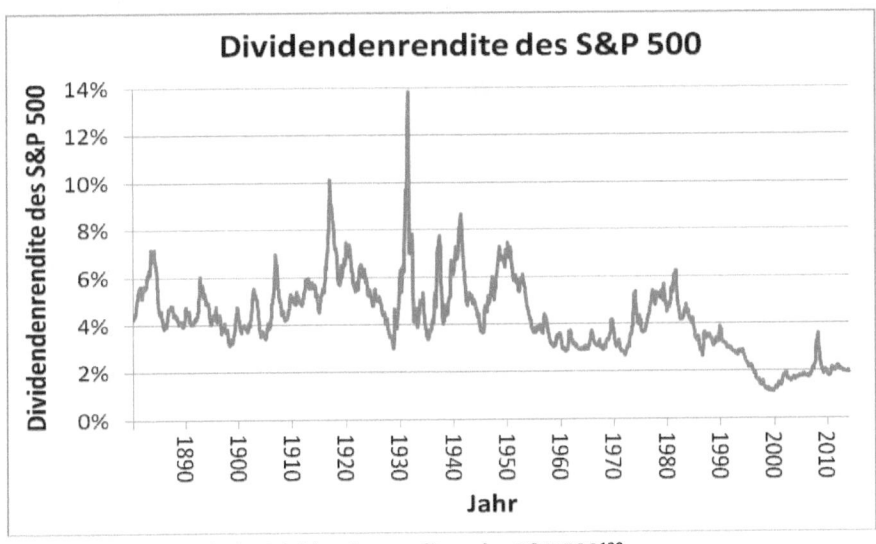

Abbildung 15: Historische Dividendenrenditen des S&P 500[130]

---

[128] Eigene Berechnung; Datenquelle: Shiller, R., 2015.
[129] Siehe Ausführungen in Kapitel 4.2.2.
[130] Eigene Darstellung; Datenquelle: Shiller, R., 2015.

Die Dividenden haben von 1881 bis 2014 mehr als die Hälfte zur gesamten Rendite eines Investors beigetragen und auch von 1960 bis 2014 war es immerhin noch über ein Drittel. Da die Inflation in den Kursveränderungen ausgeglichen wird, macht die Dividende sogar den Großteil der realen Rendite aus, wobei der Trend der abnehmenden Dividendenrenditen in der jüngeren Vergangenheit von dem gegensätzlichen Trend zu höherem Gewinnwachstum begleitet wird, wodurch der Anteil der Dividendenrendite an der realen Rendite in der jüngeren Vergangenheit zwar immer noch erheblich ist, aber nicht mehr so gravierend wie im langfristigen Durchschnitt. Bei den 40-Jahres-Zeiträumen mit konjunkturbereinigten Gewinnen war die Spanne von 1,4 % bis 1,9 % noch recht eng. Verkürzt man allerdings den Zeitraum auf 25 Jahre und nimmt zur Glättung der Gewinnschwankungen nur die vorangegangenen und folgenden 2 Jahre, um auch noch den Zeitraum von 1990 – 2015 betrachten zu können, so zeichnet sich tatsächlich ein Trend zu zunehmenden Wachstumsraten beim realen Gewinn pro Aktie ab. Abbildung 16 zeigt den entsprechenden Verlauf der Wachstumsraten für die 25-Jahres-Zeiträume. Anfang der 90er-Jahre kam es noch einmal zu einem besonders niedrigen Gewinnniveau. Seitdem ergibt sich ein Trend zu steigendem Gewinnwachstum. Verkürzt man die Zeiträume noch weiter auf 15 Jahre, so ergibt sich ein ähnliches Bild mit größeren Schwankungen.

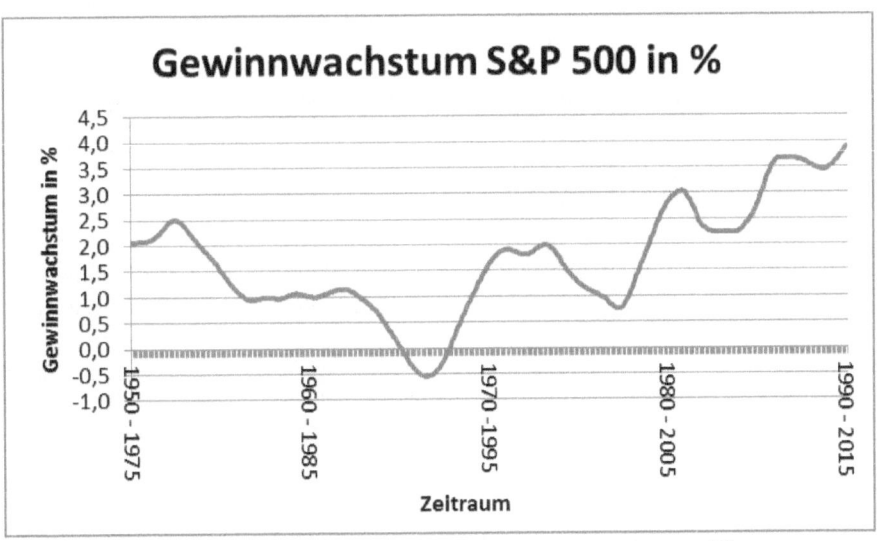

Abbildung 16: Gewinnwachstum vom S&P 500 für 25-Jahreszeiträume[131]

Da sich die langfristige reale Rendite aus den realen Gewinnsteigerungen und der Dividendenrendite zusammensetzt, wirkt sich der Effekt höherer Gewinnsteigerungen und sinkender Dividendenrenditen nicht auf die gesamte reale Rendite aus, solange beides im selben Ausmaß geschieht. Langfristig bestimmt die Gewinnsteigerungsrate die Steigerungsrate der Kurse, sowohl bei einzelnen Aktien als auch bei gesamten Märkten. Die obigen Untersuchungen haben gezeigt, dass beides zumindest für lange Zeiträume fast perfekt zusammenpasst. Kurz- und mittelfristig kommt es jedoch durch schwankende Bewertungen zu Abweichungen. Die Inflation hat dabei seit 1960 wesentlich mehr zur Steigerung des S&P 500 beigetragen als die inflationsbereinigte Gewinnsteigerung, welche relativ konstant war. Zur endgültigen Rendite kommen noch die Dividenden dazu, welche bei einem Performanceindex gleich mit eingerechnet werden. Der S&P 500 und andere Kursindizes wachsen langfristig um die inflationsbereinigte Gewinnsteigerung und um die Inflationsrate.

---

[131] Eigene Darstellung; Datenquelle: Shiller, R., 2018.

Folgendes kann festgehalten werden:

Gewinnsteigerung	= inflationsbereinigte Gewinnsteigerung + Inflation
	= Kurssteigerung (bei gleichem Bewertungsniveau)
Nominale Rendite	= Kurssteigerungsrate + Dividendenrendite
Reale Rendite	= inflationsbereinigte Gewinnsteigerungsrate
	+ Dividendenrendite (bei gleichem Bewertungsniveau)

$$\text{Tatsächliche Rendite pro Periode (n)} = \left(\frac{\text{Gewinnniveau } t_x * \text{Bewertungsniveau } t_x}{\text{Gewinnniveau } t_0 * \text{Bewertungsniveau } t_0} \right)^{\frac{1}{n}}$$
$$+ \text{Dividendenrendite}$$

t_x soll einen Zeitpunkt in der Zukunft darstellen, bis zu dem die Rendite pro Periode von t_0 aus bestimmt werden soll. Das Gewinnniveau darf nicht mit den aktuellen Gewinnen gleichgestellt werden. Es soll einen konjunkturbereinigten Gewinn darstellen und entspricht somit ungefähr dem Gewinn, der für das Shiller-KGV verwendet wird. Mit der Dividendenrendite ist hier die durchschnittliche Dividendenrendite aller Perioden bezogen auf den Einstiegspreis zu t_0 gemeint.

Für extrem langfristige Zeiträume ist der Faktor „Bewertungsniveau" weniger relevant, kurz- und mittelfristig ist er jedoch oft der entscheidende Faktor für den Kursverlauf, noch vor der Gewinnsteigerung. Value-Investoren versuchen sich dies zunutze zu machen, indem sie auf niedrigen Bewertungsniveaus kaufen, um durch den Verkauf auf einem höheren Bewertungsniveau zusätzliche Renditen zu erzielen.

Diese ausführlichen Daten bis zurück in 19. Jh. wurden nur für amerikanische Aktien aufgezeichnet, aber im zweiten Kapitel wurde festgestellt, dass die inflationsbereinigten Renditen von Aktien aus den entwickelten Ländern zumindest seit den 50er-Jahren recht ähnlich sind. Außerdem gibt es für zahlreiche entwickelte Länder zumindest seit 1969 Daten, die ausgewertet wurden. Hierbei wurde auch das Kurs-Buchwert-Verhältnis betrachtet. Dieses bietet für ganze Aktienmärkte eine ähnlich gute Orientierung bzgl. des aktuellen Bewertungsniveaus wie das Shiller-KGV. Allerdings ist es zur Bewertung einzelner Aktien weniger gut geeignet.[132]

Norbert Keimling hat in einem von Starcapital herausgegebenen Artikel den Zusammenhang zwischen dem Shiller-KGV sowie dem KBV und den langfristigen Folgerenditen für zahlreiche Aktienmärkte für den Zeitraum von Dezember 1979 bis Mai 2015 untersucht.[133] Abbildung 17 zeigt das durchschnittliche reale Gewinnwachstum und die durchschnittliche Dividendenrendite sowie die Summe aus beiden für die untersuchten Märkte.

	reales Gewinnwachstum	Dividendenrendite	Summe
Australien	1,6 %	2,5 %	4,1 %
Belgien	1,0 %	5,0 %	6,0 %
Kanada	2,0 %	3,0 %	5,0 %
Dänemark	3,2 %	2,9 %	6,1 %
Frankreich	0,8 %	3,5 %	4,3 %
Deutschland	1,9 %	3,0 %	4,9 %
Hongkong	5,1 %	3,8 %	8,9 %
Italien	1,9 %	3,1 %	5,0 %
Japan	1,4 %	1,6 %	3,0 %
Niederlande	0,9 %	4,5 %	5,4 %
Norwegen	3,7 %	3,3 %	7,0 %
Singapur	3,8 %	2,5 %	6,3 %
Spanien	1,8 %	5,3 %	7,1 %
Schweden	5,8 %	3,3 %	9,1 %
Schweiz	1,9 %	2,4 %	4,3 %
UK	1,1 %	4,2 %	5,3 %
USA	1,9 %	3,1 %	5,0 %
Median:	1,9 %	3,1 %	5,3 %
Mittelwert:	2,3 %	3,3 %	5,7 %

Abbildung 17: Reales Gewinnwachstum und Dividendenrendite von Aktienmärkten[134]

---

[132] Siehe Ausführungen in Kapitel 4.2 und 5.1.
[133] Vgl. Keimling, N., 2016.
[134] Eigene Darstellung; Datenquelle: Keimling, N., 2016; MSCI 2018. Die Dividendenrendite wurden anhand der unterschiedlichen Performance der Kurs- und Performanceindizes berechnet. Es wurde der geometrische Durchschnitt für den gesamten Zeitraum gebildet.

Die Daten basieren auf den MSCI-Indizes in USD. Der Mittelwert aus den aufgeführten Renditen liegt minimal unter dem langfristigen Durchschnitt des S&P 500. Dieser lag bei 1,6 % realer Gewinnsteigerung + 4,3 % Dividendenrendite = 5,9 %. Allerdings kann man der Abbildung auch entnehmen, dass der Mittelwert aller aufgeführten Rendite etwas über der Rendite in den USA für denselben Zeitraum liegt. Anscheinend steigt das reale Gewinnwachstum nicht in demselben Ausmaß wie die Dividendenrendite sinkt.

Das relativ hohe Bewertungsniveau seit den 90er-Jahren wirkt sich negativ auf die Rendite aus. Eine dauerhaft niedrige Bewertung, bei der sich das Gewinnvielfache nicht mehr erhöht, ist für alle Investierenden besser als eine dauerhaft hohe Bewertung, auch wenn bei gleichbleibenden Gewinnvielfachen die Rendite durch Kursveränderungen dem realen Gewinnwachstum und der Inflationsrate entsprechen würde. Man würde zwar keine Zusatzrenditen durch steigende Gewinnvielfache und auch keine reduzierten Renditen durch sinkende Gewinnvielfache erzielen, unabhängig davon, wie hoch dieses sich nicht mehr veränderne Gewinnvielfache wäre, eine niedrige Bewertung bringt jedoch auch höhere Dividendenrenditen mit sich und dadurch auch höhere Gesamtrenditen, selbst wenn die niedrige Bewertung dauerhaft Bestand hätte. Abgesehen davon sind die Gewinnsteigerungen auch teilweise auf den Rückkauf eigener Aktien zurückzuführen. Auch hier wirkt sich ein dauerhaft niedriges Bewertungsniveau positiv auf die Rendite aus, da dann mit demselben Geld mehr Aktien zurückgekauft werden können.

Es sollte bedacht werden, dass ein höheres Bewertungsniveau und eine niedrigere Dividendenrendite als die des langfristigen Durchschnitts seit 1881 durch die vergleichsweise höheren Inflationsraten in jüngerer Vergangenheit gerechtfertigt sind. Aufgrund der Abschaffung des Goldstandards und des Ziels der Notenbanken, für eine stetige, schleichende Inflation zu sorgen, wird die gleichmäßigere und höhere Inflationsrate, die seit den 60er-Jahren vorherrscht, wahrscheinlich auch für die Zukunft Bestand haben. Aktien besitzen einen Inflationsschutz, und auch wenn die schnelleren Kurssteigerungen seit der 2. Hälfte des

20. Jh. vorwiegend auf die höheren Inflationsraten zurückzuführen sind und die realen Renditen aufgrund der niedrigeren Dividendenrenditen eher geringer waren, so haben andere Anlageklassen, die kein Realvermögen darstellen, doch deutlich mehr unter den höheren Inflationsraten gelitten.[135] Für den höheren Wert des Inflationsschutzes muss sozusagen mit niedrigeren Dividendenrenditen bezahlt werden. Die nominalen Renditen inkl. Dividenden waren seit den 60er-Jahren immer noch ein bisschen höher als vor diesen, auch wenn die realen Renditen etwas geringer geworden sind. Die niedrigeren Dividenden kommen jedoch nicht ausschließlich von dem derzeit höheren Bewertungsniveau, sondern auch von der niedrigeren Ausschüttungsquote, welche dafür etwas mehr Potential für Gewinnsteigerungen bietet, egal ob durch Investition oder durch den Rückkauf eigener Aktien.[136]

4.2 Auswirkungen des Bewertungsniveaus auf die Renditen der Folgejahre

Im Folgenden soll konkreter untersucht werden, welche Auswirkungen eine niedrige bzw. hohe Bewertung auf die zukünftigen Renditen hat und welche Renditen bei einem bestimmten Bewertungsniveau erwartet werden können. Langfristig betrachtet gibt es einen eindeutigen Zusammenhang zwischen dem Gewinnvielfachen der Kurse, welche auf das Bewertungsniveau hindeuten, und der folgenden Rendite. Kurzfristig ist dieser Zusammenhang jedoch nur bedingt gegeben. Die folgenden Abbildungen 18 und 19 zeigen einmal den Zusammenhang zwischen dem Shiller-KGV und der realen Rendite des Folgejahres und dem Shiller-KGV und der durchschnittlichen realen Rendite pro Jahr in der folgenden Dekade. Hierfür wurden zwischen Ende 1881 und Ende 2004 jährlich das Shiller-KGV und die reale Rendite des S&P 500 für den entsprechenden Folgezeitraum inklusive Dividenden gegenübergestellt und als ein Punkt im Diagramm dargestellt.

---

[135] Siehe Ausführungen in Kapitel 2.2.1.
[136] Eigene Berechnung; Datenquelle: Shiller, R., 2015.

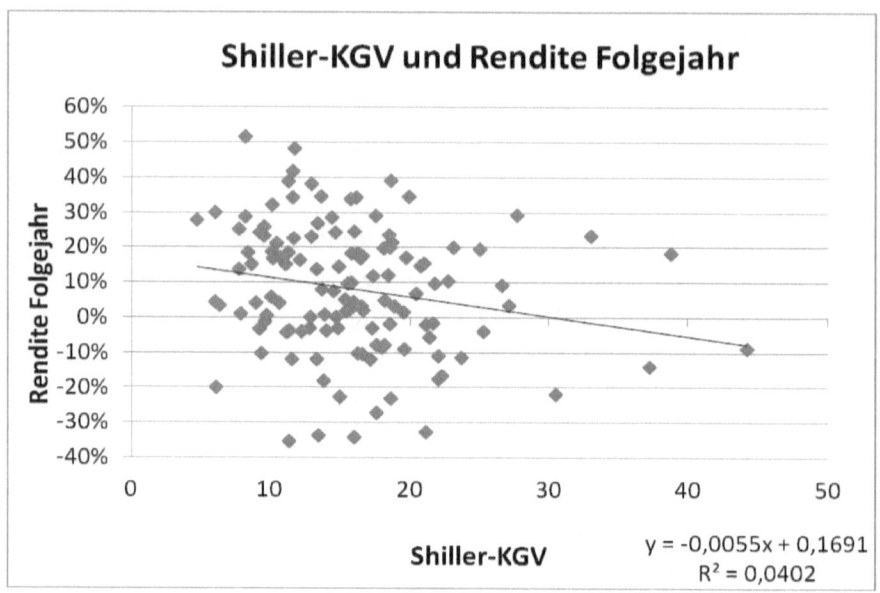

Abbildung 18: Korrelation zwischen dem KGV10 und der Rendite des Folgejahres[137]

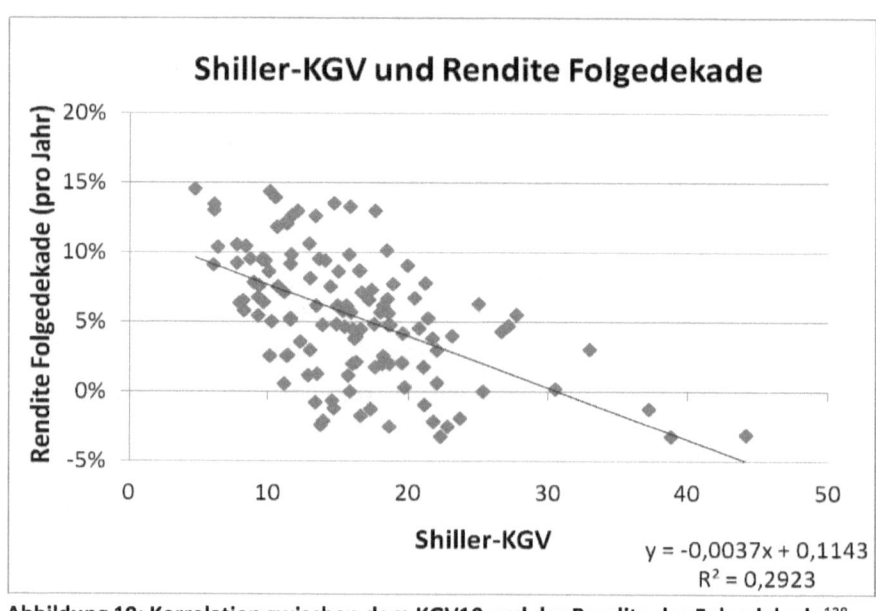

Abbildung 19: Korrelation zwischen dem KGV10 und der Rendite der Folgedekade[138]

---

[137] Eigene Darstellung; Datenquelle: Shiller, R., 2015.
[138] Eigene Darstellung; Datenquelle: Shiller, R., 2015.

Während bei der Rendite des Folgejahres kaum eine Tendenz zu höheren Renditen bei niedrigen Shiller-KGVs erkennbar ist, ist dieser Zusammenhang bei der Durchschnittsrendite der 10 Folgejahre eindeutig. Die linearen Bestimmtheitsmaße liegen bei 0,04 für den Zusammenhang zwischen dem Shiller-KGV und der Rendite des Folgejahres und bei 0,29 für den Zusammenhang zwischen dem Shiller-KGV und der Rendite der Folgedekade. Die Korrelationen betragen entsprechend -0,2 und -0,54. Wird das einfache KGV anstatt des Shiller-KGVs eingesetzt, ergeben sich Korrelationen von -0,11 und -0,42. Entsprechend besteht auch hier ein Zusammenhang, dieser ist jedoch weniger ausgeprägt.[139] Die negativen Vorzeichen bei der Korrelation bedeuten, dass ein niedrigeres KGV bzw. Shiller-KGV tendenziell zu höheren Renditen führt.

Der Stand der Kurse von Aktien und Aktienmärkten in einem Jahr ist anscheinend auch mit fundamentalen Ansätzen kaum zu bestimmen, da die Aktien und Aktienmärkte eben nur langfristig betrachtet um ihren wahren Wert herum pendeln. Werden jedoch längere Zeiträume betrachtet, besteht ein eindeutiger Zusammenhang zwischen einfachen Bewertungskennziffern und der zu erwartenden Rendite. Um dies genauer zu untersuchen, werden die Shiller-KGVs zwischen Ende 1881 und Ende 2004 in 5 gleichgroße Gruppen unterteilt und der durchschnittlichen Rendite pro Jahr für die folgenden 10 Jahre ab dem entsprechenden Zeitpunkt zugeordnet.[140] Abbildung 20 zeigt sowohl die durchschnittlichen Renditen jeder Gruppe als auch die Bereiche der Renditen innerhalb der Gruppen. Dadurch werden nicht nur die zu erwartenden Durchschnittsrenditen der Folgejahre in Abhängigkeit vom Shiller-KGV ersichtlich, es wird auch noch veranschaulicht, in welchem Rahmen sich diese in der Vergangenheit bewegt haben.

---

[139] Eigene Berechnung; Datenquelle: Shiller, R., 2015.
[140] Da es 124 Datenpaare bestehend aus Shiller-KGV und Rendite gibt, enthält die mittlere Gruppe ein Datenpaar weniger.

Shiller-KGV			Renditen (pro Jahr)		
			niedrigste	höchste	Durchschnitt
4,8	bis	10,5	2,5 %	14,6 %	9,1 %
10,7	bis	13,7	-2,4 %	13,0 %	6,6 %
13,9	bis	16,5	-2,1 %	13,5 %	5,1 %
16,5	bis	19,7	-2,5 %	13,0 %	4,5 %
19,9	bis	44,2	-3,2 %	9,1 %	2,1 %

Abbildung 20: Renditen des S&P 500 in Abhängigkeit vom Shiller-KGV[141]

Es gibt gravierende Unterschiede zwischen der Gruppe mit den niedrigsten Shiller-KGVs und der Gruppe mit den höchsten Shiller-KGVs. Je niedriger das Shiller-KGV, desto höher fällt die Rendite für die nächsten 10 Jahre aus. Vor allem die beiden Randgruppen heben sich durch besonders hohe bzw. niedrige Renditen ab. Die Gruppe mit den niedrigsten Shiller-KGVs ist dabei die einzige, in der auf Sicht von 10 Jahren immer positive reale Erträge erzielt wurden. Bei den mittleren Gruppen sind die Unterschiede weniger ausgeprägt, auch wenn zumindest am Durchschnitt eine Tendenz zu höheren Renditen bei niedrigeren Shiller-KGVs zu erkennen ist.

Dieser Zusammenhang wurde auch von Norbert Keimling für zahlreiche Aktienmärkte für die jüngere Vergangenheit analysiert und dabei wurde für alle Länder sogar eine Korrelationen von -0,67 zwischen dem Shiller-CAPE und der Rendite der folgenden 10 - 15 Jahre gemessen. Hierbei sollte erwähnt werden, dass für den kürzeren, jüngeren Zeitraum die Korrelationen auch in den USA noch höher ausfallen als in dem langfristigen seit 1881. Sie lag beim S&P 500 sogar bei -0,96, was zum einen auf den anderen Zeitraum von Ende 1979 – Mai 2015 zurückzuführen ist und zum anderen auf den noch längeren Folgezeitraum für den die Rendite gemessen wurde.[142] Die deutlich höheren Korrelationen bei ausschließlicher Betrachtung der jüngeren Vergangenheit seit 1979 sprechen dafür, dass die neueren Daten eventuell relevanter sind als die älteren, um die aktuellen zu erwartenden Rendite zu bestimmen. Dabei

---

[141] Eigene Darstellung; eigene Berechnung; Datenquelle: Shiller, R., 2015.
[142] Vgl. Keimling, N., 2016, S. 10 – 11.

ist das Shiller-CAPE für den jüngeren Zeitraum deutlich höher als für den längeren seit 1881. Abbildung 21 zeigt den Bereich in dem sich das Shiller-CAPE diverser Aktienmärkte zwischen Ende 1979 und Mai 2015 befand und den des S&P 500 für den Zeitraum von 1881 bis Mai 2015.[143]

Land	seit	Shiller-Cape					
		Max	75%	50%	MW	25%	Min
Australien	Dez. 1979	30,2	19,8	16,5	17,2	14,3	7,7
Belgien	Dez. 1979	31,9	19,6	14,6	15,4	11,2	4,8
Kanada	Dez. 1979	60,1	27,7	19,4	21,4	14,5	6,0
Dänemark	Dez. 1979	64,8	30,7	24,1	24,5	14,1	4,0
Frankreich	Sep. 1981	57,4	27,3	19,5	21,9	14,5	6,1
Deutschland	Dez. 1979	57,4	23,0	17,9	20,6	15,1	7,8
Hongkong	Okt. 1990	33,0	20,4	18,7	18,3	15,8	8,5
Italien	Apr. 1994	53,5	25,6	21,5	22,1	10,2	6,2
Japan	Dez. 1979	91,5	60,3	38,1	43,2	23,9	15,8
Niederlande	Dez. 1979	37,9	16,4	12,6	14,8	10,5	4,6
Norwegen	Dez. 1979	29,1	18,4	14,1	15,7	12,2	6,8
Singapur	Dez. 1982	38,1	27,2	21,8	22,1	16,6	9,8
Spanien	Jan. 1990	39,6	23,3	15,6	18,3	12,3	6,4
Schweden	Dez. 1979	81,0	26,4	20,6	23,0	16,8	4,8
Schweiz	Dez. 1979	56,9	25,8	19,6	21,9	15,6	7,1
UK	Dez. 1979	26,9	18,0	15,0	15,3	12,6	6,0
USA	Dez. 1979	45,6	24,4	19,6	20,3	14,1	6,4
MSCI-Länder	Dez. 1979	91,5	24,6	18,3	21,0	13,6	4,0
Median	Dez. 1979	45,6	24,4	19,4	20,6	14,3	6,4
Mittelwert	Dez. 1979	49,1	25,5	19,4	20,9	14,4	7,0
MW ex Japan	Dez. 1979	46,5	23,4	18,2	19,6	13,8	6,4
S&P500	Dez. 1979	44,2	26,1	21,1	21,4	15,2	6,6
S&P500	Jan. 1881	44,2	20,1	16,0	16,6	11,7	4,8

Abbildung 21: Renditen des S&P 500 in Abhängigkeit vom Shiller-KGV[144]

---

[143] Bei einigen Aktienmärkten ist der betrachtete Zeitraum etwas kürzer, was der Spalte „seit" entnommen werden kann.
[144] Vgl. Keimling, N., 2016, S. 9.

In den Zeilen Median und Mittelwert wurde der ungewichtete Mittelwert der 17 Länder zu der jeweiligen Spalte gebildet. Dies wurde auch nochmal ohne Japan wiederholt, da Japan ein Ausreißer mit einem außergewöhnlich hohen Shiller-CAPE war. Entsprechend waren aber auch die Rendite außergewöhnlich niedrig.

Der Mittelwert des Shiller-KGV vom S&P 500 von 1881 bis Ende 2014 beträgt 16,6. Beim durchschnittlichen Shiller-KGV ist zu bedenken, dass die vereinzelten Ausschläge absolut betrachtet nach oben deutlich heftiger ausfallen als nach unten. Nach oben ist den Kursen kurzfristig kaum eine Grenze gesetzt. So lag das Shiller-KGV im Jahr 2000 fast dreimal so hoch wie sein historischer Durchschnitt. Nach unten liegt schon allein die theoretische Grenze bei Null und in der Realität lag die Untergrenze etwa bei 5, was ungefähr einem Drittel des Mittelwertes entspricht. So gesehen liegen die historischen Extrempunkte relativ betrachtet in etwa um denselben Faktor vom Durchschnitt entfernt. Um vom Tiefpunkt zum Mittelwert zu kommen, bedarf es ungefähr einer Verdreifachung und vom Mittelwert zum Hochpunkt ebenfalls. Der Mittelwert aus 5 und 45, der in etwa den Extrempunkten zwischen 1881 und 2014 entspricht, beträgt jedoch 25, was weit über dem arithmetischen Durchschnitt liegt. Aufgrund der deutlich höheren absoluten Abweichungen nach oben als nach unten scheint der Median als Orientierung geeigneter zu sein als der Mittelwert. Der Median des Shiller-KGV vom S&P 500 zwischen 1881 und 2014 liegt bei 16,0. [145] Für den Zeitraum seit Ende 1979 liegt der Median des S&P 500 mit 21,1 um über 30 % höher. Er liegt aber auch ca. 15 % höher als der aller MSCI-Länder, was für ein besonders hohes Niveau in den USA spricht. Betrachtet man den Zeitraum seit 1990 so werden die Werte noch einmal höher. Von 1995 bis Mai 2015 lag der Median des S&P 500 über 60 % höher als in seinem langfristigen Durchschnitt.

Hier stellt sich die Frage, ob dies nur auf eine extreme Überbewertung in der jüngeren Vergangenheit zurückzuführen ist, die dann zu extrem unterdurchschnittlichen Renditen führt oder ob es noch andere Fakto-

---

[145] Eigene Berechnung; Datenquelle: Shiller, R., 2018.

ren gibt, die ein höheres Shiller-CAPE ganz oder teilweise rechtfertigen. Ein Punkt, der ein etwas höheres Shiller-CAPE rechtfertigt, ist das höhere Gewinnwachstum. Da bei der Berechnung des Shiller-CAPE der durchschnittliche reale Gewinn der letzten 10 Jahre im Nenner steht, führt ein höheres Gewinnwachstum tendenziell zu einem niedrigeren Shiller-CAPE, wenn das Bewertungsniveau bezogen auf die aktuellen Gewinne gleich bleibt, da die weiter zurückliegenden Gewinne entsprechend kleiner sind. Geht man zur Vereinfachung von gleichbleibenden Gewinnsteigerungen aus, so liegt das durchschnittliche Gewinnniveau der letzten 10 Jahre bei einer Steigerung von 1,6 % um ca. 6,8 % unter dem aktuellen Gewinnniveau. Bei einer Steigerung um 2,6 % wären es hingegen ca. 10,7 %, was zu einer Erhöhung des Shiller-CAPEs um 4,3 % führen würde und entsprechend nur einen kleinen Teil rechtfertigen könnte. Bedeutender ist dabei die bereits erwähnte höhere Inflation, die neben der leicht höheren realen Gewinnsteigerung zu einer deutlich höheren nominalen Gewinnsteigerung führt. Diese Inflation wird zwar bei der Berechnung des Shiller-CAPEs nicht berücksichtigt, sie rechtfertigt jedoch generell ein etwas höheres Bewertungsniveau von Aktien, die einen Inflationsschutz mitbringen. Norbert Keimling führt noch Veränderungen in den Bilanzierungsstandards und Strukturbrüche in den Indizes als mögliche Ursachen auf. Beides wird aber auch wieder relativiert und sollte beim S&P 500, wenn überhaupt, nur einen Teil des höheren Bewertungsniveaus verursachen.[146]

Die Summe der Argumente und die hohe Korrelation zu den Folgerenditen sprechen dafür, dass die etwas höheren Shiller-CAPEs seit 1979 eine bessere Orientierung bieten als die seit 1881. Der Zeitraum beinhaltet das sehr tiefe Niveau Anfang der 80er-Jahre und das einzigartig hohe zur Jahrtausendwende sowie den anschließenden Rückgang. Er enthält somit ungefähr den letzten der am Anfang von Kapitel 4 beschriebenen langen Zyklen, ist relativ aktuell und ermöglicht eine Betrachtung vieler verschiedener Aktienmärkte. Jedoch auch bei Betrachtung der jüngeren Vergangenheit, scheinen die Shiller-CAPEs

---

[146] Vgl. Keimling, N., 2016, S. 6.

seit 1990 zumindest in den USA und in einigen anderen Ländern recht hoch zu sein. Vor allem in Japan war das Shiller-CAPE Ende der 80er-Jahre einzigartig überzogen, was beruhigend zur Kenntnis genommen werden kann, da es doch aufzeigt, dass die darauf folgende einzigartig lange Phase ohne neue Kurshöchststände beim japanischen Leitindex Nikkei 225 oder dem MSCI Japan nicht völlig unvorhersehbar kam. Selbst wenn etwas höhere Bewertungsniveaus heute die Norm seien sollten, so können Shiller-CAPEs von über 35 entsprechend der Analyse immer noch als sehr alarmierend betrachtet werden, während Shiller-CAPEs von unter 10 für ein besonders attraktives Bewertungsniveau sprechen. Kurzfristig können auch diese Marken nochmal deutlich überwunden werden. Mit entsprechend negativen Auswirkungen auf die Renditen hat es nur Japan geschafft, längerfristig ein Shiller-CAPE von über 35 zu halten.

Der Zusammenhang zwischen dem Shiller-CAPE und den langfristigen Folgerendite zeigt, dass man bereits mit einer einzigen Kennzahl das Bewertungsniveau und die daraus resultierende zu erwartende langfristige Rendite des Gesamtmarktes recht gut bestimmen kann. Selbst mit noch einfacheren wertorientierten Kennzahlen als dem Shiller-KGV, wie bspw. der Dividendenrendite, dem Kurs-Cashflow-Verhältnis oder dem einfachen Kurs-Gewinn-Verhältnis, lässt sich ein eindeutiger Zusammenhang zwischen niedriger Bewertung und hohen Folgerenditen sowie hoher Bewertung und niedrigen Folgerenditen erkennen, auch wenn diese Zusammenhänge weniger signifikant sind. Einen ähnlich signifikanten Zusammenhang wie zwischen dem Shiller-CAPE und den langfristigen Folgerenditen gab es beim Kurs-Buchwert-Verhältnis (KBV) und den langfristigen Folgerenditen. Das Bestimmtheitsmaß (R^2) für alle betrachteten MSCI-Länder lag beim Shiller-CAPE mit 0,58 am höchsten. Das KBV folgt jedoch knapp dahinter mit einem Wert von 0,55. Das KCV und die Dividendenrendite liegen mit 0,45 schon deutlich darunter und das einfache KGV bietet nur 0,33.[147]

---

[147] Vgl. Keimling, N., 2016, S. 18.

Neben den Gewinnen, den Dividenden und den Cashflows kann auch der Buchwert ins Verhältnis zum Kurs gesetzt werden, um so das KBV zu erhalten. Das KBV hat den Vorteil, dass der Nenner, also der Buchwert eines Aktienmarktes, noch geringeren Schwankungen unterliegt als der Nenner beim Shiller-CAPE.[148] Wenn der Index eines ganzen Marktes zu oder unter seinem Buchwert gehandelt wird, das KBV also bei Eins oder gar darunter liegt, ist dies auch ein eindeutiges Zeichen, das für einen unterbewerteten Markt spricht. Schließlich kann bei einem KBV von Eins ein laufendes Unternehmen zum Wert seiner Vermögensgegenstände gekauft werden. In der Bilanz nicht erfasst sind jedoch Kundenbeziehungen, Lieferantenbeziehungen, Beziehungen zu Fremdkapitalgebern, Organisationsstrukturen, Marken, eventuelle Patente, Erkenntnisse aus Forschung und Entwicklung und weitere Erfahrungen, die bei der Neugründung eines Unternehmens zunächst mühsam gesammelt bzw. aufgebaut werden müssten, was sowohl Geld als auch Zeit kosten würde. All diese Dinge haben zumindest bei einem gut geführten Unternehmen einen Wert, auch wenn dieser nicht unbedingt in der Bilanz erfasst wird. Deshalb werden die Aktienmärkte im langfristigen Durchschnitt auch mit einem KBV von knapp 2 bewertet.[149] Ein KBV von über 3,5 spricht hingegen ähnlich einem Shiller-CAPE von über 35 für eine deutliche Überbewertung, bei der der entsprechende Markt gemieden werden sollte.

In den Bilanzen vieler Unternehmens tauchen jedoch auch Goodwill und andere immaterielle Vermögenswerte auf. Hier ist Vorsicht geboten. Sicherlich kann der dahinter angegebene Wert gerechtfertigt sein, da jedoch immaterielle Vermögenswerte schwer zu bewerten sind, kommt es auch gelegentlich zu außerordentlichen Abschreibungen dieser. So kann es vorkommen, dass ein Unternehmen mehr immaterielle Vermögenswerte ausweist als eigentlich gerechtfertigt wären, wodurch auch ein KBV von unter Eins bei einem einzelnen Unternehmen keine

---

[148] Vgl. Keimling, N., 2016, S. 18.
[149] Vgl. Keimling, N., 2016, S. 15. Der Median für die untersuchten MSCI-Länder liegt bei 1,8 und der Mittelwert bei 2,0, wobei auch hier der etwas niedrigere Median als Orientierung bevorzugt werden sollte.

Garantie für eine günstige Bewertung darstellt. Bei einzelnen Unternehmen spricht ein KBV von 1 zwar auch tendenziell für eine günstige Bewertung, hier können jedoch verschiedene Faktoren, wie eine schlechte Unternehmensführung, zu optimistische Bilanzierung, unattraktive Produkte und eine bessere Konkurrenz, Bewertungen unter dem Buchwert rechtfertigen. Diese Faktoren gleichen sich in einem ganzen Markt gewöhnlich aus, da der Markt viele Unternehmen mit unterschiedlichen Produkten von denen manche besser und andere schlechter als die Konkurrenz sind enthält. Der Aktienmarkt eines Landes stellt also im Gegensatz zu einem einzelnen Unternehmen bereits ein diversifiziertes Portfolio dar.[150] Deshalb ist das KBV bei der Beurteilung des Bewertungsniveaus eines Aktienmarktes ein relativ zuverlässiger Indikator, der ergänzend zum Shiller-KGV betrachtet werden kann. Im Anhang sind auch Quellen angegeben mit denen sich ein Investor über entsprechende Kennzahlen zu verschiedenen Aktienmärkten informieren kann.

Dieses Kapitel hat gezeigt, dass sich die Kurse langfristig im Gleichschritt mit den Unternehmensgewinnen entwickeln. Das Bewertungsniveau des gesamten Marktes kann sich für einige Jahre über oder unter seinem langfristigen Durchschnitt bewegen, wodurch es kurz- und mittelfristig auch zu deutlichen Abweichungen zwischen der Gewinn- und der Kursentwicklung kommen kann. Bisher ist das Bewertungsniveau jedoch immer wieder zu seinem langfristigen Durchschnitt zurückgekommen. Dementsprechend hat sich das Shiller-KGV, welches die Gewinne um ihre konjunkturbedingten Schwankungen bereinigt, als besonders zuverlässige Kennzahl herausgestellt, um beurteilen zu können, ob Aktien zu einem gewissen Zeitpunkt zu hoch oder zu niedrig bewertet sind und welche Renditen für die Zukunft erwartet werden können. Neben dem Shiller-KGV bietet auch das KBV einen guten Anhaltspunkt dafür, ob ein Aktienmarkt unter- oder überbewertet ist. Die am Anfang von

---

[150] Es sind natürlich nicht alle Aktienmärkte gleich gut diversifiziert. Der S&P 500 ist besonders gut diversifiziert, während die Aktienmärkte kleinerer Länder auch deutlich schlechter diversifiziert sein können. Dennoch bringt auch eine mittelmäßige Diversifizierung einen deutlichen Vorteil gegenüber einem einzelnen Unternehmen bzw. keiner Diversifizierung. In Kapitel 6.1.2 wird noch genauer beschrieben, worauf es bei der Diversifikation ankommt.

Kapitel 4.1 dargestellten langfristigen Zyklen sind ein historisches Phänomen, das sich bei mehreren Indizes mehrfach wiederholt hat. Es wäre aber unvorsichtig, sich darauf für die Zukunft zu verlassen. Vitaliy Katsenelson befasst sich mit diesem Phänomen und wie man entsprechend investieren sollte in seinem Buch „The Little Book of Sideways Markets: How to Make Money in Markets that Go Nowhere".[151] Die in diesem Kapitel verwendeten langfristigen Daten zum S&P 500 stammen von Robert Shiller. Er stellt großzügigerweise etliche aktuelle und historische Daten bezüglich des S&P 500 in einem Excelsheet online für eigene Berechnungen zur Verfügung.[152]

Value-Investoren konzentrieren sich auf eine Auswahl günstiger Unternehmen und müssen daher nicht immer warten, bis der gesamte Markt unterbewertet ist. Deshalb befasst sich das nun folgende Kapitel mit der Bewertung einzelner Unternehmen und deren Aktien. Die eben durchgeführte Betrachtung des gesamten Marktes kann jedoch auch als Anhaltspunkt bei dieser Bewertung verwendet werden. Außerdem empfiehlt es sich, bei einer deutlichen Überbewertung des Gesamtmarktes auch dann etwas Geldvermögen zu halten, wenn es ausreichend gute Investmentgelegenheiten in einzelne Unternehmen gibt, da bei einer deutlichen Überbewertung des Gesamtmarktes die Wahrscheinlichkeit recht hoch ist, dass es in absehbarer Zeit bessere Gelegenheiten geben wird. Letztendlich kann die Analyse ganzer Märkte auch aufzeigen, in welchen Märkten es sich besonders lohnt, nach einzelnen Unternehmen zu suchen.

---

[151] Vgl. Katsenelson, V., 2011.
[152] Vgl. Shiller, R., 2015.

5 Unternehmensbewertung

5.1 Der Bewertungsansatz

Value-Investoren versuchen, unterbewertete Unternehmen zu kaufen. Das bedeutet, der Wert des Unternehmens soll möglichst weit über seinem Preis bzw. Kurs liegen. Während der Preis jederzeit exakt über die Börse bestimmt wird und von da aus jedem zugänglich ist, ist die Bestimmung des Wertes etwas komplizierter. Ein Unternehmen ist zu komplex, um den Wert exakt bestimmen zu können. Deshalb ist es auch wichtig, nie auf die Sicherheitsmarge zu verzichten. Außerdem muss der Wert auch nicht für jeden Eigentümer derselbe sein. Je nachdem, über welche Mittel und Möglichkeiten ein Investor verfügt und welche Unternehmen er bereits kontrolliert, kann der Wert desselben Unternehmens für ihn variieren. Die hier vorgestellte Bewertungsmethode ist vor allem für Investoren gedacht, die keinen Einfluss auf die Entscheidungen in dem zu bewertenden Unternehmen haben und auch nicht über die Mittel verfügen, dies ändern zu können. In dieser Situation befinden sich die meisten privaten Anleger. Das wichtigste Hilfsmittel zur Bestimmung eines Unternehmenswertes sind dessen Geschäftsberichte, die aus einer Bilanz, einer Gewinn- und Verlustrechnung (GuV) und einer Kapitalflussrechnung bestehen. Im Englischen werden diese als balance sheet, income statement und cash flow bezeichnet. Die Bilanz listet die Vermögenswerte und Verbindlichkeiten eines Unternehmens auf, die GuV zeigt die Ertragskraft auf und der Kapitalflussrechnung kann man entnehmen, wie viel Geld ein Unternehmen für seine Anteilseigner generiert hat, wie hoch die Abflüsse waren und wie viel Geld übrig geblieben ist.

Der in diesem Kapitel zu erarbeitende Bewertungsansatz soll verschiedene Kriterien erfüllen. Zum einen soll sichergestellt werden, dass für kein Unternehmen zu viel bezahlt wird, und zum anderen soll verglichen werden können, wie günstig ein Investment im Verhältnis zu seinen Alternativen ist. Das Bewertungssystem soll natürlich auch ungefähr den fairen Wert bestimmen und nicht einfach nur konservativ sein. Wenn so unrealistisch niedrig bewertet wird, dass sich keine Einstiegsgelegenheiten mehr bieten, besteht zwar nicht mehr das Risiko, zu viel zu bezahlen, es wäre jedoch schade um die Bemühungen, die Unternehmen überhaupt zu bewerten. Deshalb soll zunächst konservativ, aber noch realistisch bewertet und anschließend die Sicherheitsmarge abgezogen werden. Außerdem soll der Bewertungsansatz praxistauglich sein.

Es wurde bereits festgestellt, dass das KGV ein geeigneter Indikator zur Bestimmung des Bewertungsniveaus ist und Aufschluss darüber gibt, welche Rendite dementsprechend für die Zukunft erwartet werden kann. Das KGV ist das Vielfache der Gewinne, zu dem eine Aktie gehandelt wird. Daraus ergibt sich die Möglichkeit ein Unternehmen durch die Multiplikation seines Gewinns mit einem geeigneten Faktor zu bestimmen. Graham schlug vereinfacht vor 8,5 + dem doppelten Wachstum als Faktor zu verwenden.[153] Ein Problem dieser Methode ist es, dass die Dividendenausschüttungen nicht berücksichtigt werden. Wenn ein Unternehmen 80 % seiner Gewinne ausschüttet und diese mit dem Rest noch um 3 % pro Jahr steigert, ist dieses einem Unternehmen vorzuziehen, das bei gleichem Gewinn und gleicher Gewinnsteigerung nur 20 % ausschüttet, schließlich generiert das erste Unternehmen wesentlich höhere laufende Erträge. Nach der vereinfachten Formel würden jedoch beide mit dem 14,5-Fachen ihrer Gewinne bewertet werden.

Eine weitere Methode zur Bewertung von Investments ist die Bestimmung der discounted cash flows bzw. der abgezinsten Zahlungsströme, so wie sie John Burr Williams entwickelt hat.[154] Hierbei wird ermittelt, wie viele frei verfügbare Mittel ein Investment bzw. ein Unternehmen in der Zukunft für seine Besitzer generieren kann. Da zukünftige Erträge weniger Wert sind als aktuelle, werden diese freien Mittel, je nachdem, wann sie generiert werden und zur freien Verfügung stehen, abgezinst, um so ihren Gegenwartswert zu ermitteln. Je später die frei verfügbaren Mittel generiert werden, desto geringer fällt ihr Gegenwartswert aus. Abschließend werden die Gegenwartswerte sämtlicher in der Zukunft zu

---

[153] Vgl. Graham, B., 1997, S. 158.
[154] Vgl. Williams, J., 2012, S. 55 – 56.

erwartenden freien Geldmittel addiert, um so den aktuellen Wert des Investments bzw. Unternehmens zu erhalten.[155] Das Ergebnis bei dieser Methode hängt jedoch immer stark vom Abzinsungssatz ab, der gewählt wird. Hat man beispielsweise zwei Unternehmen, von denen eines einen jährlichen freien Cashflow von 5 EUR erwirtschaftet und diesen um 4 % jährlich steigert und das andere einen jährlichen freien Cashflow von 8 EUR erwirtschaftet und diesen um 1 % jährlich steigert, und bewertet beide nach der Discounted-Cash-Flow-Methode (DCF-Methode), jedoch einmal mit einem Abzinsungssatz von 5 % und einmal mit einem von 10 %, so erhält man bei dem Abzinsungssatz von 5 % beim ersten Unternehmen einen Wert von 500 EUR und beim zweiten Unternehmen einen Wert von 200 EUR. Bei einem Abzinsungssatz von 10 % sind es hingegen 83,33 EUR beim ersten Unternehmen und 88,89 EUR beim zweiten.[156] Der Abzinsungssatz beeinflusst also nicht nur die Höhe des Wertes, sondern auch das Verhältnis zwischen den Werten unterschiedlicher Unternehmen gravierend. Falls bei der DCF-Methode das langfristige Wachstum dem Abzinsungsfaktor entspricht oder über diesem liegt, ergibt sich ein unendlicher Wert, da die Gegenwartswerte der zukünftigen Zahlungsströme immer größer werden oder zumindest nicht abnehmen würden. Aber auch wenn das Wachstum nur leicht unter dem Abzinsungsfaktor liegt, ist die Methode kaum brauchbar, da die Werte gegen unendlich gehen und schon bei geringen Änderungen der Wachstumsrate extrem schwanken. Würden beim ersten Unternehmen im obigen Beispiel 4,5 % Wachstum anstatt 4 % angenommen werden, so würde sich sein Wert bei einem Abzinsungssatz von 5 % bereits verdoppeln. Daher ist diese Methode vor allem bei geringen Wachstumsraten geeignet. Würde man die exakten frei verfügbaren Mittel der nächsten 20 oder mehr Jahre kennen, wäre diese Methode immer hervorragend. Allerdings wäre es dann generell viel einfacher Unternehmen zu bewerten. In der Praxis muss man jedoch für die in

---

[155] Vgl. Williams, J., 2012, S. 55 – 56; vgl. Otte, Max, 2012, S. 184 – 187.
[156] 1. Unt.: 5 % Abzinsung: 5 EUR / (5 % - 4 %) = 500 EUR; 10 % Abzinsung: 5 EUR / (10 % - 4 %) = 83,33 EUR.
2. Unt.: 5 % Abzinsung: 8 EUR / (5 % - 1 %) = 200 EUR; 10 % Abzinsung: 8 EUR / (10 % - 1 %) = 88,89 EUR.

ferner Zukunft liegenden Gewinne bzw. frei verfügbaren Mittel eine Annahme bezüglich des langfristigen Wachstums treffen, obwohl dies nicht exakt möglich ist.

Unternehmen könnten auch auf Basis ihrer Vermögensgegenstände abzüglich der Verbindlichkeiten bewertet werden. Je längerfristiger man ein Investment betrachtet, umso weniger relevant werden allerdings seine Vermögensgegenstände und umso wichtiger ist seine Ertragskraft, also die Fähigkeit, sein Vermögen zu vermehren oder frei verfügbare Mittel zu generieren, die es in Form von Dividenden an seine Aktionäre ausschüttet, da der aktuelle Wert seiner Vermögensgegenstände aufgrund der Abzinsung für die Zukunft immer weniger relevant wird. Zudem ist bereits die Bestimmung des aktuellen Vermögenswertes mit Schwierigkeiten verbunden, auch ohne dass die Zukunft vorweggenommen werden muss. So kann der Wert eines Vermögensgegenstands zu Marktpreisen, zu Wiederbeschaffungspreisen oder zu Liquidationspreisen angesetzt werden. Noch schwieriger wird die Bestimmung von immateriellen Vermögenswerten, die gerade bei guten Unternehmen einen Großteil des Gesamtvermögens ausmachen können. So machten immaterielle Vermögenswerte bei Procter & Gamble (P&G) im Jahresabschluss 2017/2018 über die Hälfte des gesamten Vermögens aus. Ohne diese immateriellen Vermögenswerte hätte P&G ein negatives Eigenkapital ausweisen müssen.[157] Trotzdem ist P&G ein hervorragendes Unternehmen. Ein wesentlicher Bestandteil auf der Vermögensseite von P&G ist dabei der Goodwill, welcher entsteht, wenn ein zugekauftes Unternehmen in der Bilanz konsolidiert wird, bei dem der Kaufpreis die Vermögensgegenstände in der Bilanz übersteigt. Hätte P&G diese konsolidierten Unternehmen nicht gekauft, sondern ihre Produkte selber erschaffen, so würde der Goodwill nicht in der Bilanz auftauchen und statt $ 52,9 Mrd. Eigenkapital würden nur noch $ 7,6 Mrd. Eigenkapital darin stehen. Real wäre das Unternehmen jedoch nicht weniger wert. Andere Unternehmen haben selbst durch Forschung, innovative Ideen und Marketing so hochwertige und hohe Erträge generierende

---

[157] Vgl. Procter & Gamble, 2018 Annual Report, S. 39.

Produkte, wie P&G sie im Produktportfolio hat, erschaffen, ohne dass ein so hohes immaterielles Vermögen in der Bilanz auftaucht. Dementsprechend müssten sie mit einem anderen Kurs-Buchwert-Verhältnis bewertet werden, um ihren wahren Wert zu erhalten. Auch wenn diese Werte, die von besonders erfolgreichen Produkten oder auch Dienstleistungen ausgehen, nicht unbedingt in der Bilanz ersichtlich sind, so erkennt man sie doch an den höheren Eigenkapitalrenditen gegenüber anderen Unternehmen mit gewöhnlichen Produkten und Dienstleistungen bzw. einfach an den Erträgen aus der GuV, welche die meisten Unternehmen quartalsweise veröffentlichen. Dies spricht dafür, die Gewinne, die ein Unternehmen erwirtschaftet, als Kennzahl zu verwenden, um seinen Wert zu bestimmen, zumindest solange das Unternehmen fortgeführt werden soll, was bei den meisten Unternehmen der Fall ist.

Betrachtet man einen ganzen Markt, so enthält dieser gewöhnlich viele Unternehmen unterschiedlicher Qualität, von denen manche hohe Erträge und andere niedrige Erträge auf das zur Verfügung stehende Eigenkapital erzielen. Für den Markt als Ganzes sind die Unterschiede über die Zeit betrachtet jedoch nicht so gravierend wie zwischen einzelnen Unternehmen. Daher ist das Kurs-Buchwert-Verhältnis recht gut zur Beurteilung des Bewertungsniveaus eines ganzen Marktes geeignet, jedoch weniger zur Bewertung eines einzelnen Unternehmens.

In den Ausnahmefällen, in denen ein Unternehmen liquidiert und die Einnahmen anschließend an die Anteilseigner ausgeschüttet werden sollen, kommt es fast ausschließlich auf die Vermögenswerte an. Diese müssen dann jedoch zum Liquidationspreis angesetzt werden und können nicht einfach blind aus der Bilanz übernommen werden. Die wenigen Unternehmen, die liquidiert werden sollen, sind ohnehin nicht als langfristige Anlage verwendbar und können einfach gemieden werden. Falls man sie trotzdem bewerten will, muss eine andere Bewertungsmethode verwendet werden, die sich auf die Vermögenswerte konzentriert. Hierfür ist jedoch eine gute Kenntnis des Unternehmens notwendig, um beurteilen zu können, welche Erlöse bei der Liquidation erzielt werden können. Diese müssen nicht mit den in der Bilanz ausgewiesenen Werten übereinstimmen.

Da fast alle Unternehmen fortgeführt werden sollen und bei diesen der Wert vom Ertragspotential abhängt, ist der recht einfache Ansatz, die Gewinne mit einem geeigneten Multiplikator zu multiplizieren, um den Wert eines Unternehmens zu erhalten, grundsätzlich geeignet und praxistauglich. Die Methode, mit welcher der richtige Gewinn und der richtige Multiplikator bestimmt werden, soll jedoch noch unter Berücksichtigung der Dividende optimiert werden. Für Unternehmen mit geringem Wachstum und um der Value-Falle zu entgehen, soll ergänzend die DCF-Methode angewendet werden.

Es gäbe noch mehr und auch komplexere Methoden, um den Wert eines Unternehmens zu bestimmen. Warren Buffett hat uns jedoch gelehrt, dass kompliziertere Ansätze nicht zwangsläufig besser sein müssen als einfache.[158] Außerdem ist es ein wesentliches Problem, dass der wirkliche Wert eines Unternehmens auf Zahlen aus der Zukunft beruht, die zum Zeitpunkt der Bewertung noch nicht zur Verfügung stehen und die nie exakt bestimmbar sind. Teilweise sind sie sogar sehr schwer zu bestimmen und mit vielen Unsicherheiten behaftet. Ein Bewertungsmodell kann noch so perfekt durchdacht sein, der Output (Unternehmenswert bzw. Wert pro Aktie) kann nur durch Zufall besser werden als der Input (Daten und Informationen, aus denen der Wert bestimmt werden soll). Daher ist es für die Praxis wichtig, ein Bewertungsmodell zu nehmen, das auf möglichst wenigen Variablen beruht, die nur nährungsweise bestimmt werden können. Falls es das perfekte Bewertungsmodell gäbe, hätte es für die Praxis keinen Nutzen, solange es unmöglich ist, die richtigen Zahlen einzutragen, und je mehr nicht exakt bestimmbare Variable benötigt werden, umso stärker weicht das Ergebnis von der Realität ab.

---

[158] Vgl. Buffett, M. / Clark, D., 2008, S. 51, S. 74.

5.2 Bestimmung des Gewinnniveaus

Für den Gewinn sollte nicht einfach der letzte ausgewiesene Gewinn oder der zu erwartende Gewinn für das laufende Jahr verwendet werden. Geeigneter ist das bereits in Kapitel 4.1 erwähnte Gewinnniveau. Mit dem Gewinnniveau für einzelne Unternehmen ist ein um Konjunkturschwankungen und Einmaleffekte bereinigter Gewinn gemeint, wie er mit einer unternehmensabhängigen Steigerungsrate für die Zukunft erwartet werden kann. Neben den Konjunkturschwankungen und Einmaleffekten wird der Gewinn eines Jahres auch von Bewertungen bestimmt, die nicht immer exakt erfassbar sind. So können Investitionsgüter über kurze oder lange Zeiträume abgeschrieben werden und auch Rückstellungen stellen oft nur Schätzungen dar. Daher kann der Gewinn selbst mit guten Absichten nicht immer perfekt ausgewiesen werden. Wird jedoch in einem Jahr durch geringe Abschreibungen und/oder nicht ausreichende Rückstellungen ein hoher Gewinn ausgewiesen, so mündet dieser Rückstand in der Zukunft in einen geringeren Gewinn. Aufgrund dessen sind Gewinne über viele Jahre deutlich aussagekräftiger als der Gewinn eines Jahres. Deshalb sollen für die Bewertung die Gewinne mehrerer vergangener Jahre und die Gewinne, die entsprechend für die Zukunft erwartet werden, herangezogen werden.

Außerdem sollte der Gewinn über den Cashflow kontrolliert werden. Wenn es hier Unstimmigkeiten gibt, muss das Gewinnniveau angepasst oder die Aktie gänzlich gemieden werden. Sollte beispielsweise bei einem Unternehmen, das nicht schnell wächst und seine Kapazitäten erweitert, der freie Cashflow deutlich niedriger als der Gewinn ausfallen, ohne dass einmalige besondere Investitionen, z. B. in die Akquisition eines anderen Unternehmens, getätigt wurden, so spricht dies dafür, dass der Gewinn zu hoch ausgewiesen wurde. Und falls der Gewinn dauerhaft über dem freien Cashflow liegt, ohne dass das Vermögen, der Gewinn und der Cashflow gesteigert werden können, ist ebenfalls Vorsicht geboten. Vor allem, wenn der begründete Verdacht besteht, dass das Management vorsätzlich den Gewinn ungerechtfertigt zu hoch ausweist, sollte Abstand von den Aktien des Unternehmens genommen werden.

Für den Gesamtmarkt kommt der für das Shiller-KGV verwendete Gewinn dem Gewinnniveau sehr nahe. Bei einzelnen Unternehmen ist es jedoch etwas komplizierter. Einzelne Unternehmen entwickeln sich tendenziell weniger gleichmäßig als der Gesamtmarkt, es gibt teilweise große Unterschiede bei den Wachstumsraten und Aktien einzelner Unternehmen können im Insolvenzfall auch wertlos werden.

Die Methode von Robert Shiller, den Durchschnittsgewinn der letzten 10 Jahre zu nehmen, ist gut geeignet, um Konjunkturschwankungen, Einmaleffekte und auch Bewertungsfehler weitestgehend auszugleichen. Das Problem bei der Anwendung auf einzelne Unternehmen ist jedoch, dass sich deren Gewinne unterschiedlich gleichmäßig und mit verschiedenen Steigerungsraten entwickeln. In der Tendenz ist der durchschnittliche Gewinn der letzten 10 Jahre geringer als der Gewinn des letzten Jahres, da die Gewinne mit der Zeit steigen und beim Durchschnitt der letzten 10 Jahre auch Gewinne berücksichtigt werden, die weiter zurückliegen und somit tendenziell niedriger sind als die aktuellen Gewinne. Dieser niedrigere Durchschnittsgewinn wäre kein Problem und könnte einfach durch ein entsprechend höheres Gewinnvielfaches ausgeglichen werden. Verschiedene Unternehmen steigern ihre Gewinne jedoch mit unterschiedlicher Geschwindigkeit. Wenn bei allen Unternehmen einfach der Durchschnittsgewinn der letzten 10 Jahre herangezogen wird, würden Unternehmen, die ihre Gewinne in diesen 10 Jahren schneller steigern konnten, ungerechtfertigterweise gegenüber Unternehmen, die ihre Gewinne langsamer steigern, benachteiligt werden. Würde man hingegen einfach bei Unternehmen, die ihre Gewinne konjunkturunabhängig gleichmäßig steigern können und bei denen daher eine Verwendung des Durchschnitts der letzten 10 Jahre nicht notwendig ist, den bereinigten Gewinn des letzten Jahres nehmen und bei anderen zyklischen Unternehmen den Durchschnittsgewinn der letzten 10 Jahre, so würden die zyklischen Unternehmen bei der Bewertung ungerechtfertigt stark benachteiligt, zumindest, solange sie ihre Gewinne in der Tendenz steigern können.

Einzelne Unternehmen unterliegen auch tendenziell schnelleren Veränderungen als ganze Aktienmärkte, was für eine Verkürzung des zu betrachtenden Zeitraums spricht. Je länger der betrachtete Zeitraum, desto besser wirkt die Glättung von Einmaleffekten. Gleichzeitig muss jedoch auch sichergestellt sein, dass die betrachtete Vergangenheit noch sinnvoll als Orientierung für die Zukunft verwendet werden kann. Die Analyse in Kapitel 4 hat beispielsweise gezeigt, dass eine Orientierung an der jüngeren Vergangenheit seit 1979 Vorteile gegenüber der langfristigeren Betrachtung seit 1881 bringt. Für eine grobe Glättung reicht zunächst eine Betrachtung der letzten 3 bis 5 Jahre, während eine Betrachtung der letzten 5 bis 10 Jahre einen Überblick über die Gewinnentwicklung verschafft. Entscheidend sind am Ende natürlich die Gewinne der kommenden Jahre bzw. die Gewinne pro Aktie der kommenden Jahre. Letztendlich soll schließlich der Wert einer Aktie bestimmt werden, entsprechend ist es auch sinnvoll, gleich mit den Gewinnen pro Aktie zu arbeiten.

Um auf der einen Seite mit aktuellen Gewinnen zu arbeiten und auf der anderen Seite Konjunkturschwankungen und Einmaleffekte zu berücksichtigen, sollen die aktuellen bzw. die in naher Zukunft erwarteten Gewinne bei Bedarf mit einem entsprechenden Faktor, der aus Daten aus der Vergangenheit abgeleitet wird, bereinigt werden. Die erwarteten Gewinne der nahen Zukunft können aus den vom Unternehmen gemachten Prognosen und den veröffentlichten Analystenschätzungen hergeleitet werden. Idealerweise kann man sich auch selbst ein Bild davon machen, schließlich ist es an der Börse nicht empfehlenswert, sich auf die Meinung anderer zu verlassen, ohne sich selbst eine Meinung zu bilden. Allerdings erfordert eine tiefsinnige Analyse mit dem Ziel, eine bessere Prognose zu erhalten, auch einiges an Zeit und wird von einem privaten Investor, der nebenberuflich investiert, kaum in größerer Zahl erbracht werden können.

Bei der Verwendung von Analystenschätzungen sollte bedacht werden, dass Analysten die zukünftigen Gewinne und damit auch das Gewinnwachstum tendenziell zu hoch einschätzen. In der Vergangenheit haben sie das langfristige EPS-Wachstum im Durchschnitt um fast 100 % zu hoch eingeschätzt. Diese zu hohen Analystenschätzungen resultieren vorwiegend daraus, dass die regelmäßigen Rezessionen, in denen die Gewinne vieler Unternehmen nur langsam steigen oder auch mal zurückgehen, nicht ausreichend berücksichtigt werden.[159] Vor allem zyklische Unternehmen sind von den regelmäßigen Rezessionen und Gewinneinbrüchen betroffen, die von den Analysten nicht ausreichend berücksichtigt werden. Es ist während eines Aufschwungs kaum möglich zu bestimmen, wann die nächste Rezession kommt, und deshalb werden Rezessionen leicht vernachlässigt. Diesem Problem sowie dem Einfluss von gelegentlichen Einmaleffekten soll durch die Anwendung eines Faktors, der maximal 1 beträgt, begegnet werden.

Bei Unternehmen mit konstanten oder kontinuierlich steigenden Gewinnen beträgt dieser Faktor Eins. Sollte es jedoch in der Vergangenheit Einbrüche gegeben haben und ist es naheliegend, dass diese auch wieder in der Zukunft auftreten können, so darf das nicht einfach ignoriert werden. Das solide, aber zyklische Unternehmen Daimler ist beispielsweise sehr von Konjunktureinbrüchen betroffen. Während meistens recht solide und auch tendenziell steigende Gewinne verbucht werden konnten, gab es in den Jahren 2001, 2003, 2008 und 2009 deutliche Gewinneinbrüche oder gar Verlustjahre. Letztendlich waren es 2 Jahre mit sehr geringen Gewinnen und 2 Jahre mit Verlusten.[160] In diesem Beispiel kann zur Vereinfachung bei der Ermittlung des Faktors so getan werden, als gäbe es einfach zwischen 2000 und 2017 vier Jahre ohne Gewinn. Es wäre zu optimistisch, davon auszugehen, dass Daimler von zukünftigen Rezessionen bzw. Konjunktureinbrüchen verschont bleibt. Entsprechend wird der aktuelle Gewinn mit 1 - 4 / 18 = 0,78 multipliziert, um ein realistisches langfristiges Gewinnniveau zu erhal-

---

[159] Vgl. Goedhart, M. / Ray, R. / Saxena, A., 2010.
[160] Vgl. Daimler, Geschäftsberichte.

ten. Der verwendete aktuelle Gewinn darf natürlich nicht bereits von einem Einbruch betroffen sein. Wenn die Gewinne nur gelegentlich ein wenig zurückgehen, sollte dies natürlich auch einen geringeren Einfluss auf den Faktor haben. Hätten sich in unserem Beispiel die Gewinne nur gelegentlich halbiert, anstatt komplett wegzubrechen, so wäre ein Faktor von 0,89 angemessener. In der Praxis kann natürlich etwas mehr Fingerspitzengefühl gefordert sein als in diesen vereinfachten Beispielen. In Kapitel 5.9 wird das gesamte Bewertungsverfahren noch an einem echten Beispiel illustriert.

Außerdem stellt sich noch die Frage, ob die bereinigten Gewinne pro Aktie bzw. „adjusted earnings per share" oder die in der Gewinn- und Verlustrechnung ausgewiesenen Gewinne pro Aktie bzw. „reported earnings per share" verwendet werden sollen. Bei den bereinigten Gewinnen wird versucht, besondere einmalige Effekte, die nichts mit dem zukünftigen operativen Geschäft zu tun haben, herauszurechnen. Ziel ist es, ein Ergebnis zu ermitteln, das mehr Aufschluss über das tatsächliche und für die Zukunft zu erwartende Ertragspotential gibt. Gewöhnlich sollte man natürlich mit bereinigten Gewinnen arbeiten, da diese mehr Aufschluss darüber geben, wie hoch das tatsächliche Gewinnpotential für die Zukunft ist. Wenn Unternehmen jedoch kontinuierlich höhere bereinigte Gewinne ausweisen, sollte das auch kritisch hinterfragt werden. In der Pharmabranche ist das beispielsweise weit verbreitet, wenn es darum geht, wie Aufwendungen für Forschung und Entwicklung zu behandeln sind. Genauer gesagt, ob diese als Aufwendungen unmittelbar das Ergebnis schmälern oder ob sie als Investitionen behandelt werden sollen, die einen Vermögenswert darstellen, der nur über die Zeit abgeschrieben werden muss. Es gibt zwar auch hier Argumente dafür, warum die bereinigten Gewinne geeigneter sind, das langfristige Ertragspotential wiederzugeben, dennoch ist es nicht vorsichtig, wenn man mit Zahlen arbeitet, die höher sind als das, was die allgemeinen Rechnungslegungsstandards zulassen würden. Im hier genannten Beispiel ist es nicht sicher, ob die Ausgaben für Forschung und Entwicklung auch zu Produkten führen, die diese Kosten später kompensieren können.

Die Analystenschätzungen für die Folgejahre entsprechen gewöhnlich den bereinigten Gewinnen. Schließlich lassen sich besondere Einmaleffekte auch kaum vorhersehen. Zusätzlich zum Faktor für gelegentliche Gewinneinbrüche, kann ein Faktor zwischen 0 und 1 für erhöhte bereinigte Gewinne verwendet werden, wenn diese höher ausfallen als die Gewinne in der Gewinn- und Verlustrechnung. Hierzu werden einfach je nach Datenlage die historischen und falls vorhanden erwarteten bereinigten und ausgewiesenen Gewinne pro Aktie verglichen. Es wird der Mittelwert der ausgewiesenen Gewinne durch den Mittelwert der bereinigten geteilt, um den Faktor zu erhalten, der dann wie beim Faktor für konjunkturbedingte und sonstige Gewinneinbrüche mit dem aktuellen bereinigten Gewinn multipliziert wird. Wenn beispielsweise in einem Jahr hohe Buchgewinne durch Veräußerungen erzielt werden, kann es auch passieren, dass die ausgewiesenen Gewinne höher ausfallen als die bereinigten. Wenn sich dadurch ein Faktor von über 1 ergibt, würde die Verwendung dieses Faktors jedoch dem Prinzip widersprechen, konservativ zu bewerten. Ansonsten kann ein Faktor von unter 1 auch abgemildert werden, wenn es gute Gründe dafür gibt, dass die ausgewiesenen Gewinne weniger geeignet sind als die bereinigten. Es kann je nach Ursache für die Differenz zwischen bereinigten und ausgewiesenen Gewinnen auch eine Gewichtung gewählt werden.

Durch die Anwendung von Faktoren, die aus der langfristigen Gewinnentwicklung abgeleitet werden, auf aktuelle Gewinne, sollen die Vorteile einer langfristigen Betrachtung und der Verwendung aktueller Gewinne kombiniert werden. Es könnten bei Bedarf noch weitere Faktoren eingeführt werden, um bspw. Unsicherheiten, die mit einer gewissen Wahrscheinlichkeit versehen werden und deren Eintritt den Gewinn schmälert, zu berücksichtigen.

Eine weitere Methode, bei der historische Daten mit aktuellen kombiniert werden, ist es, die durchschnittliche Nettomarge (= Nettogewinn / Umsatz) auf den aktuellen Umsatz anzuwenden. Diese Methode ist vor allem dann eine gute Alternative, wenn die aktuellen

Gewinne bereits von einem Einbruch betroffen sind. Die Gewinnschwankungen werden durch den Faktor berücksichtigt und dieser soll auf einen Gewinn angewendet werden, der nicht bereits von einem Konjunktureinbruch betroffen ist. Herrscht beispielsweise eine Rezession, die die Gewinne des Unternehmens nach unten ziehte, kann die Anwendung der langfristig durchschnittlichen Nettomarge auf den aktuellen Umsatz eine geeignete Alternative sein, vorausgesetzt, man ist sicher, dass diese durchschnittliche Nettomarge repräsentativ für die Zukunft ist. Gibt es Indizien, die dafür sprechen, dass das Unternehmen zukünftig mit kleineren Margen auskommen muss, kann diese natürlich auch noch angepasst werden. Bei dieser Methode werden zwar die konjunkturbedingten Umsatzschwankungen nicht geglättet, dies kann jedoch sogar besser sein, da ein konjunkturbedingter Umsatzeinbruch auch immer mit Risiken verbunden ist, die auf diese Weise berücksichtigt werden, und die Umsätze ohnehin deutlich kleineren Schwankungen unterliegen als die Gewinne.

Je nachdem auf welchen Gewinn die Faktoren angewandt werden bzw. auf welchen Umsatz die Nettomarge angewandt, wird ist noch eine kleine Anpassung erforderlich, um das aktuelle Gewinnniveau zu erhalten. Wenn man beispielsweise bei einem schnell wachsenden Unternehmen den erwarteten Gewinn vom laufenden Jahr oder gar vom Folgejahr heranzieht, kann dies zu einem spürbar höheren Gewinnniveau führen als dies aktuell gerechtfertigt wäre. Entsprechend muss noch dividiert werden. Wenn man sich beispielsweise mitten im Geschäftsjahr befindet und bei einem angenommenen Gewinnwachstum von 10 % den erwarteten Gewinn des Folgejahres verwendet hat, so muss das Ergebnis noch durch 1,1 und 1,05 bzw. durch 1,134 geteilt werden, um das aktuelle Gewinnniveau zu erhalten. Auf die Bestimmung des Wachstums und dessen Einfluss auf die Wertbestimmung wird noch in den folgenden Kapiteln eingegangen.

Die Daten aus der Vergangenheit und der Gegenwart haben den Vorteil, dass sie zuverlässiger sind als die zukünftigen, schließlich können die zukünftigen Zahlen nur geschätzt werden. Die Zukunftsprognosen dürfen aber trotzdem nicht ignoriert werden, da der zukünftige Wert, der gerade für langfristig orientierte Anleger relevant ist, nun einmal von den zukünftigen Ergebnissen abhängt. Daher ist es schwierig, ein geeignetes Gewinnniveau zu bestimmen, wenn die Daten aus der Vergangenheit und die der zu erwartenden Zukunft nicht zusammenpassen, weil mit größeren Veränderungen beim Gewinn oder anderen Kennzahlen zu rechnen ist. Sollte es also Zweifel an dem errechneten Gewinnniveau für die Zukunft geben, gilt der Grundsatz, lieber einen zu niedrigen als einen zu hohen Wert anzusetzen. Und sollten die Zweifel so groß sein, dass gar kein brauchbares Gewinnniveau ermittelt werden kann, kommt das Unternehmen eben nicht als Investment in Frage und man widmet sich einem anderen Unternehmen.

5.3 Bestimmung des Gewinnvielfachen

Nachdem das Gewinnniveau bestimmt wurde, wird noch ein passendes Gewinnvielfaches benötigt, um den Wert einer Aktie zu bestimmen. Hier sollte ein Wert genommen werden, der unabhängig von der kurz- und mittelfristigen Bewertung einzelner Unternehmen durch den Markt ist, da der Markt kurz- und mittelfristig nicht effizient ist. Langfristig betrachtet pendeln die Kurse jedoch um den wahren Wert der Aktien und deshalb wird für die hier vorgestellte Bewertungsmethode die langfristige Durchschnittsbewertung des Gesamtmarktes als Orientierung für die Bewertung einzelner Aktien bzw. zur Bestimmung des Gewinnvielfachen verwendet.[161]

Bei der Marktanalyse in Kapitel 4 wurde für den S&P 500 ein langfristiger Median von 16,0 festgestellt. In der gesamten Betrachtung wurde jedoch eine Orientierung an den Durchschnitten seit 1979 als besser erachtet. Der Median aller MSCI-Länder liegt bei 18,3 für die betrachteten Zeiträume und der ungewichtete Mittelwert der Mediane aller betrachteten Länder liegt ohne Japan bei 18,2. Dieser Bereich soll

---

[161] Vgl. Löwe, J., 2010, S. 139; vgl. Hagstrom, R., 2000, S. 81.

auch als Orientierung für die Bewertung einzelner Aktien gelten. Japan wird hier herausgenommen, weil es ein besonderer Ausreißer nach oben ist und weil konservativ bewertet werden soll. Es gäbe auch starke Argumente die 19,4 zu nehmen, die sowohl den Median als auch den Mittelwert aller Mediane inkl. Japan darstellen. Allerdings sollte trotz der Argumente für etwas höhere Bewertungsniveaus in der Gegenwart, der langfristige Median des S&P 500 und das wahrscheinlich hohe Bewertungsniveau seit den 90er-Jahren des 20. Jh. im Hinterkopf behalten werden. Außerdem wird der Wert zur konservativen Bewertung lieber ein bisschen zu tief als zu hoch angesetzt. Deshalb wird hier als erste Orientierung ein Wert von 18,25 veranschlagt. Erweitert man die historische Betrachtung noch bis Mitte 2018, so ergibt sich ein ähnlicher Wert.[162]

Da für die Bewertung das aktuelle Gewinnniveau verwendet wird und die hier gewählten 18,25 vom Shiller-KGV abgeleitet wurden, welches tendenziell im Nenner mit dem Durchschnitt der letzten 10 inflationsbereinigten Gewinne eine niedrigere Zahl verwendet, muss der Orientierungswert noch entsprechend angepasst werden. Der Mittelwert des inflationsbereinigten Gewinnwachstums der betrachteten Länder lag bei 2,3 %. Bei diesem Wachstum läge der letzte veröffentlichte Gewinn um 10,5 % über dem Durchschnittsgewinn der letzten 10 Jahre, wenn zur Vereinfachung angenommen wird, dass der Gewinn gleichmäßig steigt. Das KGV mit dem letzten veröffentlichten Gewinn läge dann um 9,5 % unter dem KGV mit den Gewinnen der letzten 10 Jahre.[163] Wenn 18,25 um 9,5 % reduziert wird, ergibt das 16,5. Nimmt man stattdessen beim Shiller-CAPE den Median der Mediane aller Länder von 19,4 und auch beim durchschnittlichen Gewinnwachstum den Median von 1,9 %, so

---

[162] Ende Juni lag der Median des Shiller-Cape der 39 zu diesem Zeitpunkt von Starcapital betrachteten Aktienmärkte ohne Griechenland bei 18,4. Da Griechenland zu diesem Zeitpunkt ein negatives CAPE hatte wurde der relativ unbedeutende Aktienmarkt herausgerechnet. (Vgl. Starcapital, 2018)

[163] Für diese Berechnung wird von einer gleichmäßigen Gewinnsteigerung ausgegangen. Da die Gewinne nicht gleichmäßig steigen, gibt es Jahre, in denen der Durchschnittsgewinn der letzten 10 Jahre auch mal höher sein kann als der des letzten Jahres, und es gibt Jahre, in denen der Durchschnittsgewinn der letzten 10 Jahre noch viel niedriger ausfällt.

ergibt sich ein Wert von 17,85, der durchaus noch zu rechtfertigen aber nicht mehr konservativ bestimmt wäre.

Wenn woanders von Gewinnvielfachen oder KGVs die Rede ist, werden diese oft auf einen erwarteten Gewinn in der Zukunft bezogen. Es darf nicht vernachlässigt werden, dass das eben ermittelte Gewinnvielfache auf ein Gewinnniveau, welches aus den letzten veröffentlichten Zahlen ermittelt wurde und dem Gewinnniveau von vor einigen Monaten entspricht, angewendet werden muss. Die erwarteten Gewinne für die Zukunft sind gewöhnlich höher als die letzten veröffentlichten Gewinne, und wer mit diesen arbeiten möchte, muss das anzuwendende Gewinnvielfache entsprechend senken. Unter der Annahme, dass die verwendeten veröffentlichten Gewinne ungefähr ein halbes Jahr alt sind, und einem nicht inflationsbereinigten Gewinnwachstum von ca. 6 % pro Jahr, ergäbe sich ein Gewinnvielfaches von 16,5 / 1,03 = 16,0 für das aktuelle Gewinnniveau. Diese 16 sind sicherlich kein 100-prozentig exakter Wert, aber eine gute, konservativ bestimmte Basis, mit der gut weitergearbeitet werden kann. Etwas höhere Werte bis zu 17,5 ließen sich sicherlich leicht rechtfertigen, widersprechen jedoch dem Prinzip, lieber einen zu niedrigen als einen zu hohen Wert anzusetzen.[164]

Diese 16 sind allerdings nur ein geeignetes Gewinnvielfaches für ein durchschnittliches Unternehmen, welches seine Gewinne in einem durchschnittlichen Tempo steigert und eine durchschnittliche Dividendenrendite bietet. Da es für die Rendite des langfristigen wertorientierten Investors nicht relevant ist, ob das Unternehmen seine Gewinne und damit seinen Wert steigert oder Dividenden ausschüttet, die reinvestiert werden können, werden diese beiden Faktoren zusammengefasst. Das dient der Vereinfachung. Es gibt dennoch Unterschiede, die

---

[164] In der 1. Ausgabe wurde sogar nur ein Wert von 15 genommen, da hier noch nicht die ausführliche Studie mit einer globalen Betrachtung aktueller Daten von Norbert Keimling vorlag. Veränderungen bei der Bewertung in diesem Maße sollten kein Problem darstellen. Man sollte ohnehin nicht der Illusion erliegen, dass die Werte exakt ermittelt werden können. Bei der Bewertung einzelner Unternehmen treffen immer wieder neue Informationen ein, die Einfluss auf den Wert haben und berücksichtigt werden sollten. Die später anzuwendende Sicherheitsmarge stellt dabei sicher, dass gewöhnliche Wertanpassungen nicht gleich dazu führen, dass für eine Aktie zu viel bezahlt wurde.

beachtet werden sollen. So können Dividenden frei verwendet werden, während die Gewinnsteigerung und die damit verbundene Wertsteigerung im Unternehmen bleibt und auch nicht zwangsläufig gleich im Preis der Aktie berücksichtigt wird. Wer auf regelmäßige Erträge aus seinen Investments angewiesen ist, sollte dies vor allem berücksichtigen. Dementsprechend werden Dividenden aber auch gleich versteuert, während die Wertsteigerung bei Aktien erst versteuert wird, wenn die Aktien verkauft werden. Inwieweit dies berücksichtigt werden sollte, hängt von der geplanten Haltedauer eines Investments ab. Solange Aktien nur für ein paar Jahre gehalten werden, kann diese Tatsache weitestgehend vernachlässigt werden. Hält man seine Investments jedoch gewöhnlich für viele Jahre, bringt diese Verschiebung der anfallenden Steuern einen Vorteil mit sich und kann eventuell bei der Bestimmung der Dividende berücksichtigt werden.

Zunächst sollte bei der Dividende genauso wie beim Gewinn das aktuelle Dividendenniveau bestimmt werden. Es ist etwas leichter zu bestimmen als das Gewinnniveau, da die Dividenden tendenziell weniger schwanken als die Gewinne und da die Dividende nicht negativ werden kann. Es gibt auch keine Unterscheidung zwischen einer ausgewiesenen bzw. ausgeschütteten und einer bereinigten Dividende. Entsprechend reicht ein Faktor für die Einbrüche, die seltener vorkommen als beim Gewinn, wobei Einbrüche, die aus einer zuvor gezahlten Sonderdividende resultieren, nicht zählen. Falls die Dividende lange Zeit Null war und das Unternehmen dann damit anfängt, Dividenden auszuschütten, ist es wahrscheinlich, dass diese Dividende auch in der Zukunft bestehen bleibt, weshalb sie in diesem Fall auch geeigneter für das Dividendenniveau erscheint als bspw. der Durchschnitt der letzten Jahre. Letztendlich kommt es bei der Bestimmung des Dividendenniveaus genau wie beim Gewinnniveau auf die wiederkehrenden, für die Zukunft zu erwartenden Dividenden an, wobei das Dividendenniveau nicht höher sein darf als das Gewinnniveau.

Bei der späteren Bestimmung des erwarteten Wachstums sollte berücksichtigt werden, dass die Aufnahme einer Dividende dafür spricht, dass dafür die Gewinne in Zukunft langsamer gesteigert werden - zum einen, weil weniger Mittel einbehalten werden, die für die Wertsteigerung zur Verfügung stehen, und zum anderen, weil der Beginn der Ausschüttung von Gewinnen ein Indiz dafür ist, dass das Management diese nicht mehr so effizient verwenden kann wie in der Vergangenheit. Zumindest ein gutes shareholderorientiertes Management sollte dann damit beginnen, die Gewinne auszuschütten. Ähnliches gilt, wenn die Dividende und die Ausschüttungsquote von einem Jahr auf das andere signifikant erhöht wurden, ohne dass es sich um eine Sonderdividende handelte.

Von dem bestimmten Dividendenniveau kann anschließend, wenn man seine Anlagen sehr langfristig hält und deshalb Gewinnsteigerungen gegenüber Dividenden aus steuerlichen Gründen bevorzugt, der Steuer entsprechend etwas abgezogen werden. Es sollte dabei aber berücksichtigt werden, dass diese Steuerzahlungen nur verschoben und nicht aufgehoben werden, weshalb hier, um die Sache einfach zu halten, auf diesen Abzug verzichtet wird, solange die Steuer auf die Dividende der Steuer für realisierte Kursgewinne entspricht. Schließlich weiß ein Value-Investor oft nicht, wie lange er eine Aktie halten wird, da dies von den unvorhersehbaren Launen des Marktes abhängt. Sollte die Steuer auf die Dividende allerdings anders ausfallen als auf Kursgewinne, was vor allem bei Dividenden von ausländischen Unternehmen in dem Sinne der Fall sein kann, dass höhere Steuern anfallen, so sollte dies direkt bei der Festlegung des Dividendenniveaus berücksichtigt werden, z. B. durch einen weiteren Faktor zwischen 0 und 1, der natürlich nur die Differenz zum gewöhnlichen Steuersatz berücksichtigen muss. Diese höheren Quellensteuern können zwar von etlichen Ländern zurückgefordert werden, für den Privatanleger mit überschaubarem Vermögen lohnt sich hierfür jedoch oft der Aufwand nicht, der mit der Rückforderung verbunden ist, und bei manchen Ländern dauert es zudem Jahre, bis die Rückerstattung erfolgt.

Nachdem das Dividendenniveau bestimmt wurde, muss es nur noch durch den Kurs der Aktie geteilt werden, um die Dividendenrendite in Prozent zu erhalten. Aber auch hier liegt ein Problem, wenn die Dividendenrendite zur Bewertung eines Unternehmens verwendet wird. Während das EPS-Wachstum unabhängig vom Aktienkurs bestimmt werden kann, hängt die Dividendenrendite vom Aktienkurs ab. Erhöht sich dieser, sinkt die Dividendenrendite, und fällt dieser, steigt die Dividendenrendite, ohne dass sich das Dividendenniveau verändern muss.[165] Dieser Umstand muss berücksichtigt werden, falls die Dividendenrendite zur Bestimmung des Unternehmenswertes herangezogen werden soll. Ein Vorteil der Dividendenrendite besteht darin, dass sie zuverlässiger bestimmt werden kann als das zukünftige Wachstum des Gewinns pro Aktie.

Bei gleichbleibendem Bewertungsniveau würde sich die nominale Rendite des Investors aus der nominalen Gewinnniveausteigerungsrate und der Dividendenrendite zusammensetzen, vorausgesetzt, die Dividenden zahlenden Unternehmen halten ihre Ausschüttungsquote konstant und steigern dadurch ihre Dividenden in dem Tempo, in dem sie auch ihre Gewinne steigern. Sollten sie die Dividenden schneller steigern, spricht dies dafür, dass sie die Mittel nicht mehr sinnvoll in Wachstum investieren können, und somit für ein langsamer werdendes Gewinnwachstum. Abgesehen davon können die Dividenden langfristig nicht schneller gesteigert werden als die Gewinne. Sollten die Dividenden langsamer gesteigert werden als die Gewinne, spricht dies dafür, dass das Management für das Geld bessere Verwendungsmöglichkeiten gefunden hat, die langfristig für schneller steigende Gewinne sorgen sollten, vorausgesetzt, das Unternehmen wird von einem ehrlichen und kompetenten Management geführt. Diese Rendite, die ein Unternehmen für seine Investoren bei gleichbleibendem Bewertungsniveau erwirtschaftet, wird im Folgenden intrinsische Rendite genannt. Diese intrinsische Rendite ist bei Unternehmen, die Dividenden ausschütten, vom Bewertungsniveau abhängig, da sich bei einer Veränderung des Bewertungsniveaus auch die Dividendenrendite verändert und sich die intrinsische Rendite aus Dividendenrendite und Gewinnsteigerungsrate zusammensetzt. In Kapitel 4.1 wurde festgestellt, dass ein dauerhaft niedriges Bewertungs-

---

[165] Im Fall von gleichmäßigen Aktienrückkaufprogrammen führt ein niedriger Aktienkurs auch zu höheren EPS-Steigerungen, da mehr Aktien zurückgekauft werden können.

niveau für alle Investoren besser wäre als ein dauerhaft hohes. Dies liegt daran, dass die intrinsische Rendite bei einem steigenden Bewertungsniveau sinkt. Ein Unternehmen, das bei gleichbleibenden Gewinnvielfachen höhere Renditen für seine Investoren generiert bzw. eine höhere intrinsische Rendite hat als ein durchschnittliches Unternehmen, müsste mit einem höheren Gewinnvielfachen bewertet werden. Deshalb muss dem Gewinnvielfachen von 16 eine intrinsische Rendite zugeordnet werden, welche ebenfalls aus den langfristigen Durchschnitten hergeleitet wird.

Die reale intrinsische Rendite in dem betrachteten neueren Zeitraum beträgt je nachdem, ob man den Median oder den Mittelwert der betrachteten Länder heranzieht, 5,3 % oder 5,7 %.[166] Hier muss noch die Inflationsrate hinzuaddiert werden, da bei der Betrachtung von Unternehmenskennzahlen und der Bestimmung von Wachstumsraten auch nur mit nicht-inflationsbereinigten Werten gearbeitet wird. Die Inflation des USD betrug in dem betrachteten Zeitraum von Ende 1979 bis Mai 2015 im geometrischen Durchschnitt 3,2 %.[167] Allerdings liegt sie in der noch jüngeren Vergangenheit etwas niedriger. Zwischen Ende 1999 und Mai 2015 waren es 2,3 % und zwischen Ende 1999 und Mai 2018 waren es 2,2 %. Eine höhere Inflation führt tendenziell zu einer höheren (nominalen) intrinsischen Rendite, da auch die nominalen Gewinne schneller steigen. Die intrinsische Rendite des S&P 500 für den langfristigen Zeitraum von Anfang 1881 bis Ende 2014 beträgt 8,3 % und setzt sich aus 4 % nomineller Gewinnsteigerung und 4,3 % Dividendenrendite zusammen, allerdings mit der Tendenz zu mehr nominellem Gewinnwachstum und weniger Dividendenrendite, wie sich in Kapitel 4.1 herausgestellt hat. Um konservativ zu bewerten und ein wenig zu runden, wird die zu erwartende intrinsische Rendite auf 8,5 % festgelegt, zumal sie für den jüngeren Zeitraum sogar etwas darüber lag, was mit der höheren Inflation und der daraus resultierenden höheren nominalen Gewinnsteigerung zusammenhängt, wobei diese größtenteils

---

[166] Siehe Abbildung 17 in Kapitel 4.1.
[167] Da die in Kapitel 4.1 betrachteten MSCI-Indizes auch in USD berechnet werden, ist hier die Inflationsrate des USD zu betrachten.

durch die geringere Dividendenrendite ausgeglichen wird. Wenn mit Inflationsraten von deutlich über 3 % zu rechnen ist, sollte dieser Wert sogar noch nach oben angepasst werden. Wenn man davon ausgeht, dass die Inflation auch langfristig eher bei 2 % oder darunter bleibt, können auch niedrigere Werte genommen werden. Anders als beim Gewinnvielfachen gilt hier allerdings, je höher der Anspruch an die intrinsische Rendite desto niedriger fällt die Bewertung aus. Entsprechend soll auch hier ein realistischer Wert genommen werden, der jedoch im Zweifel lieber etwas zu hoch als zu niedrig sein soll. Diese 8,5 % werden für ein durchschnittliches Unternehmen angenommen, dem ein Gewinnvielfaches von 16 zugeordnet werden darf. Die 8,5 % entsprechen auch ungefähr der nominalen Gesamtrendite, die mit Aktien langfristig vom Gesamtmarkt erwartet werden kann.

Unternehmen mit einer niedrigeren intrinsischen Rendite sollten mit einem niedrigeren Gewinnvielfachen und Unternehmen mit einer höheren intrinsischen Rendite mit einem höheren Gewinnvielfachen bewertet werden. Um bestimmen zu können, welches Gewinnvielfache welcher intrinsischen Rendite zuzuordnen ist, empfiehlt es sich zu betrachten, wie sich die Erträge eines Investments bei unterschiedlichen intrinsischen Renditen entwickeln. Es wird ermittelt, um wie viel die Gewinne bei einer bestimmten Steigerungsrate, ausgehend vom selben Gewinnniveau, nach einer gewissen Anzahl von Jahren größer oder kleiner sind als bei einer Steigerung von 8,5 %, und das Gewinnvielfache wird zu jeder intrinsischen Rendite so gewählt, dass es nach der bestimmten Zeitspanne bei derselben Kursentwicklung gleich wäre. Zur Vereinfachung wird angenommen, dass sich das Bewertungsniveau nicht ändert und die Dividende in das Unternehmen reinvestiert wird. Dadurch erhält der Anleger der Dividendenrendite entsprechend mehr Aktien und das Gewinnniveau, bezogen auf eine ursprünglich erworbene Aktie, steigt entsprechend der intrinsischen Rendite. Sollte sich das Bewertungsniveau erhöhen, so dass die Dividendenrendite und die intrinsische Rendite sinken, erhält er dafür schon vorzeitig durch die Kursgewinne eine Rendite, die über der intrinsischen Rendite liegt. Falls das Bewertungsniveau fällt, steigt dafür die intrinsische Rendite noch weiter an und er erhält für die reinvestierten Dividenden sogar noch mehr Aktien als ursprünglich angenommen, was wiederum langfristig zu noch besseren Renditen führen kann. Ein langfristig orientierter Anleger kann schließlich frei entscheiden, wo er seine Dividenden reinvestiert und wann er eine Aktie verkauft, und somit die Veränderungen des Bewertungsniveaus in beide Richtungen ausnutzen.

Welches Gewinnvielfache sich zu einer bestimmten intrinsischen Rendite ergibt, hängt stark davon ab, wie viele Jahre das Gewinnniveau pro ursprünglich erworbener Aktie mit der entsprechenden intrinsischen Rendite gesteigert wird. Ein Value-Investor sollte dabei lieber einen konservativen Bewertungsansatz verwenden. Eigentlich müsste die Länge des Zeitraums so gewählt werden, wie man meint, dass das Unternehmen seine Gewinne überdurchschnittlich steigern kann. Dabei sollte jedoch nicht von einem immer konstanten Wachstum ausgegangen werden. Realistischer wäre es, davon auszugehen, dass sich das Wachstum langsam dem Durchschnitt des Marktes nähert. Wie lange ein Unternehmen seine Gewinne überdurchschnittlich steigern kann, hängt von seinem Burggraben bzw. seinen einzigartigen Wettbewerbsvorteilen ab. Hat es diese nicht, werden Wettbewerber und der Markt recht bald dafür sorgen, dass es nicht mehr profitabler ist als ein Durchschnittsunternehmen und dadurch auch nicht mehr schneller als der Gesamtmarkt aus eigenen Mitteln wachsen kann. Aber selbst wenn ein Unternehmen in einem Markt so gut ist, dass es dauerhafte Wettbewerbsvorteile hat, ist der Markt, in dem es so gut ist, irgendwann gesättigt und bietet keinen Raum mehr für weiteres Wachstum. Deshalb wird bei dem hier vorgestellten Bewertungsansatz angenommen, dass jede intrinsische Rendite über dem Durchschnitt von 8,5 % jährlich um einen gewissen Prozentsatz seiner aktuellen Differenz zu 8,5 % nachlässt. Die Gewinne werden dann 15 Jahre mit dieser nachlassenden Wachstumsrate gesteigert. Mehr als 15 Jahre soll bei einer konservativen Bewertungsmethode keinem Unternehmen überdurchschnittliches Wachstum zugetraut werden, außerdem sind die nachlassenden Wachstumsraten dann ohnehin oft in der Nähe des langfristigen Durchschnitts angelangt, solange sie nicht zu Beginn außergewöhnlich hoch waren oder ein sehr niedriger Prozentsatz für das Nachlassen des Wachstums gewählt wurde. Wie hoch dieser Prozentsatz ist, sollte von der Zuverlässigkeit des Wachstums abhängig gemacht werden. Als Standard für ein Unternehmen, dessen Wachstum nicht außerordentlich stabil ist, werden jährlich 10 % Nachlass zur Differenz der aktuellen intrinsischen Rendite zu 8,5 % festgelegt. Es sollte hier genauer zwischen Unternehmen unterschieden werden, deren intrinsische Rendite vorwiegend vom EPS-Wachstum ausgeht, und solchen, bei denen sie vorwiegend von der Dividendenrendite kommt. Falls eine recht hohe intrinsische Rendite vorwiegend durch eine hohe Dividendenrendite zustande kommt und das angenommene EPS-Wachstum eigentlich recht normal ausfällt, kann davon ausgegangen werden, dass diese intrinsische Rendite zum entsprechenden Kurs nicht nachlässt, da das Unternehmen dann nicht auf überdurchschnittliches Wachstum angewiesen ist, um seine intrinsische Rendite zu halten. Allerdings fällt sie dafür umso schneller, wenn der Aktienkurs steigt. Speziell für Aktien, die zwar eine Dividende ausschütten, aber diese und ihre Gewinne nicht mehr allzu schnell steigern können, wird deshalb die DCF-Methode verwendet. Die Abbildung 22 zeigt die passenden Gewinnvielfachen für intrinsische Renditen ab 8,5 % bei einer Fortführung dieser für 15 Jahre und einer angenommenen Annäherung zum Durchschnitt von 10 % pro Jahr.

intrinsische Rendite	Gewinn-vielfaches	intrinsische Rendite	Gewinn-vielfaches	intrinsische Rendite	Gewinn-vielfaches
8,5%	16,0	14%	23,8	20%	36,1
9%	16,6	15%	25,5	21%	38,7
10%	17,8	16%	27,4	22%	41,4
11%	19,2	17%	29,4	23%	44,3
12%	20,6	18%	31,5	24%	47,4
13%	22,1	19%	33,7	25%	50,7

Abbildung 22: Gewinnvielfaches in Abhängigkeit von der intrinsischen Rendite[168]

Bei Unternehmen mit intrinsischen Renditen unter 8,5 % würde die angenommene Annäherung der intrinsischen Rendite zum Durchschnitt für höhere Bewertungen sorgen und wäre nicht mehr konservativ, da

---

[168] Eigene Darstellung; eigene Berechnung.

unterdurchschnittliche Unternehmen nicht unbedingt besser werden. Das Gegenteil ist der Fall, sie sind nämlich diejenigen, die in schwierigen Zeiten zuerst verschwinden und dabei wieder bessere Bedingungen für die besseren Unternehmen schaffen. Unternehmen, die ihren Gewinn nicht mehr steigern können und auch keine brauchbare Dividende zahlen, sollten gemieden werden, da man mit ihnen, selbst wenn sie bezogen auf das KGV oder KBV günstig erscheinen, leicht in die Value-Falle gerät. Um sicherzustellen, dass ein Investment langfristig profitabel ist und keine unterdurchschnittliche Rendite abwirft, sollte auf eine intrinsische Rendite von mindestens 8,5 % bestanden werden. Auch hierfür wird die DCF-Methode aus Kapitel 5.4 sorgen.

Je mehr das Wachstum eines Unternehmens vom Durchschnitt abweicht, umso stärker weicht das nötige Gewinnvielfache von den 16 ab und desto stärker hängt es auch von der Dauer ab, für welche die Abweichung des Wachstums vom Durchschnitt angenommen wird. Dadurch wird das Ergebnis auch immer unzuverlässiger. Unternehmen, deren intrinsische Rendite nach oben stark von den 8,5 % abweicht, sollten natürlich nicht deswegen gemieden werden. Allerdings sollte auch bei der Ermittlung der zu erwartenden Wachstumsraten nicht zu optimistisch vorgegangen werden. Zumindest mit Wachstumsraten, die deutlich im zweistelligen Bereich liegen, sollte vorsichtig umgegangen werden. Sollte ein besonders wachstumsstarkes Unternehmen trotz vorsichtiger Bewertung günstig erscheinen, spricht dies allerdings für eine hervorragende wertorientierte Anlagemöglichkeit.

Mit der folgender Formel werden einfach die 8,5 % und die intrinsische Rendite der gewünschten Wachstumsregression von 10 % entsprechend gewichtet und es ergeben sich die Gewinnvielfachen (Gv) aus Abbildung 22 zu einer intrinsischen Rendite von über 8,5 % mit einer Abweichung von weniger als einem Viertel Prozent, was mehr als ausreicht:

$$Gv = \frac{\left[\frac{1{,}085 + (1 + \text{intrinsische Rendite}) * 1{,}11}{2{,}11}\right]^{15}}{1{,}085^{15}} * 16$$

Abbildung 23 zeigt die passenden Gewichtungen für unterschiedliche Wachstumsregressionen zur Bestimmung des Gewinnvielfachen.

Jährl. Annäherung der intrinsischen Rendite zum Durchschnitt	Formel zur Bestimmung des passenden Gewinnvielfachen
2,5%	{[1,085 + (1 + intrinsische Rendite) * **5,31**] / **6,31**}^{15} * 4,71
5%	{[1,085 + (1 + intrinsische Rendite) * **2,49**] / **3,49**}^{15} * 4,71
7,5%	{[1,085 + (1 + intrinsische Rendite) * **1,56**] / **2,56**}^{15} * 4,71
10%	{[1,085 + (1 + intrinsische Rendite) * **1,11**] / **2,11**}^{15} * 4,71
12,5%	{[1,085 + (1 + intrinsische Rendite) * **0,84**] / **1,84**}^{15} * 4,71
15%	{[1,085 + (1 + intrinsische Rendite) * **0,67**] / **1,67**}^{15} * 4,71

Abbildung 23: Formeln für unterschiedliche Wachstumsregressionen[169]

Wer es genau haben möchte, muss natürlich Jahr für Jahr die 8,5 % und die intrinsische Rendite entsprechend gewichten. Die Formel erstreckt sich dann über mehrere Zeilen und bringt absolut keinen Mehrwert, da es immer genügend andere Ungenauigkeiten gibt und hier ohnehin eine Annahme getroffen wird, die nie exakt sein kann. Genau genommen könnte man auch ohne die Gewichtung arbeiten und stattdessen den Zeitraum, für den die überdurchschnittliche intrinsische Rendite angenommen wird, stärker begrenzen. Die jährliche Annäherung der intrinsischen Rendite zum Durchschnitt von 15 % entspräche dann ungefähr einer gleichmäßigen Fortführung des überdurchschnittlichen Wachstums für nur noch 6,25 Jahre unter der Annahme, dass ab dann sofort das durchschnittliche Wachstum eintritt. Die 12,5 % Gewichtung entsprächen ungefähr 7,1 Jahren, die 10 % entsprächen ungefähr 8,1 Jahren, die 7,5 % entsprächen ungefähr 9,4 Jahren, die 5 % entsprächen ungefähr 10,9 Jahren und die 2,5 % entsprächen ungefähr 12,75 Jahren. Auch bei dieser noch einfacheren Methode bleiben die Abweichungen gegenüber der exakten Berechnung geringer als 1 %, was vollkommen

---

[169] Eigene Darstellung; eigene Berechnung. Die 4,71 ergibt sich aus 16 / 1,085^{15}. Die geringen Abweichungen gegenüber den Gewichtungen aus der 1. Auflage ergeben sich daraus, dass diesmal nur noch Wachstumsraten zwischen 8,5 % und 25 % betrachtet wurden, während in der 1. Auflage die Ergebnisse für Wachstumsraten zwischen 8,5 % und 30 % betrachtet wurden. In der Realität sind bereits langfristige Wachstumsraten über 20 % extrem selten und sollten immer sehr kritisch hinterfragt werden. Langfristige Wachstumsraten über 25 % sollten bei einer konservativen Bewertung nie angenommen werden.

ausreicht. Der Vorteil hierbei ist, dass sich mancher besser vorstellen kann, was für eine Annahme tatsächlich getroffen wird, wenn die überdurchschnittlichen Wachstumsraten über einen beschränkten Zeitraum, der dann kürzer sein muss als 15 Jahre, gleichmäßig fortgeschrieben werden. Der Vorteil an der Gewichtung bzw. gleichmäßigen Abnahme der Wachstumsraten ist, dass er die Realität etwas besser wiedergibt. Letztendlich werden sich die Wachstumsraten aber natürlich in der Realität nie genau so entwickeln wie in einem Modell.

Die intrinsische Rendite kann auch mit EPS-Wachstum + Dividendenrendite dargestellt werden und die Dividendenrendite ergibt sich aus dem Dividendenniveau / Preis pro Aktie, welcher an der gesuchten Stelle dem Wert pro Aktie entspricht. Der Wert des Unternehmens entspricht dem Gewinnniveau * dem Gewinnvielfachen. Daraus kann folgende Formel für eine gewünschte Wachstumsregression von 10 % hergeleitet werden:

$$x = \frac{1{,}085 + (1 + W + \frac{D}{x}) * 1{,}11^{15}}{2{,}11} * 4{,}71 * G$$

x = Unternehmenswert
W = jährliches EPS-Wachstum
D = Dividendenniveau
G = Gewinnniveau

Es wurde bereits erwähnt, dass die intrinsische Rendite vom Bewertungsniveau abhängt. Deshalb wird bei einem Dividende zahlenden Unternehmen immer über das Ziel hinausgeschossen, wenn auf Basis der aktuellen Dividendenrendite und des EPS-Wachstums das Gewinnvielfache und der daraus resultierende Wert ermittelt wird, da bei dem so ermittelten Wert auch die Dividendenrendite abweicht. Es muss deshalb der Wert gesucht werden, bei dem das Gewinnvielfache und die entsprechende intrinsische Rendite zusammenpassen. Es kann in die Formel {[1,085 + (1 + W + D / x) * 1,11] / 2,11}^{15} * 4,71 * G für x der Kurs einsetzt, über das Ziel hinausgeschossen und dann der so erhaltenen

Wert nochmal als x erneut in dieselbe Formel einsetzt werden. Gewöhnlich kommt bereits nach zwei bis spätestens sechs Wiederholungen (Iterationen) ein Wert heraus, der fast dem exakten Ergebnis entspricht. Bei den Formeln für die niedrigen Wachstumsregressionen könnten in Verbindung mit hohen Ausschüttungsquoten und geringem Wachstum mehr Iterationen notwendig sein, um sich dem exakten Ergebnis zu nähern. Allerdings werden solche Unternehmen bei dem hier vorgestellten Bewertungsansatz ohnehin mit der DCF-Methode aus dem nächsten Kapitel bewertet. Der Wert kann über eine Zielwertsuche in Excel erfolgen. In jedem Fall kann die Rechenarbeit Computern überlassen werden.

Da sich bereits bei Abweichungen des nicht exakt bestimmbaren zukünftigen Wachstums von einem halben Prozent wesentlich größere Wertschwankungen ergeben und auch die gewählte Wachstumsregression deutlich heftigere Auswirkungen auf das Ergebnis hat, stellen die winzigen Abweichungen bei der Formel zur Ermittlung des Gewinnvielfachen und beim mehrmaligen Einsetzen des Ergebnis in die Ursprungsformel kein Problem dar. Es kommt bei der Unternehmensbewertung nicht auf einzelne Prozentpunkte an, sondern darauf, einen ungefähren Wert zu erhalten, mit dem dann möglichst zuverlässig gearbeitet werden kann. Die konservative Herangehensweise sorgt dafür, dass der Wert eher etwas zu niedrig als zu hoch bestimmt wird, und die Sicherheitsmarge stellt sicher, dass Aktien auch dann unter ihrem Wert gekauft werden, wenn der Wert mal etwas zu hoch angesetzt wurde.

5.4 Die Discounted-Cash-Flow-Methode

Die weiter oben ermittelte Zahl 16 als langfristiger Durchschnitt für das Gewinnvielfache auf das Gewinnniveau ergäbe nur eine Rendite von 1 / 16 * 100 % = 6,25 % anstatt der geforderten 8,5 %, falls die Gewinne komplett ausgeschüttet und dafür nicht mehr gesteigert werden würden. Dies hängt damit zusammen, dass die durchschnittliche Eigenkapitalrendite des Marktes über 8,5 % lag, dafür aber der Markt im langfristigen Durchschnitt über seinem Buchwert bewertet wurde.

Ein Unternehmen, das seine Gewinne nicht mehr steigert, sie dafür aber komplett ausschüttet, dürfte bei einer Dividendenrendite von 8,5 % ein Gewinnvielfaches von 16 haben. Dafür müsste es aber mehr als seine gesamten Gewinne ausschütten, was dauerhaft nicht möglich ist. Erst bei einem Gewinnvielfachen von ca. 11,75 könnte das Unternehmen durch Ausschüttung sämtlicher Gewinne eine Dividendenrendite von 8,5 % bieten. In diesem Fall würde das Unternehmen als günstig erscheinen, obwohl es langfristig nicht mehr als die Durchschnittsrendite einbringt. Letztendlich sollte jedes Investment langfristig eine Rendite einbringen können, die dem langfristigen Durchschnitt des Gesamtmarktes entspricht, wenn es fair bewertet ist. Bei überdurchschnittlichem Wachstum ist die Begrenzung des angenommenen Wachstums auf einen gewissen Zeitraum, im obigen Fall auf 15 Jahre, eine konservative und notwendige Herangehensweise. Bei unterdurchschnittlichen intrinsischen Renditen wäre jedoch das Gegenteil der Fall und die Methode mit den Gewinnvielfachen würde zu optimistische Werte abliefern. Deshalb wird hier davon ausgegangen, dass unterdurchschnittliche Renditen ewig erhalten bleiben und eine Aktie nur dann fair bewertet ist, wenn ihre intrinsische Rendite wenigstens 8,5 % beträgt. Solange das Unternehmen seine Gewinne und seine Dividenden nicht mehr steigert, aber konstant hält, hat die Aktie eine intrinsische Rendite von 8,5 %, wenn die bewertungsabhängige Dividendenrendite 8,5 % beträgt, und dort liegt auch der faire Wert der Aktie. Sollte das Unternehmen seine Gewinne und vor allem seine Dividenden noch langsam steigern können, kann von der verlangten Dividendenrendite die Steigerungsrate abgezogen werden. Ein Dividendentitel, der seine Gewinne und vor allem seine Dividende also noch um 2 % jährlich steigert, ist dann fair bewertet, wenn er eine Dividendenrendite von 6,5 % einbringt. Die Formel hierfür lautet $x = D / (8{,}5\,\% - W)$, wobei D für die Dividende, W für das Dividendenwachstum und x für den Wert steht. Die Formel $x = D / (8{,}5\,\% - W)$ entspricht der Bewertung einer ewigen steigenden/fallenden Rente nach der DCF-Methode bei einem Abzinsungssatz von 8,5 %. Würde man bspw. aufgrund hoher Inflationserwartungen eine andere geforderte intrinsische Rendite als 8,5 % festlegen, so müssten auch dieser Abzinsungssatz und diese Formel entsprechend angepasst werden.

Der Abzinsungssatz hängt in der hier vorgestellten Unternehmensbewertung nicht vom Risiko des Investments ab. Dafür wird jedoch vom ermittelten Unternehmenswert später noch eine risikoabhängige Sicherheitsmarge abgezogen.[170] Vor diesem Abzug sollen alle Unternehmen zu gleichen Bedingungen bewertet werden, zumal der angebliche Zusammenhang zwischen Risiko und Rendite bereits kritisiert wurde.[171] Dabei erscheint die langfristige Durchschnittsrendite des Gesamtmarktes als ein geeigneter Abzinsungssatz, wobei auch hier argumentiert werden könnte, dass Value-Investoren eigentlich eine Rendite erhalten möchten, die über der des Gesamtmarktes liegt. Aber auch hierfür sorgt die Sicherheitsmarge, nach der Aktien nur unter ihrem Wert gekauft werden dürfen.[172] Da ein Value-Investor kurz- und mittelfristig nicht an die Effizienz des Marktes glaubt, sollte er auch eine Bewertungsmethode verwenden, bei der kein Parameter von aktuellen oder mittelfristigen Marktbewertungen abhängt. Die hier bestimmten 8,5 % ergeben sich jedoch aus einem extrem langfristigen Zeitraum, und langfristig halten auch Value-Investoren den Markt für effizient.[173]

Es werden, so wie es John Burr Williams schon 1938 vorgeschlagen hat, nur die Dividenden als frei verfügbare Mittel betrachtet und nicht die Gewinne oder freien Cashflows, die das Unternehmen generieren kann.[174] Die Dividenden entsprechen dem Geld, das wirklich für den Aktionär zur freien Verfügung steht und seine Rendite bestimmt. Die Gelder, die im Unternehmen gelassen werden, werden zunächst vom Management verwaltet und haben erst einen Wert für den Aktionär, wenn damit Wert in Form von höheren zukünftigen Erträgen und Ausschüttungen geschaffen wird oder sie zu einem späteren Zeitpunkt doch

---

[170] Siehe Ausführungen in Kapitel 5.8.
[171] Siehe Ausführungen in Kapitel 2.2.2.
[172] Siehe Ausführungen in Kapitel 5.8.
[173] Vgl. Löwe, J., 2010, S. 139; vgl. Hagstrom, R., 2000, S. 81.
[174] Vgl. Williams, J., 2012, S. 57.

noch ausgeschüttet werden. Falls dies gelingt, wird es durch das höhere Wachstum in der Formel x = D / (8,5 % - W) honoriert.

Genau wie bei der Methode mit den Gewinnvielfachen wird auch bei der DCF-Methode zunächst davon ausgegangen, dass die Dividenden langfristig mit demselben Tempo gesteigert werden wie die Gewinne. Falls die Gewinne nur noch langsam gesteigert werden können, die Ausschüttungsquote jedoch noch sehr gering ausfällt und gesteigert wird, so dass das Wachstum der Dividendenausschüttungen für einen langen Zeitraum über dem der Gewinne liegen wird, sollte ein anderes Wachstum bei der DCF-Methode als bei der Methode mit den Gewinnvielfachen verwendet werden. Natürlich muss bei der Bestimmung dieses anderen Wachstums für die DCF-Methode berücksichtigt werden, dass eine Erhöhung der Ausschüttungsquote nicht beliebig lange fortgeführt werden kann. Es gäbe hierfür die Möglichkeit ein zweistufiges DCF-Modell zu verwenden, bei dem zunächst ein Wachstum bestimmt wird, welches nur für einen begrenzten Zeitraum gilt und ein anderes Wachstum für die darauf folgende ewige Rente.[175] Das Wachstum in dem begrenzten Zeitraum darf sogar über dem Abzinsungssatz liegen, während das der ewigen Rente immer darunter liegen muss um keinen unendlichen Wert zu erhalten. Nimmt man bei einem Dividendenniveau von 2 Euro für 5 Jahre ein Dividendenwachstum von 8 % an und geht bei der darauf folgenden ewigen Rente von einem Wachstum von 4 % aus, so ergibt sich mit entsprechender Formel folgender Wert:

$$\frac{2*1,08^1}{1,085^1} + \frac{2*1,08^2}{1,085^2} + \frac{2*1,08^3}{1,085^3} + \frac{2*1,08^4}{1,085^4} + \frac{2*1,08^5}{1,085^5} + \frac{2*1,08^5}{(8,5\%-4\%)*1,085^5} = 52,29$$

Im Zähler sind die dem Wachstum entsprechenden Dividenden der folgenden fünf Jahre aufgeführt, welche dann im Nenner ihrem Eintreffen entsprechend abgezinst werden. Die folgende ewige Rente wird auf Basis der in 5 Jahren erwarteten Dividende ermittelt, sie muss jedoch auch abgezinst werden, um ihren Gegenwartswert zu bestimmen und um den aktuellen Wert der zukünftigen Zahlungsströme zu erhalten.

---

[175] Vgl. Otte, Max / Castner, J., 2010, S. 240 – 242.

Vor allem wenn der begrenzte Zeitraum vor der ewigen Rente recht lang ausfällt, kann diese Formel auch entsprechend lang werden. Mit folgender vereinfachter Formel ergibt sich nahezu derselbe Gegenwartswert, solange in dem begrenzten Zeitraum und für die ewige Rente jeweils ein gleichmäßiges Wachstum angenommen wird:

$$x = \frac{D*(1+W_1)^{\frac{n+1}{2}}}{1{,}085^{\frac{n+1}{2}}} * n + \frac{D*(1+W_1)^n}{(8{,}5\% - W_2)*1{,}085^n}$$

x = Unternehmenswert
D = Dividendenniveau
W_1 = Wachstum für den begrenzten Zeitraum
W_2 = Wachstum für die ewige Rente
n = Dauer des begrenzten Zeitraums in Jahren

Bei dieser Variante werden nicht die Gegenwartswerte aller Perioden des begrenzten Zeitraums einzeln ermittelt. Es wird einfach die mittlere Periode des begrenzten Zeitraums herausgenommen und mit der Anzahl der Perioden multipliziert. Im obigen Zahlenbeispiel ergäbe sich ebenfalls ein Wert von 52,29 Euro, auch wenn es bei anderen Zeiträumen und Wachstumsraten zu winzigen Abweichungen kommen kann. Das Ergebnis dieses zweistufigen Modells hängt jedoch ohnehin schon von etlichen Variablen ab, die nur Annahmen darstellen und nicht exakt bestimmt werden können. Auf die winzige Abweichung mit der vereinfachten Formel kommt es dabei nicht mehr an.

Ein Vorteil der DCF-Methode auf Basis der Dividenden ist, dass die Dividenden einen vom Markt unabhängigen Ertrag darstellen, während Wertsteigerungen durch ein höheres Gewinnniveau erst dann realisiert werden können, wenn sie auch vom Markt erkannt wurden und sich die Kurse entsprechend entwickelt haben.

Sobald sich das Wachstum der ewigen Rente jedoch dem Abzinsungssatz nähert, geht der Wert gegen unendlich, und wenn das Wachstum der ewigen Rente den Abzinsungssatz überschreitet, wäre diese nach der angegeben Formel negativ. Wenn bei einem Wachstum über dem

Abzinsungssatz die einzelnen Zahlungsströme bis in die Ewigkeit addiert werden, wäre das Ergebnis unendlich, da die zukünftigen Zahlungsströme in die Gegenwart kontiert immer größer werden würden. Beides ist realitätsfremd. Deshalb ist die DCF-Methode im hier vorgestellten Bewertungsansatz vorrangig für Unternehmen mit geringem Wachstum gedacht. Geringe Wachstumsraten können wesentlich leichter gehalten werden und deshalb stellt es gewöhnlich kein Problem dar, dass mit der Formel x = D / (8,5 % - W) keine Abschwächung des Wachstums angenommen wird. Da die Methode mit den Gewinnvielfachen jedoch gerade bei geringem Wachstum und hoher Ausschüttungsquote eine Schwachstelle hat, ergänzen sich die beiden Bewertungsmethoden hervorragend.

5.5 Die Kombination der Bewertungsmethoden

Solange ein Wachstum von 3 % oder weniger erwartet wird, soll die DCF-Methode verwendet werden. Bei Wachstumsraten über 3 % wird das niedrigere Ergebnis von beiden Methoden genommen, um konservative, aber nicht unrealistische Werte zu erhalten. Die DCF-Methode sorgt dafür, dass nur Aktien mit einer intrinsischen Rendite von mindestens 8,5 % gekauft werden und bei Aktien mit höherem Wachstum sorgt die Methode mit den Gewinnvielfachen dafür, dass dieses nicht beliebig in die Zukunft fortgeführt wird und keine zu hohen Werte angenommen werden. Aktien mit einer intrinsischen Rendite von unter 8,5 % stellen keine guten Investments dar und sollten gänzlich gemieden werden. Die intrinsische Rendite von mindestens 8,5 % sorgt dafür, dass unabhängig von der Bewertung des Marktes langfristig wenigstens eine durchschnittliche Rendite erzielt wird. Auf ein höheres Bewertungsniveau durch den Markt angewiesen zu sei, um die gewünschte Rendite zu erzielen, wäre spekulativ.

Bei Ausschüttungsquoten über 70 % in Kombination mit Wachstumsraten über 3 % kann es vorkommen, dass der Wert, der mit der Methode mit den Gewinnvielfachen ermittelt wird, unter dem Wert liegt, der sich mit der einfachen DCF-Methode und 3 % Wachstum ergibt. Als einfache DCF-Methode wird hier die DCF-Methode bezeichnet, bei der nur eine ewige Rente angenommen wird. Dies liegt daran, dass die Methode mit den Gewinnvielfachen vorwiegend für Unternehmen mit geringen Ausschüttungsquoten geeignet ist, bei denen die intrinsische Rendite vorwiegend vom Wachstum und nicht von der Dividendenrendite herrührt. Es darf natürlich nicht sein, dass ein Unternehmen für höheres Wachstum bestraft wird, weshalb in einem solchen Fall mindestens der Wert genommen werden soll, der sich bei der einfachen DCF-Methode mit einem Wachstum von 3 % ergibt. Um hier einen fließenden Übergang zu gestalten, könnte das eventuell höhere Wachstum in einem zweistufigen DCF-Modell noch für ein paar Jahre fortgeführt werden und anschließend ein Wachstum für die ewige Rente von 3 % angenommen werden. Der Zeitraum sollte jedoch, wenn überhaupt, nur recht kurz gewählt werden (3 – 5 Jahre), da hohe Ausschüttungsquoten in Kombination mit solidem Wachstum recht außergewöhnlich sind. Normalerweise schütten schnell wachsende Unternehmen nur einen kleinen oder gar keinen Teil ihrer Gewinne aus und Unternehmen mit hohen Ausschüttungsquoten können gewöhnlich kaum noch wachsen. Deshalb stellen Aktien, für die dieser Sonderfall gilt, ohnehin eine Ausnahme dar.

Bei Wachstumsraten über 8,5 % wird automatisch auf die Methode mit den Gewinnvielfachen zurückgegriffen. Die intrinsische Rendite von mindestens 8,5 % ist bei solchen Aktien ohnehin sichergestellt und die Methode mit den Gewinnvielfachen sorgt dafür, dass das überdurchschnittliche Wachstum ausreichend honoriert wird, aber nicht zu unendlichen Werten führt.

Bei Unternehmen, die keine Dividende zahlen, kann die DCF-Methode auf Basis der Dividende generell nicht angewendet werden, da sich immer ein Wert von Null ergeben würde. Deshalb muss bei solchen Unternehmen automatisch auf die Methode mit den Gewinnvielfachen zurückgegriffen werden. Solche Unternehmen müssen bei dem hier vorgestellten Bewertungsansatz mindestens ein EPS-Wachstum von 10 %

vorweisen, um als Investment in Frage zu kommen. Ein Mindestwachstum von 8,5 % ergibt sich schon deshalb, weil auf eine intrinsische Rendite von 8,5 % bestanden wird und ohne Dividendenausschüttung entspricht die intrinsische Rendite unabhängig vom Kurs genau dem EPS-Wachstum. Aber selbst bei Unternehmen, die keine Dividende ausschütten und gerade so die 8,5 % EPS-Wachstum erreichen, ist Vorsicht geboten. Ein Unternehmen, das seine kompletten Gewinne ausschüttet, aber nicht mehr steigert, würde nach der DCF-Methode mit dem 11,75-Fachen seiner Gewinne bewertet werden, während ein Unternehmen, das keine Dividenden zahlt und dafür seine Gewinne um 8,5 % jährlich steigert, nicht nach der DCF-Methode bewertet werden könnte und nach der Methode mit dem Gewinnvielfachen mit dem 16-Fachen seiner Gewinne bewertet werden würde. Erst bei Unternehmen, die ihre Gewinne aus eigenen Mitteln überdurchschnittlich steigern können, ist die höhere Bewertung zulässig. Wenn ein Unternehmen mit seinen einbehaltenen Mitteln überdurchschnittliche Rendite für seine Aktionäre erwirtschaften kann, ist es erfreulich für die Aktionäre, wenn möglichst viel Geld vom Unternehmen einbehalten wird. Die höhere, vom Bewertungsniveau unabhängige Wachstumsrate sorgt trotz des höheren Gewinnvielfachen dafür, dass langfristig wenigstens eine Rendite von 8,5 % für den Aktionär erzielt wird, was aufgrund der historischen Renditen von einem fair bewerteten Unternehmen erwartet wird. Sobald ein Unternehmen jedoch nur noch eine Rendite von ungefähr 8,5 % oder gar weniger mit seinem einbehaltenen Gewinn erzielen kann, ist es außerordentlich negativ zu beurteilen, wenn es trotzdem keine Dividenden ausschüttet. Daher sollte ein Unternehmen, das seine Gewinne komplett ausschüttet, keinesfalls niedriger bewertet werden als eines mit demselben Gewinnniveau, keiner Dividende und einer Gewinnsteigerung von 8,5 %. Aus diesem Grund soll in Unternehmen, die keine Dividende ausschütten, nur dann investiert werden, wenn diese mindestens 10 % auf ihr einbehaltenes Kapital erzielen. Da Unternehmen, die keine Dividende zahlen, automatisch alle Gewinne einbehalten, bedeutet das, dass sie dafür ihre Gewinne pro Aktie um mindestens 10 % jährlich steigern müssen. Erst dann haben sie wirklich einen Grund, ihre Gewinne nicht auszuschütten, und das überdurchschnittliche Wachstum darf voll honoriert werden. Diese 10 % entsprechen in etwa der EPS-Steigerung, die der Gesamtmarkt im historischen Durchschnitt mit einbehaltenen Gewinnen erzeugt hat. Die durchschnittliche Ausschüttungsquote zwischen 1881 und 2014 betrug 61 %. Das heißt, die Unternehmen haben 39 % ihrer Gewinne einbehalten und damit die historische nominale Gewinnsteigerung von 4 % pro Jahr erreicht. Zwischen 1960 und 2014 war die jährliche nominale Gewinnsteigerung aufgrund der Inflation zwar höher, dafür lag die durchschnittliche Ausschüttungsquote auch nur noch bei 51 %.[176] Wenn die geforderte intrinsische Rendite deutlich angepasst werden würde, wäre es auch empfehlenswert das hier beschriebene Mindestwachstum von 10 % für Unternehmen, die keine Dividende ausschütten, anzupassen.

Zusätzlich sollte bei der Bestimmung des langfristigen Wachstums von Unternehmen, die noch keine Dividende ausschütten, besonders konservativ vorgegangen und überprüft werden, ob dieses Wachstum wirklich noch längerfristig und nicht nur für wenige Jahre gehalten werden kann. Hierfür kommt es vor allem darauf an, wie schnell und lange die Märkte noch wachsen können, in denen das Unternehmen agiert, und ob es gut genug aufgestellt ist, um sich in diesen Märkten gegen die Konkurrenz durchzusetzen, und somit einen ordentlichen Anteil von dem entstehenden Potential durch die wachsenden Märkte für sich beanspruchen kann. Während Unternehmen, die Dividenden zahlen, nur einen Teil ihrer Gewinne sinnvoll reinvestieren müssen, muss ein Unternehmen, das keine Gewinne ausschüttet, diese komplett reinvestieren. Ein Stück weit steigen die Gewinne pro Aktie schließlich bereits durch die Inflation, wenn das Unternehmen mit seinen Investitionen nur das Geschäft im selben Umfang am Laufen hält, und bei manchen dividendenstarken Unternehmen reicht dies bereits aus. Ein Unternehmen, das keine Dividende zahlt, muss jedoch auch deutlich inflationsbereinigt wachsen und ordentlich expandieren. Dies ist nicht ewig möglich. Deshalb ist es schwieriger, eine überdurchschnittliche intrinsische Rendite aufrecht zu erhalten, die nur vom EPS-Wachstum herrührt, als eine, die

---

[176] Eigene Berechnung; Datenquelle: Shiller, R., 2015.

sich aus einer Dividende und EPS-Wachstum zusammensetzt. Das Unternehmen kann zwar damit beginnen, eine Dividende auszuschütten, wenn das Marktpotential weitestgehend ausgeschöpft ist, dies wird aber nicht dieselbe intrinsische Rendite erzeugen, wie das reinvestierte Kapital. Hat ein Unternehmen, das keine Dividenden zahlt, beispielsweise ein EPS-Wachstum von 12 % und ist entsprechend mit einem Gewinnvielfachen von 20,6 bewertet, wird jeder Euro, den es nicht mehr zu 12 % reinvestieren kann, für den Aktionär nur noch zu einer Rendite von 1 / 20,6 = 4,85 % führen. Dem Problem wird bereits mit dem abnehmenden überdurchschnittlichen Wachstum, das auch nur für 15 Jahre bei der Bewertung berücksichtigt wird, begegnet. Es empfiehlt sich jedoch bei reinen Wachstumsunternehmen, die keine Dividende zahlen und damit besonders von einem stetig wachsenden Markt abhängig sind, tendenziell von einer schneller schrumpfenden intrinsischen Rendite auszugehen als bei Unternehmen, deren intrinsische Rendite sich aus EPS-Wachstum und Dividendenrendite zusammensetzt. Hierfür wurden in Kapitel 5.3 die Formeln für unterschiedliche Wachstumsregressionen vorgestellt.

Wenn sämtliche Information über die Zukunft bekannt und der Markt vollkommen effizient wäre, müssten alle Investments jederzeit dieselbe Rendite einbringen. Zum Glück ist dem nicht so, denn sonst wäre die Börse ziemlich langweilig. Dieser Bewertungsansatz basiert auf der Idee, dass ein Unternehmen dann fair bewertet ist, wenn bei dem Investment sehr langfristig die durchschnittliche Rendite des Gesamtmarktes für den Käufer herauskommt. Um sicher zu gehen, dass auch extrem langfristig nie eine unterdurchschnittliche Rendite erwirtschaftet wird, werden bei dem kombinierten Bewertungsansatz keine Investments mit einer intrinsischen Rendite von unter 8,5 % akzeptiert. Indem darauf bestanden wird, dass ein Unternehmen entweder solide Dividenden zahlt oder seine Gewinne steigert, wird automatisch der Value-Falle entgangen. Viel Vermögen für wenig Geld zu kaufen (niedriges KBV) ist noch keine Garantie für eine gute Rendite, solange man auf dieses Vermögen nicht zugreifen kann und es nicht effizient genutzt wird. Auf der anderen Seite werden überdurchschnittliche intrinsische Renditen nicht ewig in die Zukunft fortgeführt, um auch hier keinen zu hohen Wert zu erhalten. Bei den wachstumsstarken Unternehmen orientiert sich der Ansatz an dem historischen durchschnittlichen Bewertungsniveau. Das Gewinnvielfache wird so angepasst, dass es bei einer sich stetig dem Durchschnitt nähernden intrinsischen Überrendite nach 15 Jahren dem historischen Median entsprechen müsste. Damit wird Wachstum honoriert, aber nicht in übertriebenem Maße. Die jährliche Wachstumsregression kann der Zuverlässigkeit des Wachstums angepasst werden. Abbildung 24 fasst den Bewertungsansatz, bestehend aus den beiden Bewertungsmethoden für unterschiedliche Unternehmenstypen, noch einmal zusammen.

	Langfr. Wachstum bis 3 %	Langfr. Wachstum 3 - 8,5 %	Langfr. Wachstum ab 8,5 %
Keine Ausschüttung	wird gemieden	wird gemieden	Ab einem Wachstum von 10 %: Methode mit Gewinnvielfachen (tendenziell mit höherer Wachstumsregression)
geringe bis mittlere Ausschüttungsquote (≤ 70 %)	Einfache DCF-Methode (Wenn die Dividende zeitweise schneller wächst als der Gewinn, kann auch die zweistufige DCF-Methode angewendet werden.)	niedrigerer Wert aus einfacher DCF-Methode und Methode mit Gewinnvielfachen	Methode mit Gewinnvielfachen
hohe Ausschüttungsquote (> 70 %)	Einfache DCF-Methode	niedrigerer Wert aus einfacher DCF-Methode und Methode mit Gewinnvielfachen, jedoch mind. Wert aus einfacher DCF-Methode mit 3 % Wachstum oder zweistufiger DCF-Methode	Methode mit Gewinnvielfachen (Bei Unternehmen mit einer Ausschüttungsquote über 70 % sollte kein langfr. Wachstum von 8,5 % oder mehr angenommen werden.)

Abbildung 24: Bewertungsmethoden für unterschiedliche Unternehmenstypen[177]

Auch bei abweichenden Bewertungsmethoden auf Basis detaillierterer Information sollte immer der Grundgedanke im Auge behalten werden, dass ein fair bewertetes Investment langfristig die durchschnittliche Rendite des Gesamtmarktes einbringen sollte, für die 8,5 % ermittelt

---

[177] Eigene Darstellung.

wurden. Falls zu irgend einem Zeitpunkt Anleihen von zuverlässigen Schuldnern eine höhere Rendite als 8,5 % einbringen sollten, werden die 8,5 % durch deren Rendite ersetzt, da diese Anleihen ansonsten eine attraktivere Alternative als Aktien bieten würde, die nach dem hier vorgestellten Ansatz fair bewertet sind. Die Unternehmen werden bei dem hier vorgestellten Ansatz konservativ, aber realistisch und vergleichbar bewertet und dazu werden nur 3 Variablen benötigt. Die Wertermittlung nach der Bestimmung dieser 3 Variablen kann automatisiert und einem Tabellenkalkulationsprogramm überlassen werden.

Falls ein Unternehmen hohe ungenutzte Ressourcen, meistens hohe Cashbestände, in der Bilanz hat, die sich nicht auf das bereits ermittelte Gewinnniveau ausgewirkt haben und die in absehbarer Zeit entweder ausgeschüttet oder gewinnbringend investiert werden sollen, sollten diese noch auf den Wert pro Aktien heruntergerechnet und hinzuaddiert werden. Dies kann beispielsweise bei jungen Unternehmen der Fall sein, die noch nicht alle Mittel aus einer Kapitalerhöhung investiert haben, bei denen die Kapitalerhöhung jedoch schon bei der Ermittlung des Gewinnniveaus pro Aktie berücksichtigt wurde und die auch eine sinnvolle Verwendung für diese Mittel haben. Bei Unternehmen, die jahrelang hohe Cashbestände horten, ohne dass klar ist, wofür diese jemals genutzt werden sollen, empfiehlt es sich, diese Cashbestände zumindest nicht komplett zum Wert hinzuzufügen. Abgesehen davon dürfen nur die Bestände berücksichtigt werden, die nicht für das laufende Geschäft benötigt werden und die über dem Durchschnitt des Gesamtmarktes liegen. Der Bewertungsansatz und das erhaltene Gewinnvielfache basieren schließlich schon auf dem langfristigen Durchschnitt des Gesamtmarktes und deshalb dürfen auch nur die Reservemittel zusätzlich honoriert werden, die überdurchschnittliche hoch sind.

5.6 Bestimmung des Wachstums

Bei der Bestimmung des Wachstums geht es um die zukünftige Wachstumsrate, mit der ein Unternehmen seine Gewinne pro Aktie steigern kann. Wenn das Unternehmen nur durch neu aufgenommenes Eigenkapital wächst, bringt dies keinen Mehrwert für die Aktionäre. Dieses zukünftige Wachstum muss nicht zwangsläufig dem Wachstum der Vergangenheit entsprechen. Trotzdem sollten zunächst einmal die vergangenen Wachstumsraten ermittelt werden, und zwar sowohl vom Gewinn als auch vom Umsatz pro Aktie. Hierzu empfiehlt es sich, auch die Entwicklung unterschiedlicher Perioden zu vergleichen, um zu schauen, ob sich das Wachstum abschwächt, noch konstant bleibt oder gar steigt. Außerdem sollten bei der Bestimmung des vergangenen Wachstums Durchschnittswerte mehrerer Jahre herangezogen werden, zumindest, wenn es um die Beurteilung der historischen Gewinnentwicklung geht, sollte ein Mittelwert aus 3 Jahren gebildet werden. Das historische Wachstum kann allerdings nur mit den Ergebnissen der letzten 7 - 10 Jahresabschlüsse brauchbar mit Durchschnittswerten mehrerer Jahre ermittelt werden. Bei 5 Jahren stehen nicht ausreichend Zahlen zur Verfügung. Zumindest bei den Umsätzen kann das historische Wachstum auch brauchbar ohne Durchschnittswerte ermittelt werden. Bei der Beurteilung des langfristigen Wachstumspotentials sollte der historischen Umsatzentwicklung ohnehin etwas mehr Gewicht zugesprochen werden als der historischen Gewinnentwicklung, nicht nur, weil man beim Umsatz aufgrund der höheren Konstanz vor allem bei Unternehmen mit schwankenden Gewinnen brauchbarere Werte erhält. Ohne die Umsätze zu steigern, kann ein Unternehmen irgendwann auch nicht mehr die Gewinne steigern, da sich die Umsatzmarge nicht beliebig durch Kosteneffizienz verbessern lässt. Es ist zwar ein gutes Zeichen, wenn ein Unternehmen stetig an der Verbesserung seiner Margen arbeitet, und es spricht auch für das Management, aber langfristig betrachtet ist eine Gewinnsteigerung nur in Verbindung mit Umsatzsteigerungen möglich. Andererseits ist bei einem Unternehmen, das die Umsätze zügig auf Kosten der Margen steigert und bei dem daher die Gewinne nicht mit gesteigert werden, auch Vorsicht geboten.

Zur kurz- und mittelfristigen Entwicklung kann man sich eventuell noch selbst ein konkreteres Bild über zu erwartende Gewinne und Umsätze machen oder zumindest auf eigene Prognosen des Unternehmens und Analystenschätzungen zurückgreifen. Bei der Ermittlung der kurz- und mittelfristig zu erwartenden Wachstumsraten aus den Analystenschätzungen sollte man vor allem bei zyklischen Unternehmen ein wenig abrunden. In Kapitel 5.2 wurde bereits erwähnt, dass hier die Analystenschätzungen tendenziell zu optimistisch sind. Ein Value-Investor sollte bei der Bestimmung des Wachstums zyklischer Unternehmen einkalkulieren, dass es weiterhin Rezessionen geben wird, und langfristig denken, also vergangene und zukünftige Rezessionen berücksichtigen, selbst wenn die nächste Rezession noch mehrere Jahre in der Zukunft liegen kann. Wenn man sich allerdings gerade mitten in einer Rezession befindet, sind die kurzfristig zu erwartenden Wachstumsraten eher niedriger als die langfristigen.

Entscheidend ist natürlich am Ende das zukünftige langfristige Wachstum des aktuellen Gewinnniveaus. Aus den vergangenen und kurz- bis mittelfristig zu erwartenden Wachstumsraten können noch konkrete Zahlen abgeleitet werden, wobei natürlich die Zahlen, die aus den vergangenen Daten hergeleitet werden können, wesentlich zuverlässiger sind, dafür sind sie leider weniger relevant. Die Relevanz der historischen und kurz- bis mittelfristigen Wachstumsraten für das langfristige Wachstum muss dann im Wesentlichen aus softeren Kriterien hergeleitet bzw. geschätzt werden. Hier stellt sich die Frage, ob diese Wachstumsraten überhaupt noch längerfristig Bestand haben und falls ja, wie lange.

Zur Beurteilung des langfristigen Wachstumspotentials eines Unternehmens sind die Märkte, in denen ein Unternehmen agiert, und deren Wachstumspotential ein wichtiges Kriterium. Zur Bestimmung des Wachstumspotentials der Märkte, in denen ein Unternehmen agiert, sollte beachtet werden, wie weit diese bereits gesättigt sind. Haben bereits alle, die daran interessiert sind, das Produkt bzw. die Produkte oder gibt es noch viele, die es gerne hätten, aber noch ein wenig abwarten wollen oder es sich noch nicht leisten können? Am besten ist es, wenn das Unternehmen sofort mehr zu denselben Bedingungen absetzen könnte, sobald es mehr produziert. In einem schnell wachsenden Markt ist es besonders entscheidend, dass das Unternehmen Wettbewerbsvorteile hat und kein freier Markteintritt vorherrscht. Falls es keine Wettbewerbsvorteile vorweisen kann und neue Unternehmen zu gleichen Bedingungen in den Markt eindringen können, wird bald mehr Konkurrenz aufkommen und das Unternehmen kann das Marktpotential nicht oder nur zum Teil für sich nutzen. Um beurteilen zu können, wie gut ein Unternehmen im Verhältnis zur bereits vorhandenen Konkurrenz ist, empfiehlt sich ein Blick auf seine Margen im Verhältnis zu denen seiner Konkurrenz und auf die Entwicklung seines Marktanteils. Ein hoher Gesamtkapitalumschlag im Verhältnis zu Konkurrenten spricht für effiziente interne Abläufe. Auch ein Blick auf die für seine Branche wichtigen Bereiche gibt Aufschluss über die Fähigkeiten des Unternehmens gegenüber seinen Konkurrenten.[178] Bei einem Einzelhändler sind beispielsweise die Einkaufskosten besonders relevant und bei einem Pharmaunternehmen ist es entscheidend, wie effizient die Forschungs- & Entwicklungsabteilung arbeitet. Ein besonders gutes Unternehmen hat es gewöhnlich nicht nur in den Absatzmärkten, in denen es vertreten ist, leichter, seinen Marktanteil auszubauen, es kann auch besser in neue Absatzmärkte eindringen.

Zur Einschätzung des zukünftigen Wachstums sollte auch ein Blick auf die Entwicklung des Kapitals und der Kapitalrenditen des Unternehmens geworfen werden. Hierbei ist relevant, ob die Renditen auf das gesamte eingesetzte Kapital und auf das Eigenkapital gehalten oder gar gesteigert werden können oder ob sie rückläufig sind. Ein Unternehmen kann aus eigenen Mitteln nicht schneller wachsen als um seine Eigenkapitalrendite, ohne diese zu steigern. Tendenziell ist es schwierig, hohe Eigenkapitalrenditen bei steigendem Eigenkapital zu halten, da hervorragende Unternehmen mit hohen Eigenkapitalrenditen meist nicht viel neues Eigenkapital benötigen, welches genauso effizient wie das alte einge-

---

[178] Vgl. Fisher, P., 2003, S. 71 – 73.

setzt werden kann. Außerdem locken hervorragende Eigenkapitalrenditen Konkurrenten an, weshalb das Unternehmen einen guten Burggraben braucht, um die Rendite halten zu können. Nur wenn ein Unternehmen mit hervorragenden Eigenkapitalrenditen auch mit neuem Eigenkapital gute Renditen erzielen kann, kann es seine hervorragenden Eigenkapitalrenditen für schnelle Wachstumsraten nutzen. Deshalb ist für das zukünftige Wachstum vor allem relevant, welche Rendite mit neuem, aus den Gewinnen einbehaltenem Eigenkapital erzielt werden kann. Allerdings ist es nicht unbedingt positiv zu bewerten, wenn die Eigenkapitalrendite durch einen höheren Leverage-Effekt bzw. eine geringere EK-Quote gesteigert wird. Vor allem, wenn ein Unternehmen durch intensive Aktienrückkäufe seine Gewinne pro Aktie zügig steigert, aber gleichzeitig das Eigenkapital stagniert oder gar rückläufig ist, da es für diese Rückkäufe verwendet wird, muss klar sein, dass das daraus resultierende Wachstum des Gewinnniveaus pro Aktie nicht langfristiger Natur sein kann.

Aus den hier aufgeführten Angaben kann man erkennen, dass es schwierig ist, das zukünftige Wachstum zu bestimmen. Bei der Ermittlung des aktuellen Gewinnniveaus kann noch viel mit aktuellen und vergangenen Zahlen gearbeitet werden, zumindest, solange nichts auf Veränderungen in unmittelbarer Zukunft hindeutet. Wenn es aber darum geht, die zukünftige Entwicklung eines Unternehmens möglichst langfristig vorherzusagen, spielen auch Faktoren, die nicht so einfach quantitativ erfassbar sind eine Rolle und die Faktoren, die quantitativ erfasst werden können, können nur geschätzt werden, da es eben auf die zukünftigen Werte ankommt. Außerdem spielen viele Faktoren eine Rolle, denen je nach Unternehmen und Situation unterschiedlich viel Beachtung geschenkt werden sollte. Zur Bestimmung des Wachstums gibt es keine einfache, allgemeingültige Formel und es lässt sich auch nicht exakt bestimmen. Die Vergangenheit bietet eine Orientierungsmöglichkeit und anhand der weiteren erwähnten Kriterien kann abschätzt werden, ob das Wachstum in Zukunft eher zu- oder abnehmen wird. Des Weiteren bietet die Qualität eines Unternehmens einen Orientierungspunkt. Wenn bei der Bestimmung des Wachstums eines

Unternehmens ein Wert herauskommt, der deutlich über dem Durchschnitt liegt, sollte nach den einzigartigen Wettbewerbsvorteilen des Unternehmens gesucht werden. Es stellt sich dann nämlich die Frage, ob dieses Unternehmen wirklich deutlich besser ist als ein durchschnittliches Unternehmen und ob dieser Zustand erhalten werden kann. Falls keine bedeutenden einzigartigen Wettbewerbsvorteile gefunden werden und das Unternehmen nicht besser als seine Konkurrenz ist, sollte kein Wachstum angenommen werden, das deutlich über dem Durchschnitt liegt.

Im Folgenden wird eine Art Checkliste vorgestellt, die zumindest einen Anhaltspunkt über das Langfristpotential und die Zuverlässigkeit des ermittelten Wachstums geben kann:

Historische Wachstumskonstanz – War das vergangene Umsatz- und Gewinnwachstum gleichmäßig und konstant? Nehmen die Wachstumsraten in der jüngeren Vergangenheit kaum ab oder sind sie sogar noch gestiegen?

Historie vs. Prognose – Stimmen die Wachstumsraten aus der jüngeren Vergangenheit mit denen, die für die nächsten Jahre von Analysten oder dem Unternehmen selbst erwartet werden, ungefähr oder sogar exakt überein?

Entwicklung Eigenkapital und Eigenkapitalquote – Wurde das Eigenkapital in der Vergangenheit genauso schnell gesteigert wie Gewinn und Umsatz oder gar noch schneller? Ist die Eigenkapitalquote konstant geblieben oder sogar größer geworden?

Dividendenentwicklung – Zahlt das Unternehmen eine Dividende und steigert es diese Dividende schon langfristig jedes Jahr? Ist es ein sogenannter Dividenden-Aristokrat oder Dividenden-Champion, also ein Unternehmen, das seine Dividenden seit mindestens 25 Jahren jedes Jahr steigert?

Makrotrend – Agiert das Unternehmen in einem Markt, der überdurchschnittlich wächst und von dem dieses überdurchschnittliche Wachstum auch noch langfristig erwartet wird? Profitiert das Unternehmen von einem sogenannten Megatrend?

Marktstellung – Ist das Unternehmen in seinem Marktumfeld ein Marktführer oder ein Emporkömmling, der seine Marktanteile rasant steigern kann? Hat das Unternehmen Wettbewerbsvorteile, die es seiner Konkurrenz kaum ermöglichen, ihm seine Vormachtstellung streitig zu machen?

Mit Hilfe dieser Checkliste kann ein Punktesystem erstellt werden. Es könnten beispielsweise für jeden der 6 Checklistenpunkte 1 oder 2 Punkte vergeben werden, je nachdem, wie eindeutig die Fragen mit „ja" beantwortet werden können, und stattdessen ein Punkt abgezogen werden, wenn die Fragen eindeutig mit „nein" beantwortet werden müssen. Das Ergebnis dieser Prüfung kann dann bei der Wertermittlung berücksichtigt werden, indem die zu verwendende Wachstumsregression davon abhängig gemacht wird. Außerdem können die Ergebnisse bei „Makrotrend" und „Marktstellung" auch zur Kontrolle für die Höhe des Wachstum verwendet werden. Langfristige zweistellige Wachstumsraten sind nur realistisch, wenn dort Punkte erzielt wurden, und bei Wachstumsraten ab 15 % sollten sowohl Fragen zum Makrotrend als auch zur Marktstellung mit „ja" beantwortet werden können.

Im Kapitel 5.9 wird diese Möglichkeit an einem Beispiel veranschaulicht. Dabei wird zunächst von einer Wachstumsregression von 10 % ausgegangen. Für 4 Pluspunkte auf der Checkliste wird die nächste niedrigere Wachstumsregression aus Abbildung 23 in Kapitel 5.3 gewählt. Für 4 Minuspunkte wird eine höhere Wachstumsregression verwendet, wobei weitere Zwischenstufen das Bewertungssystem noch etwas dynamischer machen könnten. Es gibt 2 Pluspunkte für eine besonders eindeutige Bejahung aller Fragen und einen Pluspunkt, wenn nur eine Frage bejaht werden kann oder das „ja" nicht ganz uneingeschränkt ist. Wenn ein Unternehmen bspw. ein bedeutender Player in einem Oligopol, ist gibt es einen Punkt bei der Marktstellung. Bei einem klaren „nein" bzw. wenn eigentlich das Gegenteil zu einem „ja" richtig wäre, gibt es einen Minuspunkt und ansonsten gibt es weder Plus- noch

Minuspunkte. Ein Ausnahme gibt es beim Checklistenpunkt „Dividendenentwicklung". Wenn gar keine Dividende ausgeschüttet wird, gibt es 3 Minuspunkte, da bereits erwähnt wurde, dass hohe intrinsische Renditen, die nur aus dem Wachstum resultieren, noch schwerer zu halten sind als welche, die sich aus Wachstum und Dividende zusammensetzen. Außerdem gibt es einen Extrabonus in Höhe des niedrigeren Punkteergebnisses beim „Makrotrend" und der „Marktstellung", wenn sowohl beim „Makrotrend" als auch bei der „Marktstellung" Pluspunkte erzielt werden. Das sind besonders gute Voraussetzungen für langfristige hohe Wachstumsraten und diese sollten eigentlich auch immer gegeben sein, wenn Wachstumsraten von 15 % oder mehr angenommen werden. Einer der beiden Punkte für sich ist vorteilhaft, aber erst die Synergie aus beiden bildet eine hervorragende Grundlage für langfristige hohe Wachstumsraten. Das Ergebnis der gesamten Abfrage soll im Folgenden als „Wachstumsqualität" bezeichnet werden.[179] Es wird also zunächst eine Wachstumshöhe anhand des historischen geometrischen Durchschnitts und der Wachstumserwartungen für die naheliegende Zukunft festgelegt, wobei natürlich die Zukunft relevanter ist. Dabei wird Umsatz und Gewinn pro Aktie betrachtet, wobei der Schwerpunkt beim Umsatz liegt. Sollte es bei den sich ergebenden Werten große Unterschiede geben, sollten die Schwerpunkte beachtet, aber auch zu den niedrigeren Werten tendiert werden, denn Unsicherheiten sollte immer mit einer vorsichtigeren Bewertung begegnet werden. Das Ergebnis wird, zumindest wenn es hoch ausfällt, über die Frage nach dem Wachstumspotential des Marktes, in dem ein Unternehmen agiert und der Marktstellung des Unternehmens auf die Probe gestellt und nach unten angepasst, wenn hohe Wachstumsraten auf ein durchschnittliches Unternehmen in einem durchschnittlichen Markt treffen. Danach wird anhand der Checkliste die Wachstumsqualität und die anzuwendende Wachstumsregression bestimmt. Eine besonders niedrige Wachstumsregression oder nach dem alternativen Modell besonders

---

[179] Während die Checkliste zur Risikoanalyse in Kapitel 5.8 in der 2. Ausgabe durch eine rückblickende Analyse optimiert wurde, ist die Checkliste zur Wachstumsqualität nur eine Überlegung, die nicht verifiziert wurde. Die Höhe der Punkte und deren Auswirkung auf die gewählte Wachstumsregression kann sicherlich noch optimiert werden.

lange Fortschreibungen des überdurchschnittlichen Wachstums sollten allerdings nicht auf sehr hohe Wachstumsraten treffen. Das heißt, Wachstumsraten ab 20 % müssen unabhängig von der Wachstumsqualität mindestens mit einer Wachstumsregression von 10 % reduziert werden, da solch hohe Wachstumsraten kaum sehr langfristig sein können. Für Wachstumsraten ab 15 % muss eine Wachstumsregression von mindestens 7,5 % verwendet werden. Außerdem gilt ab dieser Höhe, dass das Unternehmen eine überdurchschnittliche Marktstellung in einem überdurchschnittlichen Markt haben muss. Wachstumsregressionen von unter 5 % sollten nur für intrinsische Renditen unter 12 % angewendet werden.

Generell sollte anerkannt werden, dass das zukünftige Wachstum selbst bei nicht-zyklischen Unternehmen langfristig nicht exakt vorhergesagt werden kann. Deshalb gilt auch bei der Wachstumsbestimmung wieder der Grundsatz, im Zweifel lieber den niedrigeren Wert anzusetzen und bei zu großen Zweifeln das Unternehmen als Investment zu meiden.

5.7 Berücksichtigung der Währung

Verschiedene Unternehmen veröffentlichen ihre Zahlen in verschiedenen Währungen. Die meisten Unternehmen veröffentlichen die Zahlen in ihrer Landeswährung. Es gibt jedoch ein paar Ausnahmen, welche meistens darauf hinauslaufen, dass Unternehmen außerhalb der USA ihre Zahlen trotzdem in USD ausweisen anstatt in ihrer Landeswährung. Es ist recht offensichtlich, dass das ermittelte Gewinnniveau und das Dividendenniveau in die Währung umgerechnet werden müssen, in der man den Wert ermitteln will, und dass bei der Bestimmung der Dividendenrendite das Dividendenniveau und der Kurs in derselben Währung herangezogen werden müssen. Etwas weniger offensichtlich ist es jedoch, dass auch bei der Wachstumsbestimmung beachtet werden sollte, in welcher Währung die Zahlen dargestellt werden, die dafür herangezogen werden, und wie sich diese Währung entwickelt hat. Schließlich ist das historische Wachstum auch ein wesentlicher

Anhaltspunkt bei der Bestimmung des zu erwartenden zukünftigen Wachstums. Betrachtet man beispielsweise den Zeitraum von Ende 2008 bis Ende 2017 bei einem Unternehmen, dass seine Geschäftsberichte in Schweizer Franken veröffentlicht, so müsste beachtet werden, dass der Schweizer Franken (CHF) gegenüber dem Euro zwischen Ende 2008 und Ende 2017 im Durchschnitt um 2,7 % pro Jahr aufgewertet wurde.[180] Bei der Bestimmung des Faktors für das Gewinnniveau ist dies nicht relevant, da man das Gewinnniveau ohnehin in der Währung erhält, in der die Zahlen dafür herangezogen werden, auch wenn es anschließend natürlich zu den entsprechenden Wechselkursen in beliebige andere Währungen umgerechnet werden kann. Bei der Bestimmung des Wachstums wird jedoch ein währungsunabhängiger Prozentsatz ermittelt, und wenn bei demselben Unternehmen die Gewinne und Umsätze von Ende 2008 bis Ende 2017 einmal in Euro und einmal in CHF ausgewiesen werden, dann sieht es bei der Ausweisung in Euro zunächst so aus, als sei das Unternehmen deutlich schneller gewachsen als bei der Ausweisung der Zahlen in CHF. Schließlich sind sowohl die Gewinne als auch die Umsätze, gesamt und pro Aktie, in CHF um 2,6 % langsamer gewachsen als in Euro. Solange das vergangene Wachstum zur Orientierung für die Bestimmung von zukünftigem Wachstum herangezogen wird, muss dieser Unterschied bei der Bewertung berücksichtigt werden, ansonsten werden den Unternehmen, die ihre Geschäftszahlen in CHF veröffentlichen, ungerechtfertigt niedrigere Wachstumsraten zugesprochen als jenen, die ihre Geschäftszahlen in Euro veröffentlichen. Auch wenn es um prozentuale Kurssteigerungen geht, sollte immer beachtet werden, in welcher Währung diese Kurssteigerung stattfand und wie sich diese Währung in dem entsprechenden Zeitraum entwickelt hat.

Durch die Einführung des Euro ist die Zahl der relevanten Währungen glücklicherweise drastisch zurückgegangen. Mit dem US-Dollar (USD) und dem Euro (EUR) ist bereits ein Großteil der Währungen abgedeckt,

---

[180] Eigene Berechnung; Datenquelle: boerse.de, 2018.

in denen Unternehmen ihre Geschäftsberichte veröffentlichen. Weitere relevante Währungen, auf die noch eingegangen wird, sind der Schweizer Franken (CHF), das britische Pfund (GBP) und der japanische Yen (JPY). Abbildung 25 zeigt die durchschnittliche jährliche Entwicklung des USD, GBP, CHF und JPY gegenüber dem EUR für die Zeiträume von Ende 2008 bis Ende 2017 und Ende 2013 bis Ende 2017. Dies entspräche einmal dem Zeitraum zwischen den letzten 10 und einmal dem Zeitraum zwischen den letzten fünf Jahresabschlüssen von 2017 und davor bei einem Unternehmen, dessen Geschäftsjahr dem Kalenderjahr entspricht. Welcher Zeitraum wirklich relevant ist, hängt natürlich davon ab, aus welchem Zeitraum die Zahlen stammen, die man betrachtet. Wer es ganz genau haben möchte, muss jede einzelne Zahl mit dem damaligen Wechselkurs der Währung entsprechend anpassen.

Währungsentwicklung	USD	GBP	CHF	JPY
Ende 2008 - Ende 2017	1,7 %	0,8 %	2,7 %	-0,7 %
Ende 2013 - Ende 2017	3,3 %	-1,6 %	1,0 %	1,8 %

Abbildung 25: Entwicklung anderer Devisen zum Euro seit 2008[181]

Aus dieser Abbildung wird ersichtlich, dass der Euro zwischen Ende 2008 und Ende 2017 gegenüber dem JPY aufgewertet und gegenüber den anderen Währungen abgewertet hat. Für den Zeitraum von Ende 2013 bis Ende 2017 wurde der Euro nur gegenüber dem GBP aufgewertet.

Längerfristig betrachtet waren der CHF und der JPY in der Vergangenheit recht stabile Währungen, während der USD und das GBP eher schwächere Währungen waren. Die folgende Abbildung zeigt die Entwicklung des USD, GBP, CHF und JPY gegenüber der Deutschen Mark (DM) von 1953 bis 1998 bzw. beim JPY von 1970 bis 1998, da der JPY bis 1970 an den USD gekoppelt war, und gegenüber dem Euro von dessen Einführung als Buchgeld Anfang 1999 bis Ende 2017.

---

[181] Eigene Darstellung; eigene Berechnung; Datenquelle: boerse.de, 2018.

Währungsentwicklung	USD	GBP	CHF	JPY
1953 - 1998 (zur DM)	-1,9 %	-3,0 %	0,5 %	
1970 - 1998 (zur DM)	-2,6 %	-3,9 %	1,3 %	1,0 %
1999 - 2017 (zum EUR)	-0,1 %	-1,3 %	1,6 %	0,0 %

Abbildung 26: Entwicklung anderer Devisen zum Euro und zur DM seit 1953[182]

Das GBP war die schwächste der 5 Währungen und der CHF die stärkste. Der USD war zu Zeiten der DM deutlich schwächer als diese. Dies gilt jedoch nicht mehr für die Zeit seit dem Euro. Der JPY war lange Zeit eine extrem starke Währung ähnlich dem CHF. Allerdings ist Japan bemüht, die lang anhaltende Deflation zu bekämpfen, und der JPY hat in den Jahren 2012 und 2013 deutlich abgewertet.[183] Der Abbildung 26 kann außerdem entnommen werden, dass die DM deutlich stärker war als der Euro.

Der Wechselkurs von Währungen wird gewöhnlich genau wie bei Aktien durch Angebot und Nachfrage vom Markt bestimmt, und wenn der Markt bei den Aktien nicht effizient ist, warum sollte er es dann bei Devisen sein? Das heißt, auch bei Währungen kann nicht davon ausgegangen werden, dass das Wechselkursverhältnis zwischen zwei Währungen unbedingt auch dem Werteverhältnis entsprechen muss. Eine fundamentale Orientierung für Devisen kann man in deren Kaufkraft finden. So kann der Preis von gleichartigen Gütern, die in ihrer Herstellung und Bereitstellung möglichst dieselben Aufwendungen verursachen, in verschiedenen Währungsräumen verglichen werden. Der Wechselkurs müsste so festgelegt sein, dass die Güter in beiden Währungsräumen etwa gleich teuer sind, unabhängig davon, mit welcher Währung bezahlt wird. In der Realität sind jedoch Güter in den Ländern mit stärkeren Währungen tendenziell teurer als in den Ländern mit schwächeren Währungen, was dafür spricht, dass in den Wechselkursen schon zukünftige Erwartungen, die wohl ungefähr der vergangenen Entwicklung entsprechen, eingepreist sind.

---

[182] Eigene Darstellung; eigene Berechnung; Datenquellen: boerse.de, 2018; Deutsche Bundesbank, 2015.
[183] Vgl. boerse.de, 2018.

Eigentlich ist es fast wie bei den Aktien. Zunächst hängt der Wert davon ab, welche Gewinne ein Unternehmen generieren kann, was bei den Devisen der Kaufkraft entspricht. Wenn jedoch zwei Unternehmen aktuell denselben Gewinn generieren, aber einem der beiden für die Zukunft eine schnellere Steigerung der Gewinne zugetraut wird, wird das Unternehmen mit dem schnelleren Wachstum auch zu dem Zeitpunkt, an dem die Gewinne noch gleich hoch sind, höher bewertet. Genauso werden die Währungen, bei denen ein geringerer Kaufkraftverlust in der Zukunft erwartet wird, auch in der Gegenwart schon höher im Verhältnis zu ihrer Kaufkraft bewertet. Allerdings gibt es bei den Devisen keine Geschäftsberichte, anhand derer man die Werte so wie bei den Unternehmen ermitteln kann, und es ist schwierig, einen repräsentativen Warenkorb mit gleichwertigen Gütern zu erstellen, die in beiden Währungsregionen mit gleichem Aufwand hergestellt werden können, vor allem was die Transportkosten betrifft. Ein beliebtes Gut hierfür ist der Big Mac von McDonalds.

Wie sich der Wert von Währungen fundmental entwickeln müsste, hängt von der jeweiligen Inflation der Währungen ab, denn diese gibt an, um wie viel Prozent sich Güter in der entsprechenden Währung verteuert haben, also wie stark die Kaufkraft einer Währung nachgelassen hat. Die Inflationsraten in der Schweiz und in Japan waren seit den 50er-Jahren wesentlich geringer als die in Amerika und Großbritannien. Das heißt, die Kaufkraft des USD und des GBP hat wesentlich schneller nachgelassen als die des CHF und des JPY und dementsprechend haben sich auch die Werte der Währungen pro Einheit verändert. Wie hoch die Inflation in verschiedenen Währungsregionen wirklich war, wird regelmäßig ermittelt und veröffentlicht.[184] Die durchschnittlichen jährlichen Inflationsraten in der Eurozone (EUR), den Vereinigten Staaten (USD), Großbritannien (GBP), der Schweiz (CHF) und Japan (JPY) zwischen Ende 2008 und Ende 2017 sowie zwischen Ende 2013 und Ende 2017 werden in Abbildung 27 aufgeführt.

---

[184] Vgl. global-rates.com, 2018.

Inflationsentwicklung	EUR	USD	GBP	CHF	JPY
Ende 2008 - Ende 2017	1,3 %	1,8 %	2,3 %	-0,1 %	0,3%
Ende 2013 - Ende 2017	0,6 %	1,4 %	1,3 %	-0,2 %	1,0 %

Abbildung 27: Die Inflationsraten verschiedener Währungsräume seit 2008[185]

Es kann festgestellt werden, dass die Inflationsraten vorwiegend ähnlich waren. In Großbritannien waren sie am höchsten und in der Schweiz am niedrigsten. Allerdings fallen die Unterschiede teilweise anders aus als bei den Wechselkursveränderungen. So wurde beispielsweise der JPY gegenüber dem Euro zwischen Ende 2008 und Ende 2017 leicht abgewertet, obwohl die Inflation in Japan niedriger war. Dies deutet darauf hin, dass es fundamentale Fehlbewertungen gab, auch wenn man anhand der Inflation im Vergleich zur Wechselkursveränderung nicht feststellen kann, wann diese vorlag und wo letztendlich der richtige Wert liegt. In diesem Fall könnte es damit zusammenhängen, dass die expansive Geldpolitik der japanischen Notenbank tatsächlich dazu geführt hat, dass die Inflation in Japan in den Jahren 2013 und 2014 deutlich gestiegen ist.[186] Da die Kapitalmärkte, egal ob es um Devisen oder Aktien geht, auch Erwartungen vorwegnehmen, scheint es so, als ob zukünftig mit höheren Inflationsraten in Japan gerechnet und dies bereits bei den aktuellen Wechselkursen eingepreist wird, was zu der deutlichen Abwertung des JPY, die weit über die tatsächlichen aktuellen Inflationsraten hinausgeht, geführt hat. Dies zeigt aber auch, dass die Entwicklung von Wechselkursen stark von politischen Entscheidungen abhängt und schwer prognostizierbar ist.

Bilanziert also ein Unternehmen seine Zahlen in einer Währung, die in dem betrachteten Zeitraum stark abgewertet wurde, so ist es für dieses Unternehmen leichter, hohe Wachstumsraten in der entsprechenden Währung vorzuweisen. Dies gilt vor allem für global agierende Unternehmen, die ihre tatsächlichen Umsätze ohnehin in vielen verschiedenen Währungen generieren, auch wenn sie sich in ihrer Bilanz für eine entscheiden müssen. Das sollte dann bei der Abschätzung des zukünftigen Wachstums beachtet werden. Bei den hier betrachteten Wäh-

---

[185] Eigene Darstellung; eigene Berechnung; Datenquelle: global-rates.com, 2018.
[186] Vgl. global-rates.com, 2018.

rungen waren die Unterschiede in den Inflationsraten und Wechselkursen moderat und da zukünftiges Wachstum ohnehin mit viel Unsicherheit verbunden ist, reicht es, sich der Einflüsse bewusst zu sein, wenn man Unternehmen, die ihre Ergebnisse in unterschiedlichen Währungen veröffentlichen, analysiert. Entsprechend der Einflüsse vergangener Wechselkursentwicklungen können dann bei den Wachstumserwartungen Anpassungen vorgenommen werden.

Wenn ein Unternehmen in einer Währung bilanziert, die von einer starken Inflation betroffen ist, empfiehlt es sich, die Zahlen in EUR oder USD umzurechnen. So lag die durchschnittliche jährliche Inflationsrate des brasilianischen Real (BRL) zwischen Ende 2008 und Ende 2017 beispielsweise bei knapp 6 %.[187] Falls diese auch weiterhin Bestand hat, so wird der BRL auch weiterhin entsprechend abwerten. Geht man nun bei einem Unternehmen, das seine Gewinne in BRL veröffentlicht, auf Basis vergangener Wachstumsraten von einem zukünftigen EPS-Wachstum von 10 % in BRL aus, so läge dieses Wachstum in EUR oder USD umgerechnet nur noch bei knapp 6 %, wenn die Inflation in Europa und den USA bei ca. 2 % bleibt. Lässt die Inflation beim BRL hingegen nach, beeinflusst dies wiederum die nominale zu erwartende Wachstumsrate der Gewinne pro Aktie in BRL, so dass es letztendlich auf dasselbe hinausläuft.

Generell sprechen steigende Inflationsraten auch für ein steigendes nominales Gewinnwachstum und sinkende Inflationsraten für sinkendes nominales Gewinnwachstum, wobei geringe Inflationsratenerhöhungen in der Vergangenheit weitestgehend durch geringere reale Gewinnsteigerungen oder geringere Dividendenrenditen ausgeglichen wurden. So ist die Summe aus Inflation, inflationsbereinigter Gewinnsteigerung und Dividendenrendite zwischen 1881 und 2014 und zwischen 1960 und 2014 fast dieselbe, obwohl die Inflationsraten für den Zeitraum von 1960 bis 2014 um 1,5 % höher waren, und zwischen 1970 und 1982, dem Zeitraum mit der höchsten Inflation in Amerika seit 1881, gab es fast keine realen Gewinnsteigerungen, wenn man die konjunkturberei-

---

[187] Vgl. global-rates.com, 2018.

nigten Gewinne, bei denen jeweils die 5 vorherigen und die 5 Folgejahre mit berücksichtigt werden, heranzieht. Sollte die jährliche Inflationsrate jedoch deutlich steigen, beeinflusst dies auch die nominale Rendite eindeutig positiv. Die durchschnittliche Inflationsrate betrug in Amerika für den Zeitraum zwischen 1970 und 1982 ca. 8 % pro Jahr, was trotz der kaum vorhandenen realen Gewinnsteigerung zu einer nominalen Gewinnsteigerung von 8 % pro Jahr führte. Hinzu kam noch eine durchschnittliche Dividendenrendite von ca. 4,2 %.[188] Falls also hohe Inflation vorherrscht und man nicht davon ausgeht, dass die hohe Inflationsrate auch für die langfristige Zukunft erhalten bleiben wird, dann sollte auch von einem entsprechenden Rückgang des zukünftigen nominalen Gewinnwachstums ausgegangen werden. Dies ist jedoch für den Zeitraum von Ende 2008 bis Ende 2017 mit einer Inflationsrate zwischen 1 % und 2 % nicht relevant. Umgekehrt kann natürlich auch ein Aufschlag beim erwarteten Gewinnwachstum in der entsprechenden Währung vorgenommen werden, wenn es Anhaltspunkte für wesentlich höhere Inflationsraten in der Zukunft gibt.

Es ist vorteilhaft, den Wert aller analysierten Unternehmen letztendlich in derselben Währung zu bestimmen, um anschließend besser vergleichen zu können. Hierfür empfiehlt sich die im Alltag gewohnte Währung oder diejenige, in der die meisten analysierten Unternehmen ihre Ergebnisse veröffentlichen. Zur Umrechnung der Werte in eine andere Währung kann einfach der aktuelle Wechselkurs genommen werden. Falls jemand meint, den fundamental gerechtfertigten Wechselkurs zwischen zwei Währungen besser zu kennen als der Markt, kann er diesen fundamental gerechtfertigten Wechselkurs nehmen oder zumindest den aktuell vom Markt gegebenen Wechselkurs ein wenig anpassen. Allerdings sollte er auch berücksichtigen, dass eine Aufwertung der Währung zumindest für Unternehmen, die aus dem Land exportieren, dessen Währung aufgewertet wird, auch mit operativen Schwierigkeiten verbunden ist, während eine Abwertung den entsprechenden Unternehmen Vorteile verschafft. Dies hängt damit zusammen, dass die

---

[188] Eigene Berechnung; Datenquelle: Shiller, R., 2015.

Erlöse aus anderen Währungsregionen bei gleichbleibenden Verkaufspreisen in der eigenen Landeswährung entsprechend steigen oder fallen. Daher werden zumindest bei international aufgestellten Unternehmen wechselkursbedingte Wertveränderungen abgeschwächt. Ansonsten kann man die zukünftigen Währungsschwankungen entweder akzeptieren oder sich gegen sie mit Optionsscheinen absichern. Auf die Möglichkeit der Absicherung mit Optionen und Zertifikaten wird in Kapitel 6.3 noch eingegangen. Allerdings schwanken auch die Wechselkurse von Währungen langfristig um den richtigen Wert und dieser wird langfristig nur von der Inflation beeinflusst. Da Aktien jedoch inflationsgeschützt sind, steigen die Kurse von Aktien in schwächeren Währungen tendenziell schneller. Deswegen ist bei sehr langfristigen Aktienengagements die Währung, in der die Aktie gehandelt wird und in der ihre Ergebnisse veröffentlicht werden, nur soweit relevant, wie sie zum Zeitpunkt des Kaufes gegenüber anderen Währungen über- oder unterbewertet ist. Außerdem agieren viele Unternehmen ohnehin global und erzielen ihre Umsätze in verschiedenen Währungen.

5.8 Bestimmung der Sicherheitsmarge

Der Wert eines Unternehmens kann nicht exakt bestimmt werden, deshalb darf nicht auf die Sicherheitsmarge verzichtet werden. Außerdem schützt die Sicherheitsmarge vor den Folgen von unerwarteten, wertmindernden Ereignissen, da die Aktie dann trotz eines solchen Ereignisses noch unter ihrem Wert gekauft worden sein kann. Entsprechend empfiehlt es sich hierbei, eine variable Sicherheitsmarge zu nehmen, die die Stabilität und Zuverlässigkeit eines Investments berücksichtigt.

Bisher wurden alle Unternehmen unabhängig von den Risiken mit demselben Abzinsungssatz bzw. demselben Gewinnvielfachen in Abhängigkeit von ihrer intrinsischen Rendite bewertet, wobei die Wachstumsqualität bei hohen Wachstumsraten noch ein wenig Einfluss auf das Gewinnvielfache nehmen kann. Entwickeln sich nämlich die Gewinne und Dividenden den Annahmen entsprechend, ist es für den Wert nicht relevant, ob es sich um ein riskantes oder ein zuverlässiges Unternehmen handelt. Da sich jedoch riskantere Investments häufiger nicht den Annahmen entsprechend entwickeln, müssen sie eine größere Sicherheitsmarge bieten. Durch die höhere Sicherheitsmarge können kleine Enttäuschungen bezüglich der Wertentwicklung besser verkraftet werden. Außerdem wird der Investor für die häufigeren, verlustbringenden, herben Enttäuschungen durch entsprechend höhere Renditen in den Fällen, in denen sich das Investment den Annahmen entsprechend entwickelt, entschädigt. Mit dieser Methode werden der Wert und die Risiken getrennt berücksichtigt und nicht miteinander vermischt.

Es gibt verschiedene Indizien, die auf die Stabilität oder Instabilität eines Unternehmens, vor allem in Krisenzeiten, hindeuten. Für ein stabiles, zuverlässiges Unternehmen, bei dem sicher ist, dass es auch die nächsten Krisen problemlos überstehen und weiterhin Erträge erzeugen wird, muss nicht so eine hohe Sicherheitsmarge angesetzt werden wie bei einem, bei dem man sich dessen nicht sicher sein kann. Und Unternehmen, die so schwach aufgestellt sind, dass sie bereits in der nächsten Krise untergehen könnten, sollten lieber als Investment gemieden werden. Selbst wenn der Wert eines Unternehmens exakt bestimmbar wäre, sollte nicht auf eine Marge zum Wert verzichtet werden, schließlich wollen Value-Investoren nur Unternehmen kaufen, die unter ihrem Wert zu haben sind, um so bessere Renditen als der Gesamtmarkt zu erzielen. Die Sicherheitsmarge schützt also nicht nur vor Verlusten, sie steigert auch noch die Rendite, was höhere Renditen bei geringerem Risiko bewirkt und eindeutig dagegen spricht, dass hohe Renditen immer mit hohem Risiko verbunden sein müssen. Im Nachfolgenden sind Kriterien zur Bestimmung des Risikos, welches mit einem Investment in ein bestimmtes Unternehmen verbunden ist, aufgeführt.

Ein wesentliches Indiz für die Stabilität eines Unternehmens ist dessen Gewinn- und Umsatzentwicklung, wobei es noch mehr auf die Gewinnentwicklung ankommt. Ein Unternehmen, das seine Gewinne jedes Jahr stetig steigert und nie Gewinneinbrüche hinnehmen muss, ist wesentlich zuverlässiger als ein Unternehmen, das regelmäßig Verlustjahre ausweisen muss. Bei eventuellen Gewinneinbrüchen oder gar Verlusten muss noch unterschieden werden, ob diese durch einen einmaligen Sondereffekt verursacht wurden oder von einem schwankenden operativen Geschäft herrühren. Während Gewinneinbrüche oder gar Verlustjahre Risiken darstellen, bieten steigende Gewinne pro Aktie mehr Sicherheit, da sie für eine stetige Wertsteigerung sprechen und dem Risiko, dass sich der Wert eines Investments verringert, entgegenwirken. Falls für ein Unternehmen, das seine Gewinne stetig und zuverlässig steigert, etwas zu viel bezahlt wurde, kann der Fehler gewöhnlich ausgesessen werden.

Ein weiterer Punkt für die Risikoeinstufung ist die Zuverlässigkeit der Prognosen. Grundsätzlich erleichtern konstante Gewinn- und Umsatzentwicklungen die Prognostizierbarkeit. Somit sprechen niedrige Faktoren bei der Ermittlung des Gewinnniveaus, die aus historischen Gewinneinbrüchen herrühren, auch für eine geringere Zuverlässigkeit der Prognosen. Aber auch bei Unternehmen mit einer konstanten historischen Gewinnentwicklung können kommende Ereignisse, wie beispielsweise Patentabläufe, zu Unsicherheit bezüglich der zukünftigen Gewinnentwicklung führen. Ein Investor kann nie vollkommen sicher sein, dass sich ein Unternehmen so entwickelt, wie er es erwartet. Wenn jedoch von vornherein Unsicherheiten bestehen und selbst die Gewinne vom laufenden Geschäftsjahr nur erahnt werden können, sollte nicht nur konservativ bewertet, es sollte auch die Sicherheitsmarge erhöht werden. Bei großen Unsicherheiten bezüglich ihres Wertes kommen Unternehmen von vornherein nicht als Investment in Frage.

Für die Rendite eines langfristigen Investors ist es nicht relevant, ob er seine Rendite durch die ausgezahlten Dividenden erzielt oder ob das Unternehmen stattdessen mit dem Geld seinen Wert entsprechend steigert. Wenn ein Unternehmen jedoch freie Cashflows erwirtschaftet und davon zuverlässige Dividenden zahlt, bringt dies eine gewisse Sicherheit gegenüber einem Unternehmen, das keine Dividenden zahlt oder noch nicht einmal freie Cashflows generiert. Beides spricht dafür, dass die

Gewinne auch real sind und nicht nur auf dem Papier existieren. Zuverlässige Dividenden senken zudem die Schwankungen der Kurse und deren Potential nach unten, da bei immer weiter fallenden Kursen die Dividendenrendite irgendwann so hoch wird, dass auch andere erkennen, dass der Kurs nicht mehr gerechtfertigt sein kann. Außerdem sind die Erträge aus Dividenden unabhängig davon, wie sich das Bewertungsniveau verändert, auch wenn die Dividendenrendite von dem Bewertungsniveau abhängt, zu dem die Aktie gekauft wird. Wenn ein Unternehmen, das keine Dividende zahlt, regelmäßig eigene Aktien zurückkauft, ersetzt dies zwar nicht alle Vorteile einer kontinuierlichen Dividende, es ist aber zumindest eine sinnvolle Alternative, um die Aktionäre an den erwirtschafteten freien Cashflows zu beteiligen.

Ein wichtiges Kriterium ist die Finanzierung. Entscheidend für eine solide Finanzierung ist es, dass das Unternehmen nicht von seinen Fremdkapitalgebern abhängig ist und seine Schulden zurückbezahlen kann, ohne dafür auf weiteres Fremdkapital angewiesen zu sein. Falls ein Unternehmen in eine missliche Lage gerät, in der es kein oder nur zu schlechten Konditionen neues Fremdkapital erhält, kann eine solide Finanzierung überlebenswichtig werden. Solange das Vermögen eines Unternehmens zu über 50 % mit Eigenkapital finanziert ist, ist dies ein gutes Zeichen. Sollte das Unternehmen ungerechtfertigte immaterielle Vermögenswerte in der Bilanz ausweisen, müssen diese zunächst vom Eigenkapital abgezogen werden. Eine mögliche Probe ist hier die Rendite auf das ausgewiesene Kapital, welche bei einem späteren Kriterium noch genauer erläutert wird. Solange diese inklusive der immateriellen Güter über 10 % liegt, spricht das dafür, dass die immateriellen Güter tatsächlich gerechtfertigt sind. Dennoch sollten auch bei hochrentablen Unternehmen die Schulden nicht die materiellen Güter übersteigen, so wie dies bei Procter & Gambel Mitte 2018 der Fall war.[189] Außerdem sollten die kurzfristigen Schulden nicht höher sein als das Umlaufvermögen und das langfristige Fremdkapital sollte nicht mehr als das Dreifache des jährlichen operativen Cashflows betragen. Das Verhältnis

---

[189] Siehe Ausführungen in Kapitel 5.1.

des langfristigen Fremdkapitals zum operativen Cashflow gibt Aufschluss darüber, wie lange das Unternehmen bräuchte, um seine Schulden zurückzubezahlen, wenn es vorrübergehend auf Ersatzinvestitionen verzichtet. Noch besser ist es, wenn die langfristigen Verbindlichkeiten auch den dreifachen Gewinn nicht übersteigen, da dieser auch noch die Abschreibungen, welche für Ersatzinvestitionen eingeplant werden können, beinhaltet. Wie solide ein Unternehmen finanziert sein muss, hängt jedoch auch stark von der Zuverlässigkeit seiner Gewinne und freien Cashflows ab. Bei einem Unternehmen mit konstanten bzw. kontinuierlich steigenden Gewinnen und Cashflows kann eine geringere Eigenkapitalquote akzeptiert werden als bei einem zyklischen Unternehmen, das sich nicht jedes Jahr auf Gewinne und freie Cashflows verlassen kann. Außerdem muss die Finanzierung von Banken und Versicherungen differenziert betrachtet werden. Hier soll eine Eigenkapitalquote von 20 % gefordert werden. Der Abzug pro Prozentpunkt unterhalb der geforderten Marke fällt dann entsprechend 2,5-mal höher aus als bei Unternehmen aus anderen Branchen. Da kaum eine Bank oder Versicherung mehr als 20 % EK vorhalten wird, sondern bereits 10 % als überdurchschnittlich betrachtet werden können, gibt es bei diesen wahrscheinlich immer einen spürbaren Abzug für die Finanzierung. Dies ist jedoch auch gewollt, weil der übliche Leverage in diesen Branchen auch erhöhte Risiken mit sich bringt, die abgebildet werden sollen. Dies konnte man zuletzt in der Finanzkrise 2008/2009 deutlich beobachten. Durch den niedrigeren geforderten Prozentsatz, aber auch einen höheren Abzug vom Top-Rating pro Prozentpunkt unterhalb der geforderten 20 % wird stärker innerhalb dieser Branche differenziert. Es macht nämlich auch hier einen deutlichen Unterschied, ob eine Bank 5 % oder 12 % Eigenkapital vorweisen kann. Dieser Unterschied soll zur Geltung kommen, auch wenn beide Unternehmen aufgrund der branchenüblichen Finanzierung riskanter eingestuft werden als beispielsweise ein durchschnittlicher Konsumgüterhersteller bei ansonsten gleichen Bedingungen.

Auch die Größe eines Unternehmens sagt etwas über das Risiko einer Pleite des Unternehmens aus. Kleine Unternehmen, die nur über geringes Kapital verfügen, haben weniger Reserven, um Krisen zu überstehen, und geraten bei Schwierigkeiten leichter in die Insolvenz. Hingegen haben große Unternehmen, auch Blue Chips genannt, die im Dax, Eurostoxx oder Dow Jones gelistet sind, so viele Stakeholder, dass sie eine gewisse politische Macht haben. Sie beschäftigen Tausende von Menschen und von ihnen sind auch oft noch andere Unternehmen, die entweder Lieferanten oder Kunden des großen Unternehmens sind, abhängig. Außerdem haben sie die Mittel, um Lobbyismus zu betreiben, und sie bringen dem Staat in guten Zeiten hohe Steuereinnahmen. Wenn diese Unternehmen in eine Schieflage geraten, springen oft Staaten ein, um sie zu stützen, so wie dies in der Finanzkrise 2008/2009 mit den Banken und den Automobilherstellern über Staatskredite und die Abwrackprämie geschehen ist.

Ein Hinweis für ein besonders solides Unternehmen sind hohe und stabile Renditen. Am besten ist es, wenn diese auch noch langsam steigen. Eine wesentliche Kennziffer ist hierbei die Rendite auf das eingesetzte Kapital. Wenn das Unternehmen weniger als 10 % auf das eingesetzte Kapital erzielt, kann es schnell passieren, dass der Leverage-Effekt gegen es arbeitet und es seine Zinsen nicht mehr bezahlen kann, vor allem, wenn das Unternehmen gleichzeitig einen hohen Verschuldungsgrad aufweist. Diese 10 % beziehen sich auf den Gewinn vor Steuern und Zinsen (EBIT) im Verhältnis zum eingesetzten Kapital, also die Bilanzsumme abzüglich ungenutzter Ressourcen, wie beispielsweise hoher Cashbestände. Für Banken und Verischerungen gilt bei diesem Kriterium ein Wert von 2,5 % und ein entsprechend 4-mal höhere Abzug pro Prozentpunkt beim Verfehlen der Hürde. Ähnlich wie bei der Finanzierung ist dies wieder bewusst recht ambitioniert für die entsprechenden Branchen gewählt. Allerdings gibt es zumindest Versicherungen, die ungefähr diesen Wert erreichen.

Auch wenn sich die EBIT-Marge im einstelligen Bereich befindet, ist dies kein gutes Zeichen. Die EBIT-Marge gibt das Verhältnis vom EBIT zum Umsatz wieder. Ist diese einstellig, droht das Unternehmen bei steigenden Herstellkosten oder sinkenden Verkaufspreisen schnell in die Verlustzone zu geraten. Daher ist ein Unternehmen, das dieselben Gewinne mit weniger Umsätzen und dafür einer höheren Marge erzielt, stabiler als eines, das höhere Umsätze erwirtschaftet, aber eine geringere Umsatzmarge vorweist. Die EBIT-Marge sollte jedoch auch im Vergleich zur Konkurrenz betrachtet werden. So ist es im Einzelhandel, vor allem bei Discountern, üblich, dass die EBIT-Marge recht gering ausfällt und dafür hohe Umsätze im Verhältnis zum eingesetzten Kapital erzielt werden. Sowohl bei der Berechnung der EBIT-Marge als auch der Rendite muss das um Schwankungen bereinigte EBIT-Niveau verwendet werden. Sowohl bei der Ermittlung der Rendite als auch der EBIT-Marge soll daher der Durchschnitt der letzten Jahre herangezogen werden.

Wie lange ein Unternehmen bereits existiert, ist auch ein Kriterium für das Risiko, das mit dem Investment verbunden ist. Das Unternehmen muss seit zehn Jahren existieren, um ausreichend langfristiges Zahlenmaterial zur Verfügung stellen zu können. Als richtig solide kann eine Existenz von mehr als 20 Jahren bezeichnet werden. Nach dieser Zeit hat das Unternehmen mit seinen Produkten eine ausreichende Historie, um sich zu beweisen, so dass man sich eine ordentliche Meinung von dem Unternehmen bilden kann. Falls das Unternehmen zwar schon sehr lange existiert, aber erst vor wenigen Jahren stark umstrukturiert wurde und ein neues Produktportfolio bietet, ist dies natürlich auch mit Risiken verbunden.

Die Branche, in der ein Unternehmen agiert, ist ebenfalls ein Kriterium, wobei manches, was hierbei relevant ist, bereits an anderer Stelle kontrolliert wird. So sind Banken und Versicherungen beispielsweise riskantere Branchen, aber dies wird auch schon bei der Kontrolle des Verschuldungsgrades erfasst. Nicht-zyklische Branchen, aus denen Pharmaunternehmen, Konsumgüter- und Nahrungsmittelhersteller kommen, sind sicherer als zyklische Branchen wie die Automobilbranche. Dies wird jedoch bereits bei der Betrachtung der Gewinnentwicklung berücksichtigt. Es sollte daher vor allem bei sich schnell wandelnden Branchen wie der Technologiebranche oder Branchen, die von aktuellen Trends abhängen, die Sicherheitsmarge noch einmal zusätzlich erhöht werden. Besonders trügerisch sind hier Modemarken, die dem Konsumsektor zugeordnet werden können und über Jahre konstant steigende Gewinne ausweisen. Dies kann sich dann durch Trendveränderungen abrupt ändern, obwohl es anhand des vorgelegten Zahlenmaterials (Umsätze, Gewinne, Margen etc.) nicht ersichtlich war. Hierbei sollte auch berücksichtigt werden, ob das Unternehmen verschiedene Produkte anbietet. Am gefährlichsten ist es, wenn es nur ein Produkt aus einem sich schnell verändernden Sektor anbietet. Auch Branchen, die von staatlichen Subventionen abhängen, sind riskanter einzustufen. Generell sollte jeder Branchen bevorzugen, die er versteht.

Wenn ein Unternehmen Wettbewerbsvorteile, z. B. in Form von starken Marken, Patenten oder Kostenvorteilen hat, erhöht dies nicht nur die Wachstumsaussichten, sondern auch die Qualität des Unternehmens und senkt somit die Risiken für das Unternehmen, in eine missliche Lage zu kommen bzw. in dieser unterzugehen. Wenn es in einem Absatzmarkt zu Schwierigkeiten kommt, weil sich die Relation von Angebot und Nachfrage in der Form verändert, dass entweder die Nachfrage sinkt oder das Angebot steigt, läuft dies häufig darauf hinaus, dass einige Anbieter den Markt verlassen müssen. Die ersten sind dabei gewöhnlich die unterdurchschnittlichen Unternehmen, die keine Wettbewerbsvorteile vorweisen können und denen es deshalb bereits in Nicht-Krisenzeiten schwerer fällt, ihre Produkte gewinnbringend zu verkaufen. Vor allem für zyklische Unternehmen, die regelmäßig in schwierige Situationen geraten, ist es deshalb ein Risiko senkender Vorteil, wenn sie besser sind als ihre Konkurrenz. Falls es für die Produkte oder Dienstleistungen eines Unternehmens keine Konkurrenz gibt, können die Wettbewerbsvorteile gegenüber potenziellen Konkurrenten darüber entscheiden, ob überhaupt Konkurrenz aufkommt. Für Unternehmen, die große Wettbewerbsvorteile haben und ihrer Konkurrenz überlegen sind oder für die es gar keine Konkurrenz gibt, ist es auch wichtig, dass sie eine gewisse Verhandlungsmacht gegenüber ihren Kunden haben, um ihre Vorteile voll ausnutzen zu können. Damit ist gemeint, wie groß der Kundennutzen ihrer Produkte gegenüber dem Preis ist. Selbst wenn der Kunde keine Alternative zu den Produkten hat, gäbe es irgendwann einen Preis, den der Kunde nicht mehr bereit ist für den Nutzen des Produktes zu bezahlen. Wenn sich der Preis eines Produktes bereits in der Nähe der Schmerzgrenze vieler Kunden befindet, ab der sie lieber auf den Nutzen des Produktes verzichten, ist dies eine ungünstige Situation für das produzierende Unternehmen, da es seine Preise nicht mehr erhöhen kann, selbst wenn es keine gleichwertigen Konkurrenzprodukte gibt, auf die der Kunde ausweichen könnte.

Wenn ein Unternehmen stark von einem Rohstoff, einem Lieferanten oder einem Kunden abhängig ist, birgt dies auch gewisse Risiken, da Preisveränderungen bei diesem Rohstoff erheblichen Einfluss auf das Ergebnis haben können bzw. die Verhandlungspositionen des Unternehmens gegenüber dem Lieferanten oder Kunden sehr ungünstig sind und ein Wegfall des Kunden oder Lieferanten verheerende Auswirkungen haben kann. Die starke Abhängigkeit von einem Rohstoff kann sowohl auf der Erlösseite für Unternehmen, die Rohstoffe fördern und verkaufen, als auch auf der Kostenseite für Unternehmen, die Rohstoffe benötigen, um andere Produkte herzustellen, zu Problemen führen.

Das Land, in dem ein Unternehmen seinen Hauptsitz hat, und die Länder, in denen es agiert, können auch Risiken mit sich bringen. Hierbei geht es vor allem um die politische und rechtliche Stabilität in den Ländern. Die höchste politische und rechtliche Stabilität findet man in der EU, der Schweiz, den USA und Kanada, weshalb Unternehmen, die dort ihren Hauptsitz haben, als sicherer einzustufen sind als Unternehmen, die aus Asien exklusive Japan, Afrika oder Südamerika kommen. Allerdings gibt es auf diesen riskanteren Kontinenten recht aussichtsreiche Absatzmärkte, die sich auch die amerikanischen und europäischen Unternehmen nicht entgehen lassen sollten. Daher sind Unternehmen, die ihren Hauptsitz in der westlichen Welt haben, aber operativ global agieren, am solidesten nach diesem Kriterium. Unternehmen aus Asien oder Afrika, die ausschließlich in ihrer Heimat operieren, stellen das riskante Gegenstück dar. Für Unternehmen aus hoch verschuldeten Staaten besteht außerdem ein erhöhtes Risiko, dass sich der Nettogewinn durch Steuererhöhung verringert.

Am Ende von Kapitel 5.7 wurde festgestellt, dass die Währungsschwankungen langfristig kein allzu großes Risiko darstellen. Trotzdem sollte vor allem bei Unternehmen, die in einer anderen Währung als den fünf, die in Kapitel 5.7 analysiert wurden, bilanzieren und in dieser auch einen großen Teil ihrer Umsätze erwirtschaften oder deren Kosten in dieser Währung verursacht werden, eine etwas höhere Sicherheitsmarge verlangt werden. Vor allem Währungen aus kleineren Ländern können stärkeren Kursschwankungen und Fehlbewertungen unterliegen. Dies kann dann auch Auswirkungen auf das Ergebnis in der Währung haben, in der die bewerteten Unternehmen letztendlich verglichen werden und in der man seinen Lebensunterhalt bestreitet. Die Fehlbewertungen von Devisen können natürlich auch Chancen mit sich bringen, die von denjenigen ausgenutzt werden können, die sich entsprechend mit den Devisen auskennen. Das Risiko besteht also vorwiegend dann, wenn der fundamental gerechtfertigte Wechselkurs zu der entsprechenden Währung nicht bekannt ist und grobe Fehlbewertungen nicht unwahrscheinlich sind.

Ein schlechtes Management kann auch einen Risikofaktor darstellen. Wenn es Indizien dafür gibt, dass ein Unternehmen von einem schlechten Management geführt wird, stellt dies ein großes Risiko dar. Wenn sogar der Verdacht besteht, dass es korrupt und unehrlich ist und sich mehr darauf konzentriert, in die eigene Tasche zu wirtschaften als an die Eigentümer zu denken, sollte das Unternehmen grundsätzlich gemieden werden. Dazu gehört auch, wenn es Ungereimtheiten in den Geschäftsberichten gibt, die darauf hindeuten, dass etwas vertuscht oder beschönigt dargestellt werden soll. Für ein gutes Management spricht, dass es stetig versucht, Kosten einzusparen und die Margen zu verbessern, und damit nicht erst anfängt, wenn das Unternehmen in einer Krise steckt.[190] Es sollte ehrlich sein, auch wenn schwierige Zeiten auf das Unternehmen zukommen. Entscheidend ist zudem, wie es die Gewinne verwendet. Positiv ist, wenn es die Gewinne effizient einsetzt, um die zukünftigen Gewinne zu steigern, und dabei nur so viel einbe-

---

[190] Vgl. Buffett, M. / Clark, D., 2008, S. 62.

hält, wie es sinnvoll verwenden kann. Sinnvoll verwendet sind die Gewinne, wenn damit hohe Renditen erzielt werden. Wenn das Management hingegen damit zwanghaft teure Übernahmen durchführt, die zwar den Einflussbereich des Managements erweitern, aber nicht den Gewinn pro Aktie erhöhen, anstatt sie lieber auszuschütten oder das Kerngeschäft zu verbessern, spricht das gegen das Management. Außerdem sollte das Management seinem Beruf aus intrinsischen Motivationsgründen nachgehen und nicht wegen des Gehalts und der Boni. Hierbei ist es ein gutes Zeichen, wenn das Management selbst einen wesentlichen Teil seines Vermögens in das Unternehmen investiert hat oder sein Gehalt unbedeutend im Verhältnis zu seinem Vermögen ist. Hingegen wäre es ein schlechtes Zeichen, wenn sich das Management unangemessen große Optionspakete genehmigt, welche die Aktien der Eigentümer verwässern. Wenn das Management des Unternehmens schon mehrere Jahre im Amt ist, kann es auf der Basis bewertet werden, wie sich das Unternehmen seit dessen Antritt entwickelt hat und ob die Pläne und Strategien aus der Vergangenheit umgesetzt wurden. Falls die Pläne realisiert wurden, können deren Auswirkungen beurteilt werden. Für den Fall, dass das Management bereits ein anderes Unternehmen geführt hat, kann es anhand dessen, was es in dem anderen Unternehmen geleistet hat, beurteilt werden. Auch das Klima in den Chefetagen sollte stimmen. Wenn der Vorstand regelmäßig ausgewechselt wird, ist das nicht gerade positiv zu bewerten.[191]

Letztendlich kann auch die aktuelle Situation, in der sich ein Unternehmen befindet, direkt Risiken mit sich bringen. Da die Märkte zu Übertreibungen neigen, sind gerade Unternehmen, die sich vorübergehend in einer ungünstigen Situation bzw. einer Krise befinden, oft zu besonders attraktiven Preisen zu haben und damit für Value-Investoren interessant. Trotz der langfristigen Perspektive von Value-Investoren sollte eine unmittelbar erkennbare Krise als Risiko berücksichtigt und die geforderte Sicherheitsmarge entsprechend erhöht werden.

---

[191] Vgl. Fisher, P., 2003, S. 67 – 68.

Es empfiehlt sich, eine Skala festzulegen, und dann Unternehmen anhand der hier aufgeführten Risikofaktoren in diese Skala einzuordnen. Die hier aufgeführten Risikofaktoren basieren auf der „Königsanalyse" von Max Otte, der „15-point-strategy" von Philip Fisher und dem „Gesundheitscheck" von C.R. Brown.[192] Sie sind nicht endgültig und können ergänzt werden. Den unterschiedlichen Skalenpunkten wird eine entsprechende Sicherheitsmarge zugeordnet. Verschiedene Value-Investoren verlangen unterschiedliche Sicherheitsmargen. Dabei sind 30 % das Mindeste, was auch bei hervorragenden Investments verlangt werden soll und entsprechend dem Top-Rating in der hier verwendeten Skala zugeordnet wird.[193] Schließlich ist kein Investment 100-prozentig und Unternehmen sollen nur unter ihrem Wert gekauft werden. Je schlechter das Rating, desto höher muss die Sicherheitsmarge ausfallen. Bei der Einordnung in die Skala sollten nicht einfach Gewichtungen festgelegt und ein Mittelwert gebildet werden. Manches schließt von vornherein gute Einstufungen aus, und wenn ein Unternehmen in mehreren Punkten die Anforderungen deutlich verfehlt, ist es gewöhnlich schon als riskant einzustufen, unabhängig davon, wie gut es in anderen Punkten ist. Ein Unternehmen, das in allen Punkten die Anforderungen für geringes Risiko erfüllt, ist deutlich besser als eines, das sie zwar in ein paar Punkten deutlich übertrifft, aber dafür in anderen verfehlt. Es ist daher besser, bei der Risikozuordnung beim Top-Rating anzufangen und dann für jeden Punkt, an dem die Anforderungen nicht erfüllt wurden, Abzüge vorzunehmen. Wenn ein Unternehmen nach allen Abzügen über das Ende der Skala hinausschießt, ist es zu riskant, um als Investment in Frage zu kommen, unabhängig von der Sicherheitsmarge. Abbildung 28 führt noch einmal alle Risikofaktoren und die gestellten Anforderungen auf.

---

[192] Vgl. Otte, Max, 2002, S. 254 ff.; vgl. Otte, Max, 2008, S. 195 ff.; vgl. Fisher, P., 2003, S. 47 ff.; vgl. Browne, C., 2007, S. 111 ff.
[193] Vgl. Otte, Max / Castner, J., 2010, S. 39.

Eine Anleitung zur effizienten, selbstbestimmten Vermögensanlage

Risikofaktor	Anforderung	grobe Verfehlung	Anpassungs-bedarf
Gewinn- und Umsatz-entwicklung	weitestgehend konstant; keine starken Gewinn-einbrüche	ungleichmäßig; regelmäßige Verluste	-50 %
Zuverlässigkeit der Prognosen	weitestgehend zuverlässige Prognosen	große Unsicherheiten bei Prognosen	-40 %
Free Cashflow und Dividende	erzielt Free Cashflows und zahlt konstante Dividenden	erzielt keine Free Cashflows und zahlt keine Dividenden	-25 %
Finanzierung	EK-Quote > 50 %; EK-Quote bei Banken und Versicherungen > 20 % kurzfr. Verbindlichkeiten < Umlaufvermögen (abhängig von Kontinuität der Gewinne und Cashflows)	kein EK; kurzfr. Verbindlichkeiten > Umlaufvermögen (abhängig von Kontinuität der Gewinne und Cashflows)	-50 %
Größe	Wert/Umsatz/GK > 60 Mrd. Euro	Wert/Umsatz/GK < 20 Mio. Euro	-40 %
Rendite auf Kapital	Rendite auf eingesetztes Kapital > 10 % Rendite bei Banken und Versicherungen > 2,5 %	Rendite auf eingesetztes Kapital < 2 % Rendite bei Banken und Versicherungen < 0,5 %	-25 %
EBIT-Marge	EBIT-Marge > 10 %	EBIT-Marge < 2 %	-25 %
Existenzdauer	über 20 Jahre	unter 3 Jahre	-30 %
Branche	andere Branchen	subventionierte Branchen; Branchen, die sich schnell verändern (Technologie, Modethemen)	-30 %
Wettbewerb	durchschnittliches Unternehmen	unterdurchschnittliches Unternehmen	-30 %
Abhängigkeiten	keine Abhängigkeiten	starke Abhängigkeit von einem Rohstoff, Lieferanten oder Kunden	-30 %
Land	Länder aus Nordamerika und Europa	Länder aus Afrika, Asien, Südamerika ohne zuverlässiges Politik- und Rechtssystem	-25 %
Währung	EUR, USD, CHF, GBP, JPY	exotische Währung, deren Wert man nicht bestimmen kann	-15 %
Management	keine Hinweise auf schlechtes oder korruptes Management	Hinweise auf schlechtes oder korruptes Management	-100 %
Aktuelle Situation	keine Krisensituation	in schwerer Krise	-30 %

Abbildung 28: Risikofaktoren[194]

---

[194] Eigene Darstellung.

In der letzten Spalte wird ein Prozentsatz aufgeführt, der angibt, um welchen Anteil der gesamten Skala ein Abzug bei einer groben Verfehlung der Anforderungen vorgenommen werden sollte. Bei leichten Verfehlungen muss natürlich entsprechend angepasst werden. So sind die 50 % Abzug bei "Gewinnentwicklung" für Unternehmen, die regelmäßig hohe Verluste ausweisen müssen, gedacht. Unternehmen, die gelegentlich keine Gewinne machen, bekommen nur noch 20 % vom Toprating abgezogen und bei Unternehmen bei denen der Gewinn mal um 50 % einbricht, werden 10 % abgezogen. Bei der Finanzierung kann einfach bei einer EK-Quote unter 50 % für jeden fehlenden Prozentpunkt 1 % vom Top-Rating abgezogen und ein weiterer Abzug vorgenommen werden, falls die Zusatzbedingungen nicht erfüllt werden. Bei Unternehmen mit besonders zuverlässiger Gewinnentwicklung kann auch eine EK-Quote von 35 % ohne Abzug akzeptiert und entsprechend weniger abgezogen werden, wodurch auch der maximale Abzug geringer wird. Bei Banken und Versicherungen werden für jeden Prozentpunkt unter 20 % gleich 2,5 % vom Top-Rating abgezogen.

Bei wenigen Kriterien kann, wenn die Anforderungen deutlich übertroffen werden, ein kleiner Bonus vergeben werden, mit dem Schwächen in anderen Bereichen ausgeglichen werden können. Dazu zählen vor allem die Risikofaktoren „Gewinn- und Umsatzentwicklung" sowie „Wettbewerbsvorteile", welche mit +10% und +20 % Boni versehen werden können, wenn die Gewinne und Umsätze besonders konstant gesteigert werden können bzw. ein eindeutiger Wettbewerbsvorteil vorherrscht. Die konstante Gewinn und Umsatzentwicklung ist ein besonders relevantes Merkmal für ein hervorragendes Unternehmen und die Wettbewerbsvorteile sind vor allem für Unternehmen aus zyklischen Branchen der entscheidende Faktor, um Krisen zu überstehen und nicht als nächster über die Klippe zu fallen, wenn in der nächsten Rezession der Markt enger wird und sich eventuell das Feld der Anbieter verkleinert. Wenn die EBIT-Marge und/oder die Rendite auf das eingesetzte Kapital über 20 % liegen, spricht das auch für einen besonderen Puffer, der mit einem Bonus von jeweils 5 % honoriert werden kann. Letztendlich ist es jedoch vorrangig, in allen Kriterien ordentlich abzuschneiden. Sollte ein

Unternehmen jedoch in wichtigen Punkten besonders gut abschneiden, können ihm so Verfehlungen bei einem weniger relevanten Kriterium verziehen werden, und trotzdem wird es noch honoriert, einfach in allen Punkten die Anforderungen zu erfüllen, ohne irgendwo besonders hervorstechen zu müssen.

Unternehmen, die mit einem Abzug von 0 % - 20 % davonkommen, können als hervorragende Investments bezeichnet werden. Bei einem durchschnittlichen Unternehmen ist ein Abzug zwischen 20 % und 50 % vom Top-Rating zu erwarten. Ab 50 % wird als riskant eingestuft und ab 75 % kommen die Aktien des Unternehmens nur noch für Spekulationen in Frage. Hervorragend sind große nicht-zyklische Unternehmen aus der entwickelten Welt, die ihre Umsätze, Gewinne und Dividenden zuverlässig und stetig steigern können und dabei solide finanziert sind. Als durchschnittliche oder solide Investments können gewöhnlich große zyklische Unternehmen, die nicht schlechter oder eher besser sind als ihre Konkurrenz, wie beispielsweise die deutschen Autobauer, oder kleinere, weniger zyklische und solide finanzierte Unternehmen bezeichnet werden. Riskant sind dann kleinere zyklische Unternehmen oder kleine und mittelgroße Unternehmen, die ihren Hauptsitz in den als riskanter bezeichneten Regionen haben oder deren operatives Geschäft ausschließlich dort stattfindet.

Die eben dargestellte Beschreibung unterschiedlich riskanter Investments und deren Zuordnung zur Risikoskala kann als zusätzliche Orientierung bei der Risikoeinstufung verwendet werden. Bei der Risikoeinstufung ist gelegentlich auch ein wenig Intuition gefragt, aber mit einem Plan wie in Abbildung 28 kann es vermieden werden, dass nach eventuell nicht rational begründeten Vorlieben einzelne Unternehmen gegenüber anderen bevorzugt werden. Der Plan kann bei Bedarf auch noch um weitere Risikofaktoren ergänzt werden. Man könnte hier z. B. noch einen Risikofaktor "Sonstiges" für Sonderfälle, die einzelne Unternehmen betreffen, hinzufügen. Auch die Prozentsätze sind eine Empfehlung und müssen nicht genauso übernommen werden.

Letztendlich laufen alle Risikokriterien darauf hinaus, zu bestimmen, wie hoch die Gefahr ist, dass sich der Wert des Investments nicht so entwickelt wie eingeplant, denn darin besteht das verbleibende Risiko für den langfristig wertorientierten Investor, der auf der Sicherheitsmarge besteht. Der wesentliche Vorteil von Qualitätsunternehmen mit geringer Risikoeinstufung ist es, dass ihre zukünftige Entwicklung recht gut prognostizierbar ist und herbe Wertverluste sehr unwahrscheinlich sind.

Um die gewählte Risikoanalyse zu quantifizieren, kann nach ein paar Jahren kontrolliert werden, wie die bewerteten Unternehmen wirklich abgeschnitten haben. Hierfür müssen zunächst viele Unternehmen aus allen Risikobereichen eingestuft worden sein. Anschließend kann rückwirkend kontrolliert werden, wie stark die tatsächliche operative Entwicklung bei verschiedenen Unternehmen von der ursprünglich eingeplanten abweicht. Wurden für eine repräsentative Menge an Unternehmen aus verschiedenen Risikobereichen Annahmen bezüglich der operativen Entwicklung gemacht und diese Unternehmen einem Risikobereich auf seiner Risikoskala zugeordnet, können anschließend die durchschnittlichen Abweichungen der einzelnen Risikobereiche bestimmt und die früheren Schwachpunkte der Abweichler untersucht und auf diese Weise die Risikoanalyse optimiert werden.[195] So können beispielsweise

---

[195] Das hier vorgestellte Bewertungssystem wurde erstmals 2012 auf Basis der Jahresabschlüsse aus dem Geschäftsjahr 2011 angewendet. Vergleicht man diese Werte mit den für dieselben Unternehmen ermittelten Werte aus dem Jahr 2015 auf Basis der Jahresabschlüsse 2014, so wurde bei den hervorragenden Unternehmen nur in 15 % der Fälle ein niedrigerer Wert angenommen als 3 Jahre zuvor und im Durchschnitt hat sich der Wert um 40 % erhöht. Es gab von 100 Unternehmen keines, bei dem der Wert um über 50 % gesenkt werden musste. Bei den soliden Investments lag der ermittelte Wert aus 2014 in 43 % der Fälle unter dem aus 2011, bei knapp 10 % der Unternehmen wurde er um mehr als 50 % nach unten angepasst und bei einem von 74 Unternehmen musste eine Wertanpassung von -91 % vorgenommen werden. Im Durchschnitt erhöhte sich der Wert bei dieser Gruppe um 23 %. Bei den riskanten und spekulativen Investments wurde der Wert in 65 % der Fälle nach unten angepasst und es mussten mehrere kräftige Korrekturen bis hin zum totalen Wertverlust vorgenommen werden. In dieser Gruppe hat sich der Wert auch im Durchschnitt leicht verringert, wobei sie mit nur 20 Unternehmen nicht repräsentativ ist. Generell ist ein einzelner Zeitraum von 3 Jahren mit Vorsicht zu betrachten. Längerfristige Vergleiche mit Zeiträumen, die konjunkturelle Auf- und Abschwünge beinhalten, sind geeigneter. In der Gruppe der hervorragenden Unternehmen sind viele amerikanische Aktien vertreten und die amerikanische Wirtschaft hat sich in diesem Zeitraum recht gut entwickelt. Bei längeren Zeiträumen und/oder anderen Stichproben kann es sicherlich auch bei hervorragenden Investments gelegentlich zu starken Wertkorrekturen kommen. Es wurden ausschließlich nach derselben Methode ermittelte Werte unabhängig von den Kursen verglichen.

die Gewichtung bzw. die maximalen Abzüge bei den einzelnen Kriterien angepasst werden. Die Veränderungen in der 2. Auflage dieses Buches gegenüber der 1. Auflage resultieren aus einer rückblickenden Analyse aus dem Jahr 2017. Dabei wurde die fundamentale Entwicklung von Unternehmen betrachtet, die bereits in der Vergangenheit analysiert und nach der alten Risikoskala eingestuft worden waren.[196]

Es sollte berücksichtigt werden, dass es bei der Festlegung der maximalen Abzüge bei den Kriterien neben der offensichtlichen Bedeutung für die Stabilität eines Investments auch auf die Überschneidung mit anderen Kriterien ankommt. So wird ein Unternehmen, das eindeutig schlechter als seine unmittelbaren Konkurrenten ist, nie ein solides Investment darstellen, weshalb die 30 % Abzug bei „Wettbewerb" für sich betrachtet eher zu wenig wären. Allerdings sollte ein solches Unternehmen bereits an den Hürden einiger anderer Kriterien scheitern, weshalb es insgesamt kaum als solide sondern eher als spekulativ eingestuft werden wird. Dagegen kann ein schlecht finanziertes Unternehmen bezogen auf die anderen Kriterien recht lange einen sehr soliden Eindruck hinterlassen, solange die Geschäfte gut laufen, bevor ihm in einer Krise der Leverage zum Verhängnis wird. Vor allem in der Branche steckt ein recht gut verstecktes Risiko, wenn ein Unternehmen ein Trend- oder Modeprodukt herstellt. Das Unternehmen kann über viele Jahre prächtige Gewinne und Margen vorweisen, bevor dann doch plötzlich die Umsätze und der Gewinn einbrechen, weil das Unternehmen einen Trendwechsel verschlafen hat oder einfach eine andere Marke „in" ist. Als Modeprodukt ist allerdings nicht eine etablierte Marke wie Coca Cola zu verstehen, sondern vor allem Kleider- und sonstige Accessoire-Marken, wie Michael Kors, Fossil, Gerry Weber oder Hugo Boss. Diese Unternehmen können trotzdem gute Investments darstellen, aber man sollte sich des versteckten Risikos bewusst sein.

---

[196] Bezüglich der Wertentwicklung innerhalb der Risikoklassen gab es bei der rückblickenden Analyse aus 2017 keine nennenswerten Unterschiede zur Analyse aus 2015, die in der letzten Fußnote bereits erwähnt wurde. Der Schwerpunkt lag 2017 vor allem darauf die Anforderungen und Abzüge bei den einzelnen Kriterien zu optimieren.

Wurde eine Skala festgelegt, egal wie diese verläuft, müssen den Skalenpunkten noch entsprechende Sicherheitsmargen zugeordnet werden. Schafft es ein Unternehmen, in allen Punkten die Anforderungen zu erfüllen, ist eine Sicherheitsmarge von 30 % angebracht. Es gibt wenige Unternehmen, die es durch den Bonus schaffen würden, in der Skala über dem Ausgangspunkt zu landen. Trotzdem soll mindestens eine Sicherheitsmarge von 30 % verlangt werden. Es besteht immer ein Restrisiko und außerdem soll nur unter Wert gekauft werden. Die Sicherheitsmarge soll darüber hinaus pro 10 % Abzug auf der Risikoskala um 5 % erhöht werden.[197] Ein Unternehmen, das ganz am Ende der Skala bei 100 % Abzug steht, bräuchte also eine Sicherheitsmarge von 80 %. Die Abbildung 29 zeigt zu verschiedenen Abschnitten in der Risikoskala die entsprechenden Sicherheitsmargen und das zugehörige Kurssteigerungspotential zum ermittelten Wert. Kleine Risiken werden noch weitestgehend toleriert, größere führen jedoch schnell dazu, dass das Unternehmen, wenn überhaupt, nur noch zu einem Bruchteil des errechneten Wertes gekauft werden darf. 0 % Abzug steht für das Toprating und 100 % Abzug für den schlechtesten Wert in der Risikoskala. Die Skala kann auch noch erweitert werden, denn spätestens bei 140 % Abzug würde die Sicherheitsmarge ohnehin zu keinem Preis einen Kauf zulassen. Wer auf Spekulationen oder sogar riskante Investments nach der hier bestimmten Definition verzichtet, benötigt jedoch ohnehin nicht die gesamte Skala.

---

[197] Mit der hier vorgeschlagenen Erhöhung der Risikomarge um 5 % pro 10 % Abzug auf der Risikoskala erhielte man bei dem vorgenommenen Vergleich der Werte aus 2012 und 2015 (siehe vorletzte Fußnote) unter Berücksichtigung der durchschnittlichen Wertveränderungen in den einzelnen Gruppen und der unterschiedlichen anzusetzenden Sicherheitsmargen ähnliche Kurssteigerungspotentiale (Wert aus 2015 / max. Kaufpreis aus 2012), wobei die Kurssteigerungspotentiale mit der Erhöhung des Risikos leicht zunehmen. Die häufigeren negativen Wertanpassungen bei den riskanteren Investments wurden also etwa durch die höhere Sicherheitsmarge ausgeglichen, wobei es bezogen auf Einzelfälle in den Gruppen mit den riskanteren Investments häufiger vorkam, dass die erforderliche Wertanpassung die geforderte Sicherheitsmarge übertraf. Dafür ist das Kurssteigerungspotential in den Fällen, in denen der Wert nicht nach unten angepasst werden muss oder sogar stärker als erwartet nach oben angepasst werden kann, höher. Die geforderte Marge in Abhängigkeit vom Risiko kann auch dem eigenen Risikoprofil angepasst werden.

Bereich in der Risikoskala	Sicherheitsmarge	Potentielle Kurssteigerung bis zum fairen Wert
0 % Abzug	30 %	43 %
10 % Abzug	35 %	54 %
20 % Abzug	40 %	67 %
30 % Abzug	45 %	82 %
40 % Abzug	50 %	100 %
50 % Abzug	55 %	122 %
60 % Abzug	60 %	150 %
70 % Abzug	65 %	186 %
80 % Abzug	70 %	233 %
90 % Abzug	75 %	300 %
100 % Abzug	80 %	400 %

Abbildung 29: Sicherheitsmarge in Abhängigkeit vom Risiko[198]

Wenn die Wachstumsqualität ermittelt wurde, empfiehlt sich auch noch der Abzug eines Punktes nach der Checkliste aus Kapitel 5.6 pro 10 % Abzug auf der Risikoskala. Es würde sich widersprechen, bei einer als riskant eingestuften Aktie von langfristigem zuverlässigen Wachstum auszugehen. Es gibt ohnehin Überschneidungen bei der hier durchgeführten Risikoanalyse und der Ermittlung der Wachstumsqualität. Allerdings liegt der Fokus auf der Einschätzung der Gefahr, dass das Unternehmen in eine schwere Krise bis zur Existenznot kommt oder gar in Insolvenz geht, was mit verheerenden Kurs- und Wertverlusten bis zum Totalverlust einhergeht. Bei der Wachstumsqualität soll hingegen geprüft werden, ob es wahrscheinlich ist, dass sich die Wachstumsannahmen bewahrheiten und ob diese auch wirklich langfristiger Natur sein können.

Nach dem Abzug der Sicherheitsmarge vom vorher ermittelten Wert ergibt sich der maximale Kaufpreis. Der maximale Kaufpreis ist der Preis, der maximal für eine Aktie bezahlt werden darf. Über ihn werden die Unternehmen bestimmt, die ins Portfolio aufgenommen werden dürfen. Falls man Unternehmen findet, die sogar noch ein gutes Stück unter

---

[198] Eigene Darstellung; eigene Berechnung.

ihrem maximalen Kaufpreis gehandelt werden, ist das hervorragend, aber eine Aktie, die zu ihrem maximalen Kaufpreis gehandelt wird, stellt bereits einen guten, günstigen Kauf dar. Welche Kriterien für die endgültige Auswahl noch eine Rolle spielen und was bei der Zusammenstellung eines Portfolios beachtet werden sollte, wird in Kapitel 6.1 erläutert.

5.9 Anwendung des Bewertungsansatzes

Zum Abschluss der Unternehmensbewertung wird nun der Wert und der maximale Kaufpreis von Krones ermittelt. Krones bietet Maschinen für die Abfüll- und Verpackungstechnik und ist der Weltmarktführer für Getränkeabfüllanlagen. 2018 war das Unternehmen Bestandteil des MDAX. Krones erwirtschaftete 2017 einen Gewinn pro Aktie von 5,97 EUR. Die Erwartungen für die Jahre 2018 und 2019 liegen Stand Dezember 2018 bei 5,41 EUR und 6,04 EUR.[199] Die Gewinne und Umsätze haben sich in den letzten Jahren prächtig entwickelt und konnten pro Aktie seit 2011 stetig gesteigert werden. Normalerweise sollte ein Blick auf die letzten 7 Jahre ausreichen. Ob eine Beachtung der Gewinne von vor 10 – 15 Jahren das Ergebnis tatsächlich noch verbessert oder eher falsche Signale sendet, kann diskutiert werden. Allerdings gab es in dem Zeitraum von 2011 bis 2017 keine Rezession und gerade bei einem Industrieunternehmen wie Krones, sollte zumindest ein Blick auf die letzte Rezession geworfen werden, also auf die Jahre 2008 und 2009. Dabei wird dann auch deutlich, dass Krones von dem damaligen Konjunktureinbruch hart getroffen wurde. Das Ergebnis von 3,39 EUR wurde erst 2013 wieder übertroffen. 2009 wurde ein kleiner Verlust verbucht und in den Jahren 2010 – 2012 wurden Gewinne zwischen 1,45 EUR und 2,22 EUR erwirtschaftet. Das ergibt 3 Jahre mit nur ca. 50 % des Gewinns aus 2008 und eines mit ca. -30 % des Gewinns aus 2008. Nimmt man also genau die Gewinne seit 2008, ergäbe sich ein Faktor von (3 * 50 % - 130 %) / 10 = 0,73. Allerdings wäre das auch die

---

[199] Vgl. finanzen.net, 2018; vgl. The Wall Street Journal, 2018.

ungünstigste Periode. Zum einen liegt der Einbruch schon recht weit zurück und zum anderen würde sich das Bild wieder verbessern, wenn man noch weiter in die Vergangenheit schaut, da Krones auch vor 2008 seine Gewinne stetig steigern konnte, was sogar die Rezession nach der Jahrtausendwende beinhaltet. Daher wird ein Faktor von 0,85 genommen. Dieser ergäbe sich auch, wenn man die Gewinnentwicklung seit 2000 betrachtet.[200] Zwischen berichteten und angepassten Gewinnen gibt es keine nennenswerten Unterschiede, daher bleibt es bei diesem einen Faktor von 0,85, der auf den aktuellen Gewinn angewendet werden muss. Für das Stand Dezember 2018 fast beendete Geschäftsjahr wird eine Gewinn pro Aktie von 5,41 Euro erwartet, was seit langem mal wieder ein kleiner Rückgang wäre. Da 2019 der Gewinn von 2017 von 5,97 EUR schon wieder übertroffen werden soll und vor allem, da die Anwendung eines Faktors, der bereits gelegentliche Gewinnrückgänge einpreisen soll, auf einen vorübergehend rückläufigen Gewinn zu übertrieben niedrigen Ergebnissen führt, wird der Faktor auf den für 2019 erwarteten Gewinn angesetzt.: 0,85 * 6,04 EUR = 5,13 EUR. Dadurch erhält man allerdings eigentlich das Gewinnniveau von Ende 2019. Bei der Multiplikation des Umsatzes pro Aktie aus dem Jahre 2017 mit der durchschnittlichen Umsatzmarge aus den Jahren 2013 – 2017 ergäbe sich ein etwas höheres Gewinnniveau von 5,60 EUR.[201]

Bei der Ermittlung des Dividendenniveaus ist nur zu beachten, dass für 2009 keine Dividende bezahlt wurde. In den Jahren 2008, 2010 und 2011 wurde etwas weniger als 2007 ausgeschüttet. Dafür gab es 2013 eine Sonderausschüttung von 1,00 EUR, die eigentlich fast den Wegfall aus den Jahren 2008 - 2011 ausgleicht. Dennoch soll vor allem für das dividendenlose Jahr 2009 ein Faktor von 0,95 verwendet werden. Da Krones ein deutsches Unternehmen ist, ist bezüglich der Quellensteuer nichts zu beachten. Die Steuern auf Dividendenzahlungen entsprechend bei Krones denen, die auch für realisierte Kursgewinne bezahlt werden müssten. Die letzte Dividende betrug 1,70 EUR und es ist auch nicht mit

---

[200] Eigene Berechnungen. Datenquellen: Krones, Finanzberichte; Krones, Präsentationen.
[201] Eigene Berechnungen. Datenquellen: Krones, Finanzberichte.

einem spürbaren Rückgang bei der Dividende zu rechnen, daher ergibt sich ein Dividendenniveau von 0,95 * 1,70 EUR = 1,62 EUR.[202]

Das historische Umsatzwachstum der vorangegangen 5 Jahre seit dem letzten Jahresabschluss 2017 betrug 6,7 %, wobei es keine Veränderungen bei der Aktienanzahl gab. Dabei wird der geometrische Durchschnitt verwendet, also (3691,4 / 2664,2)^(1 / 5), wobei 3691,4 Mio. EUR dem Umsatz aus 2017 und 2664,2 Mio. EUR dem Umsatz aus 2012 entspricht. Beim Gewinn sollen bevorzugt Durchschnittswerte herangezogen werden. Für den Zeitraum, der benötigt wird, um den geometrischen Durchschnitt zu ermitteln, muss dann jeweils der Mittelwert aus den gewählten Zeiträumen, für die die Durchschnittswerte ermittelt wurden, genommen werden. Wenn beispielsweise der Durchschnittsgewinn aus den Jahren 2011 – 2013 und 2015 – 2017 herangezogen wird, so muss am Ende hoch (1 / 4) gerechnet werden. Der Mittelwert aus 2011 – 2013 ist 2012, der aus 2015 – 2017 ist 2016 und 2016 – 2012 = 4. Bei Krones ergäbe sich hierbei ein Gewinnwachstum von 21,5 %, wobei dies nicht als Orientierung für die Zukunft geeignet scheint. Hier spielt der Basiseffekt eine Rolle, da die Ergebnisse aus 2011 und 2012 noch besonders niedrig waren. Nimmt man, um dies zu vermeiden, keine Mittelwerte und die Gewinne pro Aktie aus 2017 und 2013, so ergibt sich ein Wachstum des Gewinns pro Aktie von 11,7 %, was immer noch deutlich über dem Umsatzwachstum liegt und mit den gestiegenen Margen zusammenhängt.[203] Allerdings war es auch konjunkturell eine gute Zeit. Nimmt man statt des Gewinns aus 2017 den zu erwartenden Gewinn pro Aktie aus 2018 und ermittelt den geometrischen Durchschnitt für 2013 - 2018, ergibt sich nur noch ein Gewinnwachstum von 7,1 %. Betrachtet man die von Analysten erwarteten Gewinne pro Aktie aus den Jahren 2018 und 2020, so sollen diese im geometrischen Durchschnitt pro Jahr um 11,6 % steigen. Bei den Umsätzen wird jedoch in den nächsten Jahren nur noch von einem Wachstum von ca. 4,5 % ausgegangen, was allerdings auch mit einer

---

[202] Eigene Berechnungen. Datenquellen: Krones, Finanzberichte.
[203] Eigene Berechnungen. Datenquellen: Krones, Finanzberichte.

aktuellen Schwäche zusammenhängen kann. Schließlich wird seit langem mal wieder ein vorübergehender Gewinnrückgang erwartet.[204] Entsprechend der Schwerpunkte und sonstigen Überlegungen aus Kapitel 5.6 wird von einem langfristigen Gewinnwachstum von 6,5 % ausgegangen. Dieses Wachstum wurde auf Basis der in Euro ausgewiesenen Umsätze und Gewinne ermittelt. Daher ist bezüglich der Währungsentwicklung keine Anpassung notwendig.

Bei der Anwendung der Checkliste zur Ermittlung der Wachstumsqualität ergeben sich folgende Werte: Das historische Wachstum ist relativ konstant, aber nicht hervorragend, was zu einem Punkt führt. Die historischen Wachstumsraten stimmen ungefähr mit den mittelfristig zu erwartenden überein, aber gerade vor dem Hintergrund des aktuellen Gewinnrückgangs kann hier kein Punkt vergeben werden. Das Eigenkapital ist etwa im selben Maße gestiegen wie Umsatz und Gewinn und auch die EK-Quote ist ziemlich konstant. Hierfür wird 1 Punkt vergeben. Die Dividende wird zumindest seit 2010 wieder jedes Jahr gesteigert. Hierfür wird auch 1 Punkt von 2 möglichen Punkten vergeben. Krones ist Weltmarktführer, hat aber keine monopolartige Marktposition wie beispielsweise das Unternehmen Alphabet mit seiner Suchmaschine Google. Krones agiert in einem soliden, aber nicht außergewöhnlichen Markt. Für die Marktstellung gibt es einen Punkt, für den Makrotrend keinen.

Es gibt keine besonderen versteckten Werte, die noch extra hinzuaddiert werde müssen, daher fehlt nur noch die Risikoanalyse zur Bestimmung der geforderten Sicherheitsmarge. Bei der Gewinn- und Umsatzentwicklung stellt sich gleich die Frage, wie lange der betrachtete Zeitraum sein muss. Es wurde bereits erwähnt, dass ca. 7 Jahre eigentlich ausreichen sollten, um sich einen Eindruck über die Entwicklung des Unternehmen und deren Konstanz zu verschaffen, aber vor allem bei zyklischen Unternehmen sollte auch eine konjunkturelle Schwächephase enthalten sein, zumindest wenn diese nicht noch deutlich weiter zurückliegt. Würde man 7 oder 8 Jahre betrachten, gäbe es

---

[204] Vgl. finanzen.net, 2018; vgl. The Wall Street Journal, 2018.

für Krones hier einen klaren Bonus von 10 %. Wenn man jedoch weiter zurückgeht, kommt der heftige Einbruch aus dem Jahr 2009. Da dieser Einbruch lange her ist, von dem heftigen Einbruch 2009 kaum ein Industrieunternehmen verschont wurde und es der einzige Einbruch seit der Jahrtausendwende bei Krones war, gibt es hier keinen Abzug, aber der Bonus von 10 % entfällt. Für das Kriterium „Zuverlässigkeit der Prognosen" werden aufgrund der im Vergleich zum September 2018 rückläufigen Analystenschätzungen und der erwarteten vorübergehenden Abschwächung beim Wachstum 5 % abgezogen.[205] Zusätzlich gibt es einen Abzug von 5 % für die leicht angeschlagene Situation, da für 2018 ein vorübergehender kleiner Gewinnrückgang erwartet wird.

Da Krones weitestgehend konstante und sogar steigende Gewinne vorweisen kann, ist die Eigenkapitalquote von 40 % solide, zumal auch kaum immaterielle Vermögenswerte in der Bilanz enthalten sind. Es gibt geradeso keinen Abzug. Für die Größe gibt es einen klaren Abzug von 15 %. Bilanzsumme, Umsatz und der grob überschlagene Unternehmenswert, bei dem das Gewinnniveau einfach mit 16 multipliziert wird, liegen in einer Größenordnung von ca. 3 Mrd. EUR. Es wurde eine Anforderung von 50 Mrd. EUR für ein großes Unternehmen, das von seiner schieren Größe profitiert, definiert. Pro 10er-Potenz unterhalb dieser Marke werden 10 % abgezogen. Da der Wert noch unter 5 Mrd. Euro liegt, gibt es also einen Abzug von 15 %. Die Kapitalrendite beträgt nur 7 % und die EBIT-Marge sogar nur 6,3 %. Beide Werte wurden aus den Mittelwerten von EBIT und Bilanzsumme bzw. Umsatz der Jahre 2015 bis 2017 ermittelt.[206] Für beide Werte gibt es jeweils 10 % Abzug. Zuletzt fehlt nur noch ein Bonus von 10 %, da bereits festgestellt wurde, dass Krones zwar nicht seinen Markt beherrscht, aber dennoch im Vergleich zu seinen Wettbewerbern gut dasteht. In Summe ergibt sich ein Abzug von 35 %, was zu einem recht guten, mittelgroßen leichten Zykliker passt.

---

[205] Vgl. The Wall Street Journal, 2018.
[206] Eigene Berechnungen. Datenquellen: Krones, Finanzberichte.

Jetzt wurde sämtlicher Input zur Bestimmung des Wertes und des maximalen Kaufpreises ermittelt. Das Gewinnniveau wurde für Ende 2019 ermittelt, weshalb es nochmal durch das angenommene Wachstum für ein Jahr geteilt wird. Daher ergibt sich eine Gewinnniveau für Dezember 2018 von 5,13 EUR / 1,065 = 4,82 EUR. Vor dem Hintergrund des aktuellen Gewinnrückgangs, der wahrscheinlich nur vorübergehender Natur ist, schließlich wird für 2020 schon wieder ein Gewinn pro Aktie von 6,74 EUR erwartet, und des Gewinnniveaus von 5,60 EUR, das sich bei Verwendung der Umsatzmarge ergeben würde, wäre sicher auch ein leicht höheres Gewinnniveau zu rechtfertigen.[207] Aber es soll lieber konservativ bewertet werden.

Für das Ergebnis aus der Risikoanalyse müssen von den 4 Punkten aus der Checkliste für die Wachstumsqualität wieder 3,5 abgezogen werden. Es wird also einfach von einer Wachstumsregression von 10 % ausgegangen. Entscheidende Unterschiede ergeben sich ohnehin erst bei hohen Wachstumsraten. Im hier beschriebenen Beispiel ergibt sich mit der in Kapitel 5,3 beschriebenen Methode mit Gewinnvielfachen und einer Wachstumsregression von 10 % mit einem Gewinnniveau von 4,82 EUR, einem Dividendenniveau von 1,62 EUR und einem langfristigen Wachstum von 6,5 % ein Wert von 77,61 EUR. Bei einer Wachstumsregression von 5 % wäre das Ergebnis mit 77,76 EUR nur unwesentlich höher. Betrüge das angenommene Wachstum bei sonst gleichen Parametern 15 %, so erhielte man bei 10 % Wachstumsregression einen Wert von 133,75 EUR und bei 5 % Wachstumsregression einen Wert von 159,05 EUR, wobei bereits erwähnt wurde, dass bei Wachstumsraten ab 15 % mindestens eine Wachstumsregression von 7,5 % verwendet werden soll, was zu einem Ergebnis von 144,60 führen würde.[208] Das Beispiel soll nur zeigen, dass die verwendete Wachstumsregression bei kleinen Wachstumsraten ziemlich unbedeutend ist, bei großen Wachstumsraten jedoch von Bedeutung werden kann. Hier sind es ca. 10 % mehr Wert für die nächst niedere Wachstumsregression aus

---

[207] Vgl. finanzen.net, 2018; vgl. The Wall Street Journal, 2018.
[208] Die Berechnungen wurden entsprechend der Formeln in Kapitel 5.3 mit 6 Iterationen durchgeführt.

Abbildung 23. Es müssen jedoch nicht stur die Wachstumsregressionen aus Abbildung 23 verwendet werden. Diese sind nur ein paar Beispiele und eine dynamischere Version mit mehr Zwischenstufen wäre vorzuziehen. Entscheidend ist, dass hohe intrinsische Renditen zeitlich begrenzt werden und mit der Wachstumsqualität kann die Intensität der Begrenzung den Gegebenheiten angepasst werden. Hier wird bezogen auf die Wachstumshöhe, die Wachstumsqualität und die Risikoeinstufung ein ziemlich durchschnittliches Unternehmen analysiert, weshalb es auch nicht ungewöhnlich ist, dass im Ergebnis die Standardwachstumsregression von 10 % genommen wird. Der Wert aus der Methode mit den Gewinnvielfachen wurde bereits ermittelt. Da das Wachstum unter der geforderten intrinsischen Mindestrendite von 8,5 % liegt, muss noch die DCF-Methode angewandt werden. Diese ergibt einen Wert von 1,62 EUR / (8,5 % - 6,5 %) = 81,00 EUR. Es wird der niedrigere Wert aus beiden Methoden genommen, also 77,61 EUR. Die strenge Beachtung der DCF-Methode ist wichtig. Würde bei Krones nur ein Wachstum von 3 % angenommen werden, ergäbe sich mit der Methode mit Gewinnvielfachen immer noch ein Wert von 66,35 EUR. Allerdings würde der endgültige Wert aus der Kombination aller Verfahren aufgrund der DCF-Methode auf 36,00 EUR fallen. Unternehmen die nur einen kleinen Teil ihrer Gewinne ausschütten, müssen dafür ordentliche Wachstumsraten bieten, ansonsten stellen Sie genau die Investments dar, die auch bei niedrigem KGV zur Value-Falle werden können und langfristig enttäuschen.

Die konservative DCF-Methode ist bei dieser Ausschüttungsquote nicht relevant. Bei der konservativen DCF-Methode wurde die erwartete Wachstumsrate, wenn sie größer als 3 % pro Jahr war, noch für fünf Jahre fortgeschrieben und anschließend wurde von einem konstanten Wachstum von jährlich 3 % ausgegangen. Sie kann nur bei Unternehmen mit hohen Wachstumsraten und hohen Ausschüttungsquoten in dem Sinne zu Korrekturen führen, dass normalerweise der niedrigere Wert aus dem Ergebnis aus der Methode mit dem Gewinnvielfachen und aus dem Ergebnis mit der DCF-Methode genommen wird. Sollte das Ergebnis mit der konservativen DCF-Methode jedoch diesen Wert überschreiten, darf der Wert, der mit der konservativen DCF-Methode ermittelt wurde, herangezogen werden. In diesem Beispiel ergäben sich 34,50 EUR.

Nachdem der Wert von 77,61 EUR bestimmt wurde, muss nur noch die Sicherheitsmarge abgezogen werden, um den maximalen Kaufpreis zu erhalten. Aus dem Abzug von 35 % vom Toprating ergibt sich eine Sicherheitsmarge von 47,5 % und ein maximaler Kaufpreis von 77,61 EUR * (1 − 47,5 %) = 40,75 EUR.

Der hier vorgestellte Bewertungsansatz basiert auf nur drei Kennzahlen und einer flexiblen zeitlichen Begrenzung von überdurchschnittlichem Wachstum. Die Kennzahlen sollten konservativ und gewissenhaft festgelegt werden. Für einen praxistauglichen Ansatz ist es wichtig, dass er nicht auf zu vielen ungenauen Kennzahlen aufbaut. Nach der Bestimmung dieser Zahlen kann der Rest in Bruchteilen einer Sekunde von einem Tabellenkalkulationsprogramm nach den hier vorgeschlagenen Methoden erledigt werden. Es gibt keine Methode, mit welcher der Wert eines Unternehmens 100-prozentig genau bestimmt werden kann, zumal er ohnehin nicht für jeden Investor derselbe sein muss. Es ist jedoch gar nicht nötig, den Wert exakt zu bestimmen. Wichtig ist nur, dass man sich der Ungenauigkeiten und vor allem der Abhängigkeit vom Input bewusst ist und deshalb versucht, den Input konservativ zu bestimmen, um so einen Wert zu erhalten, der sich im unteren Bereich der möglichen Bewertungsspanne befindet, und dass immer auf der Sicherheitsmarge bestanden wird. Außerdem sollte der Fokus auf Unternehmen gerichtet werden, deren Entwicklung gut prognostiziert werden kann. Es ist besser, ab und zu eine gute Gelegenheit zu verpassen, als eine schlechte zu ergreifen. Mit der konservativen Bestimmung des Inputs und der Sicherheitsmarge kann es schon mal passieren, dass eine gute Kaufgelegenheit ausgelassen wird. Dafür können jedoch weitestgehend schlechte ausgeschlossen werden und diejenigen, die übrig bleiben, sollten fast immer gute Investments darstellen. Wer es schafft, bei seinen Investments Warren Buffetts Regel Nr. 1, niemals Geld zu verlieren, zu befolgen, wird ganz nebenbei hervorragende Renditen erzielen. So können entgegen anderer Finanztheorien hohe Renditen mit geringem Risiko kombiniert werden.

Heutzutage haben Value-Investoren auch noch einen wesentlichen Vorteil gegenüber Buffett und Graham. Während sich diese noch mühsam Geschäftsberichte beschaffen mussten, können die Geschäftsberichte heute kostenlos im Internet eingesehen werden. Dort gibt es sogar bereits aufbereitete Zahlen vieler Jahresberichte eines Unternehmens auf einen Blick. Den ersten Eindruck, bei dem laut Buffett ein Investment bereits ins Auge springen sollte, kann man sich heute innerhalb einer Minute verschaffen.[209] Im Anhang sind Internetquellen angegeben, auf denen die wesentlichen Kennzahlen der letzten Jahre vieler Unternehmen mit wenigen Klicks auf einen Blick betrachtet werden können. Sicherlich sollte man sich nicht gleich nach einer Minute für ein Investment entscheiden, aber es können zumindest viele sofort ausgeschlossen werden. Auf die Bestimmung einer Auswahl und das Erstellen eines Portfolios wird im nun folgenden Kapitel genauer eingegangen.

---

[209] Vgl. Löwe, J., 2010, S. 155.

6 Vermögensmanagement

6.1 Ein Portfolio erstellen und verwalten

6.1.1 Aktien suchen und verwalten

Vor allem für global ausgerichtete Investoren ist es auch vorteilhaft, sich zunächst einen Überblick darüber zu verschaffen, welche Märkte aktuell besonders günstig bewertet sind, und dort verstärkt nach Investments Ausschau zu halten. Die tatsächliche Auswahl wird zwar auf Basis der Bewertung einzelner Unternehmen getroffen, dennoch kann versucht werden, Schwerpunkte in besonders günstig bewerteten Regionen zu setzen, wo überdurchschnittliche Renditen erwartet werden können. Es gibt auch zahlreiche Investoren, die sich auf eine Region fokussieren und bspw. nicht bereit sind, in ausländische Aktien zu investieren. Die globale Ausrichtung erhöht jedoch nicht nur die potentielle Auswahl guter Investments, sie verbessert zusätzlich die Qualität der Diversifikation. Der Überblick über das Bewertungsniveau der Aktienmärkte kann zudem für alle Investoren bei der Entscheidung zur Höhe der Cashquote bzw. des gesamten Aktienanteils im Portfolio nützlich sein. Bei der Betrachtung der Märkte bietet es sich auch an einen Blick auf die Entwicklung der Devisenkurse zu werfen, um diese entsprechend der Angaben in Kapitel 5.7 bei der Bewertung berücksichtigen zu können.

Vor der genaueren Analyse einzelner Unternehmen lohnt es sich, anhand einfacher Kriterien eine Vorauswahl interessanter Unternehmen zu treffen. Hierfür gibt es sogenannte stock screener. Im Anhang unter Informationsquellen sind Links zu solchen Auswahlhilfen vermerkt. So können zum Beispiel aus einer großen Aktienmenge diejenigen ausgesucht werden, die ein KGV von unter 12, eine Eigenkapitalrendite von mindestens 12 % und eine Eigenkapitalquote von mindestens 50 % aufweisen. Verschiedene stock screener bieten unterschiedliche Auswahlkriterien und haben unterschiedliche Aktien in ihrer Datenbank. Weitere Ideen kann man sich aus Artikeln oder Musterportfolios anderer Investoren holen, auch hierzu gibt es Verweise im Anhang.

Nachdem eine vielversprechende Vorauswahl getroffen wurde, müssen die Unternehmen gemäß der Unternehmensbewertung aus Kapitel 5 genauer analysiert werden. Den Aktien der Unternehmen muss jeweils ein Wert zugeschrieben werden und durch Anwendung der passenden Sicherheitsmargen werden anschließend die maximalen Kaufpreise bestimmt.

Einmal bewertete Unternehmen können zusammen mit ihrem Wert und den wesentlichen Kennzahlen, die zu diesem Wert geführt haben, aufgeschrieben werden, um, solange kein Ereignis den Wert des Unternehmens wesentlich verändert, jederzeit den Kurs mit dem Wert vergleichen zu können und dabei zügig festzustellen, ob eine Unterbewertung vorliegt, und falls ja, wie ausgeprägt diese ist. Die wesentlichen Kennzahlen aus Kapitel 5 sind das Gewinnniveau pro Aktie und das Dividendenniveau in der entsprechenden Währung sowie die Wachstumsaussichten, bestehend aus der Höhe des angenommenen Wachstums und der Wachstumsqualität, und das Risiko. Zum Gewinn- und Dividendenniveau könnten noch die in Kapitel 5.2 und 5.3 erwähnten Faktoren extra erfasst werden. Zu den Wachstumsaussichten ließen sich noch weitere Kennzahlen aufnehmen, die zu dem entsprechenden Ergebnis geführt haben, wie das historische Wachstum oder die Eigenkapitalrendite. Zur Wachstumsqualität bietet sich noch die Erfassung der einzelnen Ergebnisse aus der in Kapitel 5.6 erwähnten Checkliste an und zum Risiko könnten noch die Ergebnisse bei den einzelnen in Kapitel 5.8 vorgestellten Risikokriterien erfasst werden. Gerade bei soliden Unternehmen verändert sich der Unternehmenswert meistens nur langsam in der Form, dass er stetig steigt. Es sollte trotzdem immer das Datum oder zumindest der letzte zugrundeliegende Geschäftsbericht dazugeschrieben werden, an dem der entsprechende Wert ermittelt wurde, damit später schnell erkannt werden kann, ob mit dem bereits ermittelten Wert weitergearbeitet werden kann oder ob eine neue Bewertung erforderlich ist. Der Grund für eine Neubewertung kann in unerwarteten Veränderungen beim Unternehmen oder in neuen Erkenntnissen liegen. Spätestens nach einem Jahr sollte der Wert generell neu überprüft werden und falls alles nach Plan gelaufen ist, angemessen in

Abhängigkeit von der erfolgten Gewinn- und Vermögensmehrung erhöht werden. Unmittelbar vor einer Transaktion muss natürlich auch nochmal sichergestellt werden, dass der ermittelte Wert noch aktuell gültig ist. Solange sich ein Unternehmen im Rahmen der Erwartungen entwickelt und es keine außergewöhnlichen Sonderausschüttungen gegeben hat, sollte sich der Wert immer nur erhöhen, andernfalls wurde der Wert bereits in der Vergangenheit zu hoch angesetzt. Eine Exceltabelle ist sehr geeignet, um Unternehmen mit ihren wesentlichen Kennzahlen und Werten zu erfassen. Mit ihr kann auch recht schnell durch Vergleiche festgestellt werden, welche Unternehmen am stärksten unterbewertet sind. Dieser Vergleich kann dann eine Grundlage für die Zusammenstellung des Portfolios bilden.

Wer etwas bewanderter im Umgang mit Excel ist, kann auch Kurs- und sogar Fundmentaldaten aus dem Internet automatisch importieren und auswerten, um den Prozess teilweise oder völlig zu automatisieren. Hierbei empfiehlt sich bei der Verwendung von Excel der zusätzliche Einsatz von VBA-Programmierung. Automatisierungen bieten den Vorteil erhöhter Objektivität. Allerdings gibt es auch Kriterien, wie bspw. die Beurteilung des Makrotrends, der Marktstellung des Unternehmens und der Qualität des Managements, die schwer zu automatisieren sind und bei denen es wahrscheinlich auch besser ist, wenn sie mit menschlichem Verstand betrachtet werden. Auch zur Verifizierung der Ergebnisse und zum Ausschluss unzuverlässiger Werte für schwer bewertbare Unternehmen bringt ein halbautomatischer Investmentprozess Vorteile gegenüber einem vollautomatischen.

Nicht jedes Unternehmen muss bewertet werden. Es gibt tausende Unternehmen, zwischen denen ein Investor wählen kann. Selbst wenn jemand den Großteil aller Unternehmen nicht bewerten könnte, blieben ihm immer noch genügend Aktien zur Auswahl übrig. Falls ein nicht bewertbares Unternehmen trotzdem einen sehr vielversprechenden Eindruck hinterlässt, kann es gesondert notiert und zu einem späteren Zeitpunkt noch einmal überprüft werden. Falls sich bedeutende Unsicherheiten geklärt haben, man seinen Kompetenzbereich erweitert hat oder einfach mehr Informationen aufgrund einer längeren Historie zur Verfügung stehen, kann es sein, dass dem Unternehmen zu einem späteren Zeitpunkt ein Wert zugeordnet werden kann. Generell sind erst kürzlich gegründete Unternehmen schwierig zu bewerten, da es noch keine langfristige Gewinn-, Umsatz-, und Vermögensentwicklung gibt und auch sonst noch viele Unsicherheiten bestehen. Nach ein paar Jahren kann man sich von diesen Unternehmen ein deutlich besseres Bild machen, falls sie dann noch existieren.

6.1.2 Die Diversifikation des Portfolios

Bevor das Portfolio bestückt wird, soll geklärt werden, wie viele verschiedene Aktien ins Portfolio hineinkommen. Diversifikation verursacht Opportunitätskosten, da Teile des Vermögens in Aktien gesteckt werden, die eine geringere Unterbewertung als das nach der eigenen Auswahl am meisten unterbewertete Unternehmen vorweisen. Falls beispielsweise 5 Unternehmen mit 75 % Kurspotential zu ihrem inneren Wert, weitere 5 mit 50 % Kurspotential und weitere 5 mit 25 % Kurspotential identifiziert wurden und alle Aktien diesen erwarteten Wert erreichen würden, dann hätte ein Investor bei einer Konzentration auf die besten 5 Unternehmen eine Rendite von 75 %. Nimmt er stattdessen die besten 15 Unternehmen der Auswahl in sein Portfolio auf, würde die Rendite nur noch 50 % betragen. Auf der anderen Seite kann die Entwicklung eines Unternehmens nie 100-prozentig vorausgesagt werden. Damit unerwartete Ereignisse oder Fehler nicht jahrelange Vermögensvermehrung zunichte machen, ist Diversifikation unerlässlich. Investiert man beispielsweise über 4 Jahre jedes Jahr alles in ein Unternehmen und erzielen 3 dieser Investments einen Gewinn von 80 %, jedoch eines einen Verlust von 80 %, so bleiben innerhalb von 4 Jahren gerade mal 16,6 % Vermögenszuwachs, weil der eine große Fehler oder einfach Pech fast alles vernichtet, obwohl man in 3 von 4 Fällen richtig lag und hervorragende Renditen erzielte. Wird das Vermögen dagegen jedes Jahr auf 4 verschiedene Aktien gleichmäßig verteilt, von denen immer 3 Aktien 80 % Gewinn und eine 80 % Verlust innerhalb eines Jahres bringen, und wird das Kapital nach jedem Jahr wieder gleichmäßig auf vier Aktien verteilt, die entsprechend performen, so würde sich das Vermögen innerhalb der 4 Jahre fast vervierfachen. Ein einziger Totalverlust würde ganz ohne Diversifizierung das gesamte Vermögen vernichten. Deshalb ist zur langfristigen Vermögensvermehrung eine gewisse Diversifizierung unerlässlich, diese sollte jedoch möglichst gering gehalten werden.

Warren Buffett meint, ein Investment sollte nur getätigt werden, wenn der Investor bereit ist, mindestens 10 % seines Vermögens in dieses eine Investment zu stecken.[210] Dementsprechend empfiehlt er einem Investor, der Ahnung hat und geschäftliche Abläufe versteht, nur fünf bis zehn verschiedene Unternehmen in sein Portfolio aufzunehmen.[211] Er bezeichnet Diversifikation als einen Schutz gegen Unwissenheit, der nur benötigt wird, wenn sich ein Anleger bei seinen Investments nicht sicher ist.[212] Philip Fisher ist ebenfalls der Meinung, dass übermäßige Diversifikation schädlich ist.[213] Er schreibt, dass bis zu 20 % des Portfolios in ein solides großes Unternehmen gesteckt werden können, solange die Branche des Unternehmens nicht mit der Branche anderer Unternehmen aus dem Portfolio übereinstimmt.[214] Bei kleineren und weniger soliden Unternehmen empfiehlt er ein Limit von 8 % - 10 % des gesamten Portfoliowertes pro Unternehmen.[215] Bei riskanten Investments schlägt Fisher einen maximalen Anteil von 5 % des Portfolios pro Investment vor.[216] Bei den Prozentangaben ist immer der Anteil am Portfolio zum Zeitpunkt des Kaufs gemeint. Dieser darf sich erhöhen, falls sich das Investment besser entwickelt als das gesamte Portfolio.[217] Die prozentualen Limits pro Investment von Philip Fisher entsprächen

---

[210] Vgl. Hagstrom, R., 2000, S. 19; vgl. Buffett, M. / Clark, D., 2008, S. 23.
[211] Vgl. Hagstrom, R., 2000, S. 17; vgl. Pardoe, J., 2005, S. 52.
[212] Vgl. Buffett, M. / Clark, D., 2008, S. 80, S. 83.
[213] Vgl. Fisher, P., 2003, S. 135.
[214] Vgl. Fisher, P., 2003, S. 137.
[215] Vgl. Fisher, P., 2003, S. 137 – 138.
[216] Vgl. Fisher, P., 2003, S. 142.
[217] Vgl. Fisher, P., 2003, S. 137 – 142.

einer Verteilung des Vermögens auf 5 hervorragende, 10 bis 12 durchschnittliche oder 20 riskante Unternehmen. Auch Max Otte meint, ein Portfolio sollte zwischen 5 und 20 Einzelwerte umfassen und er hält 8 bis 15 Einzeltitel für optimal.[218] Benjamin Graham empfiehlt dem defensiven Investor eine Verteilung auf mindestens 10 und maximal 30 Unternehmen.[219]

Alle hier aufgeführten Personen sind hervorragende Investoren, deren Empfehlungen berücksichtigt werden sollten. Es kann festgehalten werden, dass die Diversifikation vom Risikoprofil des Portfolios und von den Fähigkeiten des Investors abhängig gemacht werden sollte. Für diejenigen, die meinen, Unternehmen so zuverlässig und genau analysieren zu können wie Philip Fisher und Warren Buffett, reicht eine Verteilung des Vermögens auf 5 hervorragende Unternehmen oder 5 bis 10 hervorragende und durchschnittliche Unternehmen aus. Ansonsten sollten lieber die 8 bis 15 Aktien als Orientierung genommen werden und wer sich noch unsicher fühlt, kann sich auch an 10 bis 30 verschiedenen Aktien orientieren. Bei der Fokussierung des Portfolios auf wenige Unternehmen werden Fehler härter bestraft als bei einer stärkeren Diversifikation. Allerdings sollte eine stärkere Verteilung des Vermögens nicht dazu führen, dass nicht mehr ausreichend Zeit zur Analyse der einzelnen Investments vorhanden ist.

Mit einem Limit von 12,5 % * (1 - Risikowert in Prozent aus der Risikoskala in Kapitel 5.8) pro Investment erhält man automatisch 8 - 15 verschiedene Aktien im Portfolio, solange nur hervorragende und durchschnittliche Unternehmen ausgewählt werden und das Limit immer vollständig ausgenutzt wird.[220] Bei einem riskanten Portfolio kann die nach dieser Formel geforderte Diversifikation auch über 15 verschiedene Investments hinausgehen. Nach demselben Schema kann die Diversifikation den eigenen Vorlieben und Fähigkeiten angepasst und

---

[218] Vgl. Otte, Max, 2008, S. 275.
[219] Vgl. Graham, B., 1997, S. 54.
[220] Für hervorragende und durchschnittliche Unternehmen wurde ein Risikowert von unter 50 % entsprechend der Aussagen in Kapitel 5.8 angenommen.

dabei das Risikoprofil des Portfolios berücksichtigt werden. Für den privaten Investor, der seine Investments neben dem Beruf auswählt, empfiehlt sich eher ein Limit von 10 % * (1 – Risikowert in Prozent), was zu einem Portfolio von ca. 10 bis 20 Aktien führen sollte. Selbiges gilt auch generell, wenn es eine breite Auswahl ähnlich attraktiver Investments gibt, da dann die Kosten der Diversifikation gering sind. Gibt es einige herausstechende Investmentgelegenheiten, kann das Limit auch für eine begrenzte Zahl an Investments hochgesetzt werden, um so besondere Gelegenheiten stärker zu nutzen, wobei selbst dann ein Limit gewählt werden sollte, welches keinesfalls über den Extremwert von Philip Fisher hinausgeht und vorzugsweise etwas darunterliegt, z. B. 15 % * (1 - Risikowert in Prozent). Auch ein Mindestanteil pro Investment hat Sinn, da er verhindert, dass das Portfolio mit unnötig vielen Investments aufgebläht wird. Solange man nicht mit einer Fülle ähnlich attraktiver Investments konfrontiert ist, empfiehlt es sich jedoch ohnehin, die bestimmten Limits voll auszuschöpfen, um den Einfluss der attraktiveren Investments nicht unnötig zu verwässern.

Bei der Diversifikation kommt es nicht nur auf die Anzahl unterschiedlicher Aktien im Portfolio an. Die endgültige Qualität der Diversifikation hängt wesentlich von der Heterogenität dieser Aktien ab. Das Portfolio sollte eine ausgewogene Gewichtung zwischen Branchen und Regionen aufweisen, damit die Diversifikation ihren Nutzen voll entfalten kann. Auch hierbei muss ein Mittelweg zwischen Diversifizierung und Chancennutzung gefunden werden. Das heißt, falls eine ganze Branche oder eine Region günstiger bewertet ist als andere Branchen oder Regionen, darf diese auch stärker gewichtet werden. Es sollte jedoch vermieden werden, mehr als 2 Unternehmen im Portfolio zu halten, die derselben Branche aus derselben Region angehören. Außerdem sollten nach den Anweisungen von Philip Fisher auch nicht mehr als 20 % in Unternehmen völlig identischer Branchen mit denselben Produkten gesteckt werden. Eine breit gefächerte Branche wie Konsumgüter zählt dabei nur als eine Branche, solange die verschiedenen Unternehmen auch noch ähnliche Konsumgüter produzieren.

6.1.3 Auswahlkriterien für das Portfolio

Für die Auswahl der Aktien, die letztendlich einen Platz im Portfolio finden, bilden die eigene Bewertung und die variable Sicherheitsmarge die Basis. Es kommen nur Aktien zum Kauf infrage, die bei oder unter ihrem Wert abzüglich der individuellen Sicherheitsmarge notieren. Falls weniger Aktien bekannt sind, die dieses Kriterium erfüllen, als für ein Portfolio nach den gesetzten Limits pro Investment benötigt werden, muss der Cashbestand erhöht und auf weitere Gelegenheiten gewartet werden. Wurden hingegen mehr Aktien gefunden, die unter ihrem maximalen Kaufpreis gehandelt werden, als für das Portfolio benötigt werden, kann unter den Aktien, die diese Bedingung erfüllen, anhand der langfristigen Aussichten, der Intensität der Unterbewertung und dem Risikoprofil eine Auswahl getroffen werden. Bei der Bewertung in Kapitel 5 wurde konservativ von einer abnehmenden intrinsischen Rendite ausgegangen, damit möglichst kein Unternehmen zu hoch bewertet wird. Unternehmen wie Coca Cola oder Wal-Mart Stores haben jedoch bewiesen, dass überdurchschnittliches Wachstum, wenn auch nicht in beliebiger Höhe, deutlich länger als 15 Jahre anhalten kann. Mit der konservativen Bestimmung des maximalen Kaufpreises und dem Verzicht auf Aktien, die über diesem notieren, wird es bereits weitgehend vermieden, zu viel zu bezahlen. Unter den Aktien, die unter diesem maximalen Kaufpreis notieren, sollte deshalb die Höhe der intrinsischen Rendite ein wesentliches Kriterium für die endgültige Auswahl darstellen. Eine hohe intrinsische Rendite spricht für gute langfristige Aussichten und überdurchschnittliche Performance. Für diese Performance ist der Investor nicht darauf angewiesen, dass sich das Bewertungsniveau erhöht, was auch bei unterbewerteten Aktien immer noch von den unvorhersehbaren Launen des Marktes abhängt.

Ein offensichtlicheres Kriterium ist der Abstand des Kurses zum maximalen Kaufpreis bzw. die Intensität der Unterbewertung. Wenn eine Aktie sogar deutlich unter ihrem maximalen Kaufpreis notiert, ist sie bei sonst gleichen Bedingungen natürlich einer Aktie vorzuziehen, die nur knapp unter ihrem maximalen Kaufpreis notiert. Außerdem muss die endgültige Auswahl noch dem gewünschten Risikoprofil angepasst werden. So kann komplett auf Unternehmen, die eine gewisse Risikoeinstufung übertreffen, verzichtet oder ein maximales Durchschnittsrisiko für das Portfolio festgelegt werden. Wenn die Auswahl auf Basis des Abstands zum maximalen Kaufpreis auf viele riskante Investments fällt, obwohl bei diesen der maximale Kaufpreis weiter unter dem Wert liegen muss als bei weniger riskanten Investments, empfiehlt es sich, die Zahl der riskanten Investments zu begrenzen bzw. einen vorher bestimmten Teil des Portfolios für Unternehmen mit geringem Risiko zu reservieren, die dann untereinander verglichen und ausgewählt werden, ohne in Konkurrenz mit riskanteren Investments treten zu müssen. Auf diese Weise können die Sicherheitsanforderungen für das Portfolio angepasst werden. Nebenher sollte bei der Auswahl auf die ausgewogene Gewichtung zwischen Branchen und Regionen geachtet oder zumindest eine übermäßige Gewichtung einer Branche oder Region vermieden werden.

Da der Dateninput und die daraus resultierenden Bewertungen und intrinsischen Renditen von Unternehmen nie hundertprozentig stimmen, empfiehlt es sich, bei knappen Entscheidungen noch auf weitere Kriterien, anstatt nur auf einzelne Prozentpunkte zu achten. Insiderkäufe oder Käufe anderer namhafter Value-Investoren, die ihr Können schon unter Beweis gestellt haben, sprechen für gute Investments. Auf die Meinung unbekannter Analysten sollte nicht zu viel gegeben werden. Sie werden meistens dafür bezahlt, das Interesse an Aktien bzw. Transaktionen aufrecht zu erhalten, außerdem passen viele von ihnen ihre Prognosen den Kursen an. Generell sollte an der Börse selbstständig entschieden werden. Falls die Entscheidung nach eigener Analyse jedoch knapp ausfällt, kann auch mal die Meinung einer anderen Person, die Kompetenzen bei der Auswahl von guten Investments bewiesen hat, herangezogen werden. Wenn ein unterbewertetes Unternehmen eigene Aktien zurückkauft, ist dies ebenso ein Pluspunkt, der bei knappen Entscheidungen ausschlaggebend sein kann. Letztendlich empfiehlt es sich, bei knappen Entscheidungen zu dem Unternehmen zu tendieren, bei dessen Bewertung man sich sicherer fühlt und das man für qualitativ hochwertiger und krisensicherer hält. Es gibt die sogenannten S&P 500 Dividend Aristocrats. Dabei handelt es sich um die Unternehmen aus dem S&P 500, die ihre Dividende seit mindestens 25 Jahren jedes Jahr steigern konnten. Außerdem gibt es Dividend Champions. Das sind Unternehmen, die nicht im S&P 500 enthalten sind, aber ansonsten dasselbe vollbracht haben. Dies ist ein Zeichen für Zuverlässigkeit und Konstanz und kann als Kriterium bei knappen Entscheidungen herangezogen werden.

6.1.4 Kosten vermeiden

Als selbstständig entscheidender Aktienanleger sollte man auf jeden Fall ein Depot eröffnen, bei dem keine Depotführungsgebühr erhoben wird. Außerdem sollten auch Dividendenausschüttungen ohne Gebühren dem Depot zugeführt werden. Dann fallen entsprechend nur noch Gebühren für Transaktionen innerhalb des Depots an und für eine langfristig orientierte Value-Strategie sollten nicht so viele Transaktionen notwendig sein.

Beim Kauf und Verkauf einer Aktie sollten noch ein paar Kleinigkeiten beachtet werden. Es ist empfehlenswert, vor der Transaktion nachzusehen, welcher Handelspartner welchen Spread verlangt, und einen zu wählen, bei der das Wertpapier mit einem geringen Spread gehandelt wird. Der Spread ist der Unterschied zwischen Briefkurs und Geldkurs. Normalerweise ist es bei der Börse mit dem höchsten Volumen am günstigsten, wobei bei Orders an ausländischen Börsen höhere Ordergebühren anfallen und bei fremden Währungen noch ein Spread für den Wechselkurs der Währung anfällt. Daher empfiehlt es sich meistens, vor allem bei Aktien größerer Unternehmen, von denen viele gehandelt werden, eine Börse im eigenen Land zu wählen, da der Spread dieser Aktien an allen Börsen gering ist und an Börsen im eigenen Land die geringsten Ordergebühren und keine Gebühren für Devisen anfallen. Beim Kauf einer Aktie an der Börse, die nur in geringen Mengen gehandelt wird, sollte ein Limit gesetzt werden. Es kann sonst passieren, dass man deutlich mehr bezahlen muss als geplant, da es gar keine Verkäufer mehr zu dem angebotenen Kurs gibt, und wenn man selbst ohne Limit geordert hat, wird die Order zu dem Kurs ausgeführt, zu dem es wieder Verkäufer gibt. Dies kann bei Aktien mit geringer Liquidität ein deutlich höherer Kurs werden als der zuletzt ausgewiesene. Beim Verkauf ohne Limit besteht die Gefahr, deutlich weniger Geld zu bekommen als erwartet.

Außerdem sollte der außerbörsliche Handel in Betracht gezogen oder gar bevorzugt werden, da hier keine Börsengebühren fällig werden und häufig sogar die Spreads geringer ausfallen als an der Börse. Entsprechende Anbieter sind bspw. Tradegate oder Lang & Schwarz. Bei diesen erhält man auf Anfrage zu einem Wertpapier und einem gewünschten Volumen die aktuellen Kauf- und Verkaufskurse und kann dann kurzfristig eine Entscheidung fällen, ob man die Transaktion zu dem entsprechenden Kurs ausführen möchte. Dadurch entfällt auch die Notwendigkeit einer Order mit Limit. Da die verschiedenen Anbieter natürlich ähnliche, aber nicht exakt gleiche Kurse bilden, um die sie ihren Spread bilden, der Anleger aber sowohl beim Kauf als auch beim Verkauf individuell wählen kann, von welchem Anbieter er ein Kursangebot annehmen möchte, sind die Spreads für den Anleger nochmal geringer gegenüber denen, die die einzelnen Handelspartner anbieten. Im Extremfall kann es sogar passieren, dass man von einem Anbieter einen Kaufkurs erhält, der niedriger ist als der Verkaufskurs von einem anderen Anbieter, was effektiv einem negativen Spread für den Anleger entspricht. Da noch Gebühren für die Transaktion anfallen und die Volumen, für die die entsprechenden Kurse gelten, begrenzt sind, reicht dies aber gewöhnlich nicht, um gewinnbringende Arbitragegeschäfte zu betreiben. Hier kann man sich als Kleinanleger kaum mit den großen Akteuren messen. Entsprechend den eben aufgeführten Ratschlägen sollte man auch bei der Wahl des Depots nicht ausschließlich auf die unmittelbaren Ordergebühren achten. Eine gute Auswahl an Börsenplätzen und vor allem an Handelspartnern für den außerbörslichen Handel kann besonders bei Transaktionen mit internationalen oder weniger liquiden Aktien deutlich wichtiger sein.

Es sollten auch die Handelszeiten beachtet werden. Der Spread amerikanischer Unternehmen wird auch bei deutschen Handelspartnern deutlich geringer, wenn gleichzeitig die New Yorker Börse geöffnet hat. Deshalb ist es sinnvoll, solche Aktien zwischen 15:30 Uhr und 17:30 Uhr mitteleuropäischer Zeit zu kaufen, da in diesem Zeitfenster alle deutschen Börsen, fast alle europäischen Börsen und die New Yorker Börse geöffnet haben. Gleiches würde für Amerikaner gelten, die eine europäische Aktie kaufen wollen. Während die Spreads amerikanischer Aktien in dem entsprechenden Zeitfenster teilweise um über 90 % geringer sind als bspw. am Mittag, sind die Unterschiede im Tagesverlauf bei asiatischen Aktien deutlich geringer, weshalb sich das obige Zeitfenster generell für Umschichtungen anbietet.[221]

Beim Sparen von Transaktionskosten sollte man sich nicht von dem Kontrasteffekt blenden lassen. So ist man bspw. leicht verleitet, beim Kauf eines neuen Autos die eine oder andere Sonderausstattung für ein paar Tausend Euro zu kaufen, obwohl diese für sich betrachtet recht teuer erscheint und ein schöner Urlaub oder eine neue Wohnzimmerausstattung vielleicht mehr Freude bringen würden. Im Zusammenhang mit dem fünfstelligen Betrag, den man gerade für das Auto ausgibt, kann man jedoch leicht verleitet werden, dies zu missachten.[222] Genauso wirkt es vielleicht unbedeutend, ob für den Kauf einer Aktienposition 10128 oder 10182 Euro ausgegeben werden, schließlich handelt es sich, bezogen aus den Kaufpreis, nur um ungefähr ein halbes Prozent. Wenn die entsprechende Einsparung jedoch mit wenigen Minuten Aufwand durch den Vergleich einiger Handelsmöglichkeiten erzielt werden kann, so ergibt sich für diese wenigen Minuten schnell ein hoher dreistelliger oder gar vierstelliger Stundenlohn, den man sich nicht entgehen lassen sollte.

Nachdem das Portfolio zusammengestellt wurde, sollte es nicht nach jeder kleinen Veränderung umgestellt werden. Dies verursacht zu viele

---

[221] Die Aussagen bzgl. der Spreads basieren auf einer Beobachtung diverser asiatischer, europäischer und amerikanischer Aktien zu unterschiedlichen Handelszeiten an den auf onvista.de aufgeführten Handelsplätzen im Mai 2018.
[222] Vgl. Dobelli, Rolf, 2011, S. 41 – 44.

Transaktionskosten. Es ist nicht empfehlenswert, eine bereits gekaufte Aktie gegen eine auf der Beobachtungsliste auszutauschen, weil diese inzwischen 5 oder 10 % günstiger geworden ist. Solange es keine schnellen, heftigen Kursveränderungen gibt, sollte nur gelegentlich kontrolliert werden, wie man das Portfolio zu dem neuen Zeitpunkt mit den vorhandenen Mitteln zusammenstellen würde, und auf dieser Basis kann umgeschichtet werden. Es ist jedoch auch bei dieser Umschichtung empfehlenswert, bei knapperen Entscheidungen auf den Austausch zu verzichten und Transaktionskosten zu sparen. Falls sich der Wert einer Aktie aufgrund eines unerwarteten Ereignisses stark verändert, muss diese natürlich neu geprüft werden. Mit einem unerwarteten Ereignis ist jedoch nicht gemeint, dass das Quartalsergebnis um ein paar Prozent von den Erwartungen abweicht, sondern etwas, das darauf hindeutet, dass die zukünftigen Ergebnisse nachhaltig besser oder schlechter ausfallen werden als ursprünglich erwartet. Falls dem Portfolio frisches Geld zufließt, kann dies natürlich in neue, unterbewertete Aktien investiert oder für Nachkäufe genutzt werden. Nachkäufe bei Aktien, deren Kurs nach dem Einstieg gefallen ist, sind ein nützliches Mittel für Value-Investoren, um den durchschnittlichen Einstiegskurs zu senken. Wenn eine Aktie richtig bewertet und ausgewählt wurde und der Kurs trotzdem weiter fällt, so sinkt ihr Anteil am Depot, obwohl er aufgrund der deutlicheren Unterbewertung eigentlich eher größer sein dürfte als vorher. Deshalb ist es sinnvoller, solche Aktien mit frischem Geld nachzukaufen. Ansonsten sollte einem gut zusammengestellten Portfolio einfach Zeit gelassen werden, sich zu entwickeln. Wer zu oft reinschaut und zu viel verändert, macht sich nur verrückt, hat mehr Transaktionskosten und fällt weniger durchdachte Entscheidungen.

6.2 Weitere Hinweise für Investoren

Fremdkapital darf niemals mit der Intension aufgenommen werden, es später durch den Verkauf von Aktien zurückzuzahlen. Am sichersten ist es logischerweise, gar kein Fremdkapital aufzunehmen. Ansonsten muss Fremdkapital immer durch laufende sichere Einnahmen zurückzahlbar sein, um sich nicht von den Kursschwankungen abhängig zu machen. Sie arbeiten dann nicht mehr für den Investor, sondern können ihm auch verheerende finanzielle Schäden zufügen. Wer dauerhaft mit Fremdkapital arbeitet, für welches er seine Aktien als Sicherheit hinterlegt, kann zwar zwischenzeitlich bessere Renditen erzielen, wird aber irgendwann in einem Bärenmarkt mächtige Verluste einfahren und hier gilt das Prinzip, dass 100 % Gewinn benötigt werden, um einen Verlust von 50 % auszugleichen.

Es muss immer so investiert werden, dass man unabhängig davon, wie verrückt sich die Kurse verhalten, nie durch sie gezwungen werden darf, zu verkaufen. Wer ein sicheres regelmäßiges Einkommen bezieht und von diesem ohnehin regelmäßig Geld in Aktien investiert, kann zu einem besonders günstigen Einstiegszeitpunkt über einen Ratenkredit die Einzahlungen eines Jahres vorwegnehmen, diese investieren und dann statt der weiteren Einzahlungen den Ratenkredit abbezahlen. Auf der anderen Seite darf jedoch auch kein Eigenkapital in Aktien investiert werden, das nicht langfristig zur Verfügung steht. Sämtliches Geld, das in Aktien investiert wird, muss auch langfristig verfügbar sein, damit die kurzfristige Verrücktheit der Märkte keinen Schaden anrichten kann. Selbst Sir Isaac Newton musste, nachdem er an der Börse viel Geld verloren hatte, eingestehen, dass er zwar die Bewegungen der Himmelskörper berechnen könne, nicht aber, wohin eine verrückte Menge einen Börsenkurs treiben kann.[223] Deshalb sollte vor der Depoteröffnung ein Finanzplan erstellt werden, mit dem ermittelt wird, welcher Teil des Vermögens für die langfristige Vermögensvermehrung und für Investments in Aktien zur Verfügung steht.

---

[223] Vgl. Otte, Max, 2012, S. 85; vgl. Löwe, J., 2010, S. 151.

Im letzten Kapitel wurde bereits erwähnt, dass in einem überbewerteten Gesamtmarkt die Anforderungen an die Auswahl nicht heruntergeschraubt werden sollen. Allerdings sollte aus Sicherheitsgründen selbst bei einer so eindeutigen und heftigen Überbewertung, wie sie im Jahr 2000 gegeben war, niemals die Aktienquote auf 0 % runtergefahren werden. Die Untersuchungen aus Kapitel 2 haben gezeigt, dass Aktien in Extremsituationen besser zur Vermögenserhaltung geeignet sind als Geldvermögen, deshalb sollte immer ein Teil des Vermögens in Aktien investiert bleiben. In einer Phase, in der aufgrund der hohen Bewertungen für längere Zeit keine überragenden Renditen mit Aktien zu erwarten sind, empfiehlt sich eine breite Vermögensstreuung. Je nach Zinsniveau und Inflationsrisiken kann ein ordentlicher Anteil in Anleihen gesteckt werden. Man kann auch seinen Aktienbestand mit Optionen oder Zertifikaten gegen fallende Kurse absichern. Diese Möglichkeit wird im letzten Teil dieses Kapitels noch genauer erläutert. Bei den Aktien, die noch gehalten werden, sollte man die günstigsten nehmen, die noch zu haben sind, und dabei besonders solide Firmen bevorzugen. Nachfolgend sind einige der solidesten Unternehmen der Welt aufgelistet:

Berkshire Hathaway	L'Oréal
Church & Dwight	McDonalds
Coca Cola	Nestlé
Coloplast	Novo Nordisk
Costco Wholesale	Procter & Gambel
CVS Health	Reckit Benckiser
Dollar General	SAP
Essilor International	TJX Companies
Fresenius	UnitedHealth Group
Johnson & Johnson	Walt Disney

Alle hier aufgelisteten Unternehmen haben seit vielen Jahren kontinuierlich ihre Umsätze, Gewinne und Dividenden gesteigert. Sie haben dies auch in konjunkturellen Abschwüngen getan und es spricht aktuell nichts oder wenig dagegen, dass ihnen dies weiterhin gelingt. Sie haben eine beachtliche Größe und die meisten von ihnen agieren auf der ganzen Welt. Sie sind auch besonders für Personen geeignet, die auf ihr Aktienvermögen und die daraus resultierenden laufenden Erträge recht bald angewiesen sind. Natürlich kann es auch bei den Aktien dieser Unternehmen zu Enttäuschungen kommen, aber zu einem guten Preis sind sie vielversprechende Investments.

Auch wenn sich die vorgestellte Strategie vorwiegend darauf konzentriert, günstig einzukaufen, sollte auch das Verkaufen nicht vergessen werden. Gründe für einen Verkauf können ein stark gestiegener Kurs, ein unerwartetes Ereignis, welches den Wert des Unternehmens senkt, deutlich günstigere andere Investitionsmöglichkeiten, für die Geld benötigt wird, oder ein Fehler aus der Vergangenheit sein.

Es ist schwierig, aber wichtig, dass man sich Fehler aus der Vergangenheit eingestehen kann und nach solchen nicht mehr zwanghaft an der entsprechenden Aktie festhält, um zu warten, bis die Verluste vielleicht irgendwann in der Zukunft trotzdem ausgeglichen werden. Einen Fehler erkennt man allerdings nicht automatisch daran, dass der Kurs nach dem Kauf fällt. Bei der Fehleranalyse sollte ausschließlich auf die operative Entwicklung und deren ursprüngliche Einschätzung geschaut werden, der Kursverlauf ist zunächst nicht relevant. Fehler dürfen auch nicht immer ergebnisabhängig bewertet werden. Es gibt gewisse Ereignisse, die nicht vorhersehbar sind. Ein Fehler liegt vor, wenn gewisse Gegebenheiten falsch eingeschätzt und das Unternehmen falsch bewertet wurde. Es kann auch ein Fehler sein, zu viel in ein Unternehmen zu investieren, so dass ein unvorhersehbares Ereignis bei diesem Unternehmen gravierende Folgen für das gesamte Vermögen hat. Jeder macht Fehler, selbst gute und erfahrene Value-Investoren machen noch Fehler und haben auf ihrem Weg dorthin erst recht welche gemacht. Deshalb sollten Fehler einkalkuliert werden und beim Investieren ist darauf zu achten, dass einzelne Fehler keinen allzu großen Schaden verursachen können.

Natürlich sollte man versuchen, die Fehlerquote durch gewissenhafte, objektive Analyse gering zu halten, aber es ist ebenso wichtig, mit gemachten Fehlern richtig umzugehen. Nicht jeder kann sich von einem schlechten Investment, welches aufgrund eines Fehlers eingegangen wurde, mit Verlust trennen, den Fehler eingestehen und nach einer neuen Gelegenheit Ausschau halten. Wer jedoch nach einem Fehler an dem Investment festhält und hofft, aus der Misere doch noch ohne Verlust rauszukommen, um sich den Fehler nicht eingestehen zu müssen, begeht damit gleich den nächsten Fehler. Auf diese Weise kann ein Fehler aufgrund des Egos des Investors viel fatalere Auswirkungen haben als nötig. Sogar ohne sich damit einen Fehler eingestehen müssten, tendieren viele Anleger dazu, an dem Preis, den sie einmal für eine Aktie bezahlt haben, krampfhaft festzuhalten. Mit dem Phänomen von sogenannten Ankerpreisen, wie beispielsweise ein in der Vergangenheit bezahlter Preis, hat sich Dan Ariely auseinandergesetzt.[224] Sie führen dazu, dass Anleger tendenziell dem Kurs zu dem sie eine Aktie gekauft haben, eine irrational hohe Bedeutung zusprechen, selbst dann, wenn die Aktie aufgrund von Veränderungen zu einem späteren Zeitpunkt einen völlig anderen Wert hat. Dies kann Hemmungen hervorrufen, eine Aktie sogar mit geringem Verlust zu verkaufen, selbst wenn der Aktie aufgrund von unerwarteten Veränderungen inzwischen ein wesentlich niedrigerer Wert zugesprochen wird, der auch zu den gefallenen Kursen für einen Verkauf spräche.

Ein guter Investor sollte sich weder von der Masse noch von seinen früheren Entscheidungen und erst recht nicht von seinem Ego beeinflussen lassen und stets so handeln, wie es nach seinem derzeitigen Wissensstand rational betrachtet am besten ist. Dies kann für manchen guten Analytiker eine größere Herausforderung werden als das Identifizieren von guten unterbewerteten Unternehmen. Wer sein Ego zurückstellen und rational bleiben kann, bringt auch gleich wesentliche Eigenschaften mit, um aus seinen Fehlern zu lernen und seinen Investmentstil stetig zu verbessern.

Eine Hilfe zur Vermeidung von emotionsbedingten Fehlern können selbst auferlegte Regeln sein. Für einen vollkommen rationalen Anleger stellen Regeln nur unnötige Einschränkungen dar, da er jederzeit die

---

[224] Vgl. Ariely, D., 2010, S. 59 – 89.

besten, der Situation entsprechenden Entscheidungen treffen würde. Es gibt jedoch keinen vollkommen rationalen Menschen. Für diejenigen, die von ihren Emotionen gelegentlich zu unnötigem, fehlerhaftem Aktionismus getrieben werden, kann es hilfreich sein, sich selbst Regeln aufzuerlegen. Indem keine Aktien über ihrem maximalen Kaufpreis erworben werden, wird bereits eine wesentliche wertorientierte Regel befolgt, die der Vermeidung von Fehlern dient. Besonders aktionswütige Anleger könnten sich ein Transaktionslimit auferlegen oder es werden in einem entspannten Zustand beim Kauf einer Aktie direkt Kurse festgelegt, zu denen nachgekauft wird und zu denen verkauft wird. Ein Transaktionslimit kann auch zu einer bewussteren Auswahl führen. Wer zu unüberlegten Schnellschüssen tendiert, kann es sich selbst verbieten, innerhalb der ersten 24 Stunden, nachdem er eine bedeutende Nachricht erhält, zu handeln. Solche speziellen Regeln sollten entsprechend individuell angepasst werden und erfordern es, zu seinen Fehlern und Emotionen stehen zu können.

6.3 Absicherung mit Optionen und Zertifikaten

6.3.1 Möglichkeiten mit und Eigenschaften von Optionen und Zertifikaten

Optionsscheine und Zertifikate sind besonders verbreitete Finanzderivate. Finanzderivate sind Produkte, die von sogenannten Underlyings bzw. Basiswerten abgeleitet werden. Bei diesen Underlyings kann es sich z. B. um Aktien oder Aktienindizes handeln, aber auch um Rohstoffe, Währungen oder andere Finanzprodukte. Finanzderivate stellen geldwerte Forderungen oder auch Verbindlichkeiten gegenüber einem Vertragspartner dar, die gewöhnlich zu einem bestimmten Termin fällig werden. Beim Kauf solcher Produkte sollte man im Hinterkopf behalten, dass anders als bei Aktien nur einer der Vertragspartner Gewinne auf Kosten des anderen erzielen kann, und der Vertragspartner des Käufers von Finanzderivaten ist gewöhnlich eine Bank, welche mit diesen Produkten Gewinne erwirtschaften möchte. Mit Optionsscheinen und manchen Zertifikaten kann man jedoch in gehebelter Form von steigenden und fallenden Kursen profitieren und sich somit gegen Kursstürze absichern. Versicherungen verursachen eben Kosten, die gewöhnlich auch höher sind als die Eintrittswahrscheinlichkeit des abgesicherten Ereignisses mal den Kosten, die für den Versicherer beim Eintritt des abgesicherten Ereignisses anfallen würden. Schließlich sind Versicherungen und Banken keine Wohlfahrtsvereine und wollen mit ihren Produkten Gewinne erwirtschaften. Man kann mit Optionsscheinen und Zertifikaten auch extrem riskante Spekulationen eingehen.

Optionsscheine sind gewissermaßen Termingeschäfte, bei denen nur ein Vertragspartner, gewöhnlich die Bank, dazu verpflichtet ist, das Geschäft abzuwickeln. Der andere Vertragspartner hat die Option, er darf entscheiden, ob zum Stichtag das Geschäft zu den vereinbarten Bedingungen abgewickelt wird oder nicht. Bei einem normalen Termingeschäft wird der Verkauf eines Basiswertes (Rohstoff, Aktie, Devise) zu einem bestimmten Preis und zu einem bestimmten Termin in der Zukunft vereinbart. Der Termin, der Preis und die Menge des Basiswertes müssen im Vertrag festgehalten werden. Diese Geschäfte werden z. B. von Farmern gemacht, um sich gegen einen eventuellen Preisverfall ihres Gutes, das sie erst zu einem bestimmten Termin zur Verfügung haben und dann verkaufen wollen, abzusichern. Bei einem Optionsgeschäft muss der Optionshalter das Geschäft nicht abwickeln, wenn sich die Preise für ihn ungünstig entwickelt haben. Der Stillhalter muss das Geschäft abwickeln, wenn es der Optionsbesitzer verlangt, dafür bekommt er eine Prämie bei der Herausgabe der Option bezahlt. Dies ist der Preis der Option. Sowohl der eventuelle Käufer als auch der eventuelle Verkäufer des Basiswertes können Stillhalter oder Optionshalter sein. Somit kann mit Optionen sowohl auf steigende als auch auf fallende Kurse gewettet werden.

Der Wert einer Option besteht aus einem inneren Wert und einem Zeitwert und dieser Zeitwert verfällt mit der Zeit zugunsten des Stillhalters. Wenn z. B. ein Call-Optionsschein auf den EUR-USD-Kurs, mit dem 100 Euro für 140 USD gekauft werden dürfen und der in einem halben Jahr verfällt, 5,50 Euro kosten würde und nach aktuellem Kurs für einen Euro 1,44 USD bezahlt werden müssten, betrüge der Zeitwert 5,50 Euro − (1,44 − 1,40) / 1,44 Euro * 100 = 2,72 Euro und der innere Wert 2,78 Euro. Der innere Wert ist der Wert, den die Option hätte, wenn sie in diesem Moment eingelöst werden müsste oder verfallen würde. Wäre der Kurs in einem halben Jahr exakt derselbe, hätte die Option nur noch einen Wert von 2,78 Euro, nämlich 4 USD / 1,44 (Euro/USD) = 2,78 Euro, da nur 140 statt 144 Dollar für die 100 Euro bezahlt werden müssten. Würde der Euro in einem halben Jahr weniger als 1,40 USD kosten, verfiele der Optionsschein sogar wertlos, immerhin müssten dann nicht die Euro geliefert werden, da der Optionshalter die Wahl hat. Würde der EUR-USD-Kurs jedoch beispielsweise bei 1,60 stehen, wäre die Option 20 USD / 1,60 (Euro/USD) = 12,50 Euro wert. Ein Aktionär kann sich so gegen eine gewisse Gebühr gegen den Verfall des USD absichern, welcher den Wert seiner amerikanischen Aktien in Euro reduzieren würde. Es werden in obigem Beispiel nur 5,50 Euro benötigt, um 140 USD im Wert von knapp 100 Euro abzusichern. Aufgrund des Hebels kann mit relativ wenig Geld eine große Menge an Devisen abgesichert werden. Mit einer Put-Option auf eine Aktie kann hingegen mit relativ wenig Geld das Recht erworben werden, diese Aktie zu einem bestimmten Termin in der Zukunft zu einem bestimmten Preis verkaufen zu dürfen. Auf dieselbe Weise kann auch auf fallende Kurse bei einem ganzen Aktienindex gewettet werden, wodurch sich ein Investor gegen fallende Kurse absichern kann. Falls die Kurse nämlich tatsächlich fallen, steigt der Wert der entsprechenden Option und gleicht die Verluste bei den Aktien aus. Dafür fällt der Wert der Option bei steigenden Kursen und gleicht somit auch den potentiellen Gewinn bei steigenden Kursen aus. Das wesentliche Problem bei Optionen ist jedoch, dass sie immer zeitlich begrenzt sind, und Value-Investoren sind eigentlich langfristig orientiert.

Eine Möglichkeit, von steigenden oder fallenden Kursen eines Basiswertes ohne zeitliche Begrenzung zu profitieren, gibt es mit Knock-Out-Zertifikaten, genau genommen mit einer Form von Knock-Out-Zertifikaten, nämlich den Open-End-Knock-Outs. Es gibt neben den Knock-Out-Zertifikaten noch unzählige weitere Zertifikate. Seitdem Zertifikate Anfang der 90er-Jahre aufkamen, haben sie sich rasant vermehrt. Diese rasante Vermehrung muss jedoch nicht auf den tollen Kundennutzen zurückzuführen sein, sondern kann auch mit den Profiten, welche die Banken damit erwirtschaften, zusammenhängen. Die Banken haben sich die stark steigende Nachfrage zunutze gemacht und immer neue und kompliziertere Zertifikate, wie bspw. das Multi-Relax-Express-Zertifikat, dessen Name bereits widersprüchlich ist, herausgebracht. Sie begründen es damit, dass diese Zertifikate privaten Anlegern ermöglichen, viele komplexe Anlagestrategien zu verfolgen und in verschiedenen Anlageklassen zu investieren. Vielleicht wollen sie aber auch einfach nur Geld verdienen. In gewisser Weise geht man beim Kauf eines Zertifikates ein Geschäft mit dem Emittenten ein, gewöhnlich mit einer Bank. Das Praktische an den Schuldverschreibungen (Zertifikaten), die bei diesen Geschäften (Emissionen von der Bank) herauskommen, ist, dass sie genau wie die Optionen an der Börse weiterverkauft und auch dort gekauft werden können. Wie bei den Optionen gibt es auch Zertifikate für Unmengen von Basiswerten.

Open-End-Knock-Outs werden hier etwas genauer erläutert, da sie im Gegensatz zu Optionen und anderen Zertifikaten kein Verfallsdatum haben. Dafür haben sie eine Knock-out-Schwelle, und wenn diese unterschritten bzw. überschritten wird, verfallen sie wertlos oder werden zu einem Restbetrag ausgebucht, falls die Knock-out-Schwelle über dem Strike liegt. Der Strike stellt den Wert dar, bis zu dem das Zertifikat fremdfinanziert ist. Die Differenz zwischen dem Kurs des Basiswertes und dem Strike bestimmt den Wert des Zertifikates. Es ist wie bei einem Kauf mit Fremdkapital, bei dem der Basiswert die Sicherheit darstellt. Ist kein Eigenkapital mehr übrig, muss verkauft werden. Bei vielen dieser Zertifikate liegt die Knock-out-Schwelle noch etwas über bzw. unter dem Strike, je nachdem, ob es ein Call- oder Put-Knock-Out ist, so dass das Zertifikat schon vor dem Erreichen des Strikes ausgebucht wird. Auf den Käufer von Open-End-Knock-Outs können wie bei Optionsscheinen keine Kosten über den Kaufpreis hinaus zukommen, auch wenn der

Basiswert sprunghaft unter den Strike fallen sollte. Bei Open-End-Knock-Outs gibt es keinen verfallenden Zeitwert, dafür wird der Strike bei Call-Open-End-Knock-Outs regelmäßig erhöht und bei Put-Open-End-Knock-Outs wird er regelmäßig gesenkt. Auf diese Art zahlt der Besitzer indirekt Zinsen, da so der Wert des Open-End-Knock-Outs bei gleichbleibenden Kursen des Basiswertes fällt und irgendwann auch ausgebucht werden würde, wenn die Knock-out-Schwelle den Kurs erreicht. Es sollte also vor dem Kauf beachtet werden, wie viel Zinsen bezahlt werden müssen bzw. wie schnell der Strike erhöht/gesenkt wird. Bei Open-End-Knock-Outs auf eine Aktie, die Dividenden ausschüttet, wird der Strike um den ausgeschütteten Betrag gesenkt.

In gewisser Weise sind sich Knock-Out-Zertifikate und Optionsscheine in ihrer Funktionsweise recht ähnlich. Man kann mit beiden gehebelt auf steigende und fallende Kurse wetten und zahlt für den Hebel indirekt über die Veränderung des Strikes bzw. des Zeitwertes Zinsen. Bei Optionsscheinen darf zwar während der Laufzeit die Schwelle überschritten werden, ab der kein innerer Wert mehr existiert, dafür sind sie zeitlich begrenzt. Für ein Übel muss man sich entscheiden.

Neben den Zinsen bzw. dem Zeitwert sollte bei allen Zertifikaten und Optionen auf den Spread, also den Unterschied zwischen An- und Verkaufskurs, geachtet werden. Dieser macht bei einigen, vor allem wertarmen Zertifikaten mehrere Prozentpunkte aus und ist eine versteckte Form, um Gebühren zu kassieren. Die Bank bestimmt bei der Emission einen fixen Spread von beispielsweise 5 Cent. Solange ein Zertifikat 10 Euro kostet, macht dies nur 0,5 % aus. Da der Spread bei Zertifikaten jedoch fix ist, beträgt er auch noch 5 Cent, wenn das Zertifikat nur noch 50 Cent wert ist, und macht dann 10 % aus.

Wer Zertifikate oder Optionsscheine kauft, sollte sich immer an dem Wert orientieren, den sie ungehebelt darstellen würden. Das heißt, wenn Zertifikate/Optionen zur Absicherung von Devisenkursen gekauft werden, ist die Menge der damit abgesicherten Devisen ausschlaggebend und nicht der Preis, der für die Zertifikate/Optionen bezahlt werden muss. Wenn man sie zur Absicherung gegen einen fallenden

Gesamtmarkt kaufen will, ist der ungehebelte Wert der Aktien oder Indizes ausschlaggebend, die den Zertifikaten/Optionen zugrunde liegen. Es muss dabei immer beachtet werden, wie viele Aktien oder Devisen ein einzelnes Zertifikat oder ein einzelner Optionsschein abbildet und welchen Wert diese hätten, wenn sie statt der Zertifikate/Optionen, bei denen die Aktien den Basiswert darstellen, gekauft werden würden. Dann kann man die Menge der Zertifikate dem Betrag anpassen, der abgesichert werden soll, und entsprechend auf fallende Kurse wetten. Wer sich gegen einen fallenden Gesamtmarkt absichern will, sollte sich an dem Wert des gesamten Portfolios orientieren, falls er alles absichern möchte, oder er nimmt eben weniger, wenn nur ein Teil abgesichert werden soll, und kauft dann Zertifikate, deren Basiswerte ungehebelt dem abzusichernden Betrag entspräche. Als Basiswerte zur Absicherung gegen fallende Kurse des Gesamtmarktes empfehlen sich Aktienindizes. So können sogar noch Profite erzielt werden, wenn sich die wertorientierte Auswahl im Portfolio besser entwickelt als der Gesamtmarkt, selbst dann wenn der fallende Gesamtmarkt auch die Kurse der Aktien aus dem Portfolio ein Stück weit mit herunterreißt.

Es bleibt jedoch zu bedenken, dass die Absicherung immer mit Kosten verbunden ist, nämlich denen für den entsprechenden Optionsschein oder das Zertifikat, dessen Wert bei steigenden Kursen entsprechend zurück und bei hohen Hebeln gewöhnlich recht schnell gegen Null geht. Man profitiert durch die Absicherung nicht mehr oder weniger von weiter steigenden Kursen und vor allem ist zu bedenken, dass durch den verfallenden Zeitwert bzw. die Zinsen auch bei stagnierenden Kursen Kosten entstehen, welche die Rendite mindern. Daher sollte von der Absicherung, wenn überhaupt, nur in Ausnahmefällen, wie in Kapitel 6.2 beschrieben, Gebrauch gemacht werden. Weitere Gefahren, die mit dem Spekulieren mit Optionen und Zertifikaten verbunden sind, werden im Folgenden beschrieben.

6.3.2 Gefahren beim Spekulieren mit Optionen und Knock-Out-Zertifikaten

Dadurch, dass Optionen irgendwann verfallen, kann es sein, dass die Prognose zwar richtig war, das Ereignis jedoch zu spät eintritt. Dann kann davon nicht mehr profitiert werden, da der gekaufte Optionsschein schon abgelaufen ist. Es kann nur ein neuer Optionsschein gekauft werden, falls es einen ähnlichen mit späterem Verfallsdatum gibt, für den jedoch erneut ein Zeitwert bezahlt werden muss. Optionsscheine, die nicht nur zur Absicherung gekauft werden und bei denen der Preis nicht als eine Art Gebühr für das terminlich begrenzte Versicherungsgeschäft gesehen wird, sondern die erworben werden, um damit schnellere (gehebelte) Profite zu erzielen, sind daher immer Spekulationen.

Open-End-Knock-Outs haben zwar kein Verfallsdatum, aber wer sie hält, muss ständig die Kurse verfolgen, um im Falle eines Kurssturzes oder Kurssprungs, je nachdem, ob auf steigende oder fallende Kurse gesetzt wurde, zu reagieren. Wird die Knock-out-Schwelle erreicht, wird das Zertifikat zum Restwert ausgebucht und geht nicht mehr mit den Kursen mit, wodurch automatisch zu einem extrem ungünstigen Zeitpunkt verkauft wird. Um den dauerhaften Verlust zu verhindern, muss zu diesem Zeitpunkt ein neues Zertifikat mit einer niedrigeren/höheren Knock-out-Schwelle oder, falls man auf steigende Kurse spekuliert, der Basiswert gekauft werden. Dafür muss jedoch neues Geld vorhanden sein. Steht dieses Geld nicht zur Verfügung oder wird der Zeitpunkt verpasst und der Kurs des Basiswertes ist bereits wieder in die andere Richtung gedreht, entstehen realisierte Verluste. Bei Aktien kann gewartet werden, bis der Kurs wieder steigt und das Unternehmen wieder realistischer bewertet wird. Wurde man jedoch ausgeknockt ohne nachzukaufen, sind die Verluste festgeschrieben und bleibend. Nach Buffett und

Graham sollte die Börse ein Diener sein.[225] Wer jedoch andauernd die Kurse kontrollieren muss, ist ein Knecht der Börse.

Optionsscheine und Knock-Out-Zertifikate können den Inhaber dazu zwingen, andauernd am Kapitalmarkt zu reagieren, entweder weil sie auslaufen oder weil sie drohen, ausgeknockt zu werden. Wenn dann nicht genug Geld bereitliegt, ist man eventuell auch noch gezwungen, an anderer Stelle zu verkaufen. Das alles verursacht Transaktionskosten.

Der Käufer von Zertifikaten und Optionsscheinen ist außerdem immer ein Gläubiger des Emittenten. Sollte die emittierende Bank Pleite gehen, können ihre emittierten Zertifikate und Optionen auch wertlos werden, obwohl sich der Basiswert den Erwartungen entsprechend entwickelt hat. Als Aktionär ist man Eigenkapitalgeber der entsprechenden Unternehmen, die Bank verwaltet die Aktien nur für ihre Kunden. Die Aktien kämen bei einer Insolvenz nicht mit in die Gläubigermasse, welche das restliche Vermögen darstellt, das noch anteilig unter den Gläubigern verteilt wird.

Auf jeden Fall sollte man bei Zertifikaten und Optionen wissen, worauf man sich einlässt. Es ist sicher kein Fehler, ganz auf Zertifikate und Optionen zu verzichten, während der Kauf mit einigen Risiken verbunden ist. Vor allem von komplexeren Zertifikaten, die für Nicht-Experten kaum noch zu verstehen und bei denen meistens die Banken die Gewinner sind, sollte man lieber die Finger lassen, denn niemand sollte ein Geschäft eingehen, das er nicht eindeutig versteht.

Mit Zertifikaten oder Optionen in gehebelter Form auf steigende Kurse zu setzen, um höhere Renditen zu erzielen, entspricht in gewisser Weise einem Aktienkauf mit Fremdkapital, bei dem der Käufer vom kurz- oder mittelfristigen Verlauf der Kurse abhängig ist. Es handelt sich daher um eine Spekulation und hat mit dem Value-Investing nichts zu tun. Aufgrund der Zinsen und des verfallenden Zeitwertes kann es passieren, dass trotz leicht steigender Kurse mit der Aktie mehr verdient worden

---

[225] Vgl. Buffett, M. / Clark, D., 2008, S. 137; vgl. Löwe, J., 2010, S. 137; vgl. Graham, B., 1997, S. 109 – 110.

wäre als mit dem Hebelzertifikat. Solange ein Value-Investor solide Aktien kauft, kann er sich schon mit einem kleinen Cashbestand über unrealistisch tief fallende Kurse freuen und über steigende natürlich auch. Er ist also immer entspannt, wenn er die richtige Einstellung und die richtige Strategie hat. Sobald man jedoch Knock-Out-Zertifikate besitzt, werden fallende Kurse zu einer echten Gefahr.

7 Schlusswort

Warum gibt es trotz der beeindruckenden langfristigen Erfolgsbilanzen vieler Value-Investoren so wenige von Ihnen? Viele orientieren sich zu kurzfristig, doch an der Börse trifft das Logische oft nicht gleich ein. So kann eine stark unterbewertete Aktie auch noch weiter fallen. Aber gerade deshalb gibt es ausgezeichnete Einstiegsgelegenheiten für Value-Investoren. Es gibt einige Gemeinsamkeiten zwischen der Aktienanlage und dem Pokerspiel, abgesehen davon, dass beides von manchen als Zockerei abgetan wird. Würde immer sofort das eintreten, was zu erwarten ist, gäbe es an der Börse nicht diese Vielfalt an günstigen Gelegenheiten, und würde beim Poker immer der Bessere gewinnen, würden keine schlechteren Spieler mehr gegen ihn spielen. Sowohl beim Poker als auch an der Börse profitieren die Besten davon, dass das Erwartbare und Logische oft erst verzögert, teilweise stark verzögert und über Umwege eintritt. Dadurch merken die unterdurchschnittlichen Anleger bzw. Spieler nämlich erst verspätet oder nie, dass sie zu diesen gehören, und wenn sie es merken, können sie es immer noch auf das Pech schieben. Schließlich können fast sämtliche Strategien bei der Kapitalanlage kurzfristig und sogar für einige Jahre über- oder unterdurchschnittliche Renditen einbringen. Letztendlich tritt das Logische und Erwartbare jedoch ein, es erfordert nur manchmal Geduld. Man darf nicht die Nerven verlieren, wenn es mal wieder etwas länger dauert. Sowohl beim Poker als auch an der Börse entscheidet kurzfristig das Glück und langfristig das Können über den finanziellen Erfolg. Aber es gibt auch einen wesentlichen Unterschied. Nach einer Pechsträhne beim Poker ist die Wahrscheinlichkeit, dass das nächste Blatt schlecht wird, genauso hoch wie vor der Pechsträhne. Sind jedoch die Kurse an der Börse eine Zeit lang gefallen, steigt die Wahrscheinlichkeit, dass sie bald wieder steigen, da die Aktien nach der schlechten Phase günstiger bewertet sind und sich so mehr Potential nach oben aufbaut. Dasselbe gilt natürlich für beides auch umgekehrt, wenn es gut läuft. Ein weiterer Unterschied besteht darin, dass an der Börse alle Akteure langfristig gewinnen können, da der Gesamtmarkt langfristig an Wert gewinnt. Somit können auch Strategien, die schlechter als der Durchschnitt abschneiden, immer noch Gewinne einfahren, was es schlechten Strategien noch leichter macht, nicht als solche enttarnt zu werden. Beim Poker kann es hingegen nur Gewinner geben, wenn andere verlieren. Value-Investoren können sich darüber freuen, dass immer noch viele von anderen Strategien überzeugt sind, denn je weniger Investoren sich am Wert einer Aktie orientieren, desto stärker kann der Kurs vom Wert abweichen und desto bessere Gelegenheiten gibt es für diejenigen, die sich am Wert einer Aktie orientieren.

Das Value-Investing nach Grahams Ansatz ist schon seit 1934 bekannt und es gibt auch schon lange Value-Investoren, die beeindruckende langfristige Erfolge vorweisen können, und trotzdem hat es sich nicht durchgesetzt.[226] Es werden zwar von vielen Investoren wertorientierte Kennziffern wie das KGV verwendet, aber es gibt immer noch etliche andere Merkmale, wie Trends, denen viel Aufmerksamkeit geschenkt wird, und wenn die Märkte mal wieder einstürzen, sind die Börsenzeitungen immer noch mit Kommentaren überhäuft, die zum Abwarten oder gar Aussteigen in diesen turbulenten Zeiten bei dieser hohen Volatilität, die mit Risiko gleichgestellt wird, raten. Letztendlich ist es doch egal, wo eine Aktie in 4 Wochen steht, solange die Fakten dafür sprechen, dass sie irgendwann in den nächsten Jahren zu deutlich höheren Kursen gehandelt werden wird. Wer sich nicht sicher ist, dass sie in den nächsten Wochen noch günstiger zu haben ist, sollte besser gleich zu den günstigen Kursen zuschlagen. Heftige Kursausschläge, welche eine hohe Volatilität implizieren, kann es schließlich sowohl nach unten als auch nach oben geben. Kurzfristig sind alle Aktienkäufe spekulativ, auch die, bei denen nicht mit starken Ausschlägen zu rechnen ist. Wer aber langfristig denkt, braucht sich von kurzfristigen Ausschlägen nicht irritieren zu lassen oder kann sie als Chance betrachten. Der automatische Computerhandel, die Erfindung von Stop-Loss-Marken und die Möglichkeit von Leerverkäufen sorgen auch nicht dafür, dass sich wertorientierte Investoren darüber Sorgen machen müssten, dass

---

[226] Vgl. Buffett, W., 1984; vgl. Löwe, J., 2010, S. 144.

die Märkte zu effizient werden könnten, wodurch sich keine Einstiegsgelegenheiten mehr ergeben würden.

Das theoretische Wissen allein reicht jedoch noch nicht aus, um ein guter Value-Investor zu sein. Alle theoretischen Abhandlungen der Welt über die Börse und Investments können nicht die praktische Erfahrung ersetzen, die man sammelt, wenn man selbst einen Crash und einen anhaltenden Bärenmarkt mit seinem eigenen Geld erfährt. Wer in einer solchen Situation dem psychischen Druck nicht standhalten kann und entgegen dem, was er weiß, verkauft, der sollte es entweder ganz lassen oder nur mit für ihn unbedeutenden Beträgen weiter üben und abwarten, ob er es beim nächsten Mal schafft, dabeizubleiben. Genauso merkt man erst in der Praxis, wie sich eine Börsenhausse anfühlt, wenn alle Optimisten sind und jeder steigende Kurse erwartet. Auch hier reicht theoretisches Wissen nicht aus, um sich nicht mitreißen zu lassen, wenn eigentlich besondere Vorsicht geboten ist. Es fällt vielen schwer, gegen die Meinung der Masse in eine Aktie zu investieren, die schon stark gefallen ist. Da es fast unmöglich bzw. mit großem Glück verbunden ist, den perfekten Einstiegszeitpunkt zu treffen, kommt es nicht selten vor, dass diese günstig gekaufte Aktie trotzdem noch weiter fällt, bevor sie wieder steigt. Dann kann man sich ziemlich dumm fühlen, wenn keiner die Aktie wollte und es zunächst so aussieht, als hätten die anderen recht gehabt. Deshalb gehört nicht nur das theoretische Wissen dazu, um ein guter Value-Investor zu sein, es erfordert ebenso ein Stück Standfestigkeit sowie das Selbstbewusstsein und die Überzeugung, auch einmal gegen den Strom schwimmen zu können. Die Zeit, die ein Value-Investor spart, indem er sich nicht täglich mit den Preisen befasst, kann er dafür nutzten, die Theorie zu studieren und Werte zu ermitteln.

Unabhängig davon, wie man sein Geld anlegt, ist es wichtig, sich eigene Gedanken darüber zu machen und nicht blind darauf zu vertrauen, was andere empfehlen, da diese oft ihre eigenen Interessen vertreten. Intern wurden die Häuserkredite bereits vor dem Platzen der Immobilienblase, die für den heftigen Kurseinbruch im Jahr 2008 verantwortlich war, von manchen Bankern als schlechte Investments enttarnt und trotzdem verkauft. Auch die Ratingagenturen haben vielen Papieren, die anschließend mächtig an Wert einbüßten, die Topbonität zugestanden. Dies zeigt zum einen, dass selbst die angeblichen Experten groben Fehleinschätzungen unterliegen können, und zum anderen, dass sie es logischerweise gerne zu ihrem eigenen Vorteil nutzen, wenn sie besser informiert sind. Daher sollten immer Investitionsmöglichkeiten gewählt werden, die verständlich sind und von denen man selbst überzeugt ist. Und wer sich trotz der guten Argumente nicht für das wertorientierte Investieren begeistern kann und wen auch die einfachere Methode des Index-Investing nicht überzeugt, sollte besser ein einfaches Sparbuch wählen, als sich von fremden Leuten mit fadenscheinigen Argumenten unverständliche Finanzprodukte andrehen zu lassen. Wer nicht von sich aus an die Vorteile von Aktien glaubt und diese nur kauft, weil es ihm eingeredet wurde, der gehört auch zu denen, die im ungünstigsten Moment wieder aussteigen, nämlich dann, wenn die Kurse mal wieder eingebrochen sind. Es ist daher für jeden, der etwas Geld übrig hat, empfehlenswert, sich ein wenig mit dem Thema Geldanlage zu befassen. Dann muss das Geld nicht fremden Leuten anvertraut werden, die auch eigene Interessen vertreten. Wer dieses Buch gelesen hat, hat dies allerdings schon ein Stück weit erledigt, auch wenn der Schwerpunkt auf Aktien und dem wertorientierten Investieren lag. Weitere informative Quellen zu den hier angesprochenen Themen und darüber hinaus sind im Anhang vermerkt.

Anhang

Informationsquellen für aktive Investoren

Marktanalyse

Fundamentaldaten zu Aktienmärkten

http://www.starcapital.de/de/kapitalmarktforschung/aktienmarktbewertungen/
(Fundamentale Kennzahlen zu vielen Aktienmärkten)

http://www.econ.yale.edu/~shiller/data.htm
(Shiller-KGV und weitere Daten zum S&P 500 im Excelsheet unter dem Link "U.S. Stock Markets 1871-Present and CAPE Ratio")

http://www.multpl.com/
(Shiller-KGV und viele weiter volkswirtschaftliche Kennzahlen)

Informationen zu Devisen und Inflation

http://www.finanzen.net/devisen/
(Wechselkurse verschiedener Währungen zum Euro)

http://de.global-rates.com/wirtschaftsstatistiken/inflation/inflation.aspx
(Historische Inflationsraten verschiedener Währungen)

http://www.zinsen-berechnen.de/inflationsrechner.php
(Inflationsrechner für Deutschland)

Informationen zu Quellensteuern

http://www.bzst.de/DE/Steuern_International/Auslaendische_Quellensteuer/auslaendische_quellensteuer_node.html
(Übersicht über anrechenbare ausländische Quellensteuer und die Höhe der Quellensteuer von Staaten mit denen Deutschland ein Doppelbesteuerungsabkommen abgeschlossen hat)

Aktiensuche

Aktien verschiedener Indizes nach bestimmten Kriterien sortieren

http://www.onvista.de/index/
(Aktien verschiedener Indizes nach bestimmten Kriterien sortiert. Index wählen und „Top-Flop" klicken)

http://www.comdirect.de/inf/aktien/topflop/topflop.html
(5-Jahres-Top-Flop-Performer aus verschiedenen Indizes)

Aktien, die besonders zuverlässige Dividenden zahlen

http://dripinvesting.org/tools/tools.asp
(Liste mit US-Aktien, die seit mindestens 25 Jahren ihre Dividenden erhöhen konnten)

Ausgewählte Aktien nach der Börsenzauberformel von Joel Greenblatt

https://www.magicformulainvesting.com
(Aktien mit niedriger Bewertung und hoher Kapitalrendite aus einer Datenbank nach der Börsenzauberformel von Joel Greenblatt. Siehe Joel Greenblatt: Die Börsenzauberformel)

Suche nach Aktien mit auswählbaren Kriterien (stock screener)

http://www.finanzen.net/aktien/aktien_suche.asp

http://finance.yahoo.com/screener/

http://www.boerse-online.de/aktien/aktiensuche

http://caps.fool.com/Screener.aspx?source=ifltnvsnv0000001

Aktienideen anderer Anleger

http://www.gurufocus.com/
(Einblicke in die Portfolios verschiedener Anleger unter "Gurus" --> "Gurus Portfolios")

www.stockpickr.com
(Einblicke in die Portfolios anderer Investoren unter „Portfolio")

http://www.finanzen.net/fonds/PI_Global_Value_Fund
(Auflistung der Top Positionen des PI Global Value Fond von Max Otte)

www.insiderdaten.de
(Käufe/Verkäufe von Insidern)

Aktienanalyse

Langfristige vergangene und erwartete Kennzahlen für einzelne Aktien im Überblick sowie Neuigkeiten

www.finanzen.net
(Bietet eine gute Auswahl an historischen Kennzahlen aus Bilanz und GuV sowie Analystenschätzungen zu etlichen Kennzahlen für viele Aktien)

http://quotes.wsj.com/company-list
(Analystenschätzungen inkl. deren Entwicklung und viele Kennzahlen aus Bilanz, GuV und Kapitalflussrechnung zu sehr vielen Aktien)

http://www.wallstreet-online.de
(Bietet eine besonders lange Historie zum Gewinn pro Aktie und zur Dividende. Aktie wählen und Unterrubrik „Dividende" klicken.)

http://www.boerse-frankfurt.de
(Zeigt auch die bereinigten Gewinne pro Aktie im Zeitverlauf)

www.börsennews.de

http://www.onvista.de/aktien/

http://www.msn.com/en-us/money/markets

http://finance.yahoo.com/

http://www.morningstar.com

Neuigkeiten zu einzelnen Aktien

https://www.finanznachrichten.de/
(Bietet vor allem viele Artikel mit Neuigkeiten zu einzelnen Aktien)

Aktienhandel

Übersicht über die aktuellen Kurse und Spreads einzelner Aktien

https://www.onvista.de/
(Aktie eingeben/auswählen und unter Kurse werden die Geld- und Briefkurse vieler Handelsplätze angezeigt)

Aktienverwaltung

Möglichkeiten Musterportfolios zu erstellen um eine Auswahl an Aktien und deren Kurse leichter beobachten zu können

https://www.finanzen.net/anmelden
(Es ist eine kostenlose Anmeldung bei finanzen.net erforderlich um myfinanzen nutzen zu können)

https://my.onvista.de/
(Es ist eine kostenlose Anmeldung bei onvista.de erforderlich um my onvista nutzen zu können)

Quellenverzeichnis

Bücher

Ariely, Dan: Denken hilft zwar, nützt aber nichts: Warum wir immer wieder unvernünftige Entscheidungen treffen, Aktualisierte und erweiterte Taschenbuchausgabe, München: Knaur Taschenbuch, 2010 [Ariely, D., 2010].

Browne, Christopher H.: Die Value Zauberformel: Eine Einführung in die erfolgreichste Anlagestrategie der Welt, Kulmbach: Börsenmedien AG, 2007 [Browne, C., 2007].

Buffett, Mary; **Clark**, David: Buffettology, New York: Simon & Schuster, 1999 [Buffett, M. / Clark, D., 1999].

Buffett, Mary; **Clark**, David: The Tao of Warren Buffett: Warren Buffett's words of wisdom explained, London: Simon & Schuster UK, 2008 [Buffett, M. / Clark, D., 2008].

Cunningham, Lawrence A.: Value Investing: simplified: Investieren wie Buffett & Co, München: FinanzBuch Verlag, 2005 [Cunningham, L., 2005].

Cunningham, Lawrence A.: The Essays of Warren Buffett: Lessons for Investors and Managers, 3. Aufl., Hoboken, New Jersey: John Wiley & Sons, 2009 [Cunningham, L., 2009].

Dobelli, Rolf: Die Kunst des klaren Denkens: 52 Denkfehler, die Sie besser anderen überlassen, München: Carl Hanser Verlag, 2011 [Dobelli, R, 2011].

Fisher, Philip A.: Common Stocks and Uncommon Profits and Other Writings, 2. Aufl., Hoboken, New Jersey: John Wiley & Sons, 2003 [Fisher, P., 2003].

Graham, Benjamin: The Intelligent Investor, 4. überarbeitete Aufl.: mit neuer Einleitung und Anhang von Warren E. Buffett, New York: HarperCollins Publishers, 1997 [Graham, B., 1997].

Graham, Benjamin; **Dodd**, David: Security Analysis: The Classic 1940 Second Edition, New York: McGraw-Hill, 2002 [Graham, B. / Dodd, D., 2002].

Hagstrom, Robert G.: Investieren mit Warren Buffett: Sichere Gewinne mit der Fokus-Strategie, München: FinanzBuch Verlag, 2000 [Hagstrom, R., 2000].

Hagstrom, Robert G.: The Warren Buffett Way, 2. Aufl., Hoboken, New Jersey: John Wiley & Sons, 2005 [Hagstrom, R., 2005].

Katsenelson, Vitaliy N.: The Little Book of Sideways Markets: How to Make Money in Markets that Go Nowhere, Hoboken, New Jersey: John Wiley & Sons, 2011 [Katsenelson, V., 2011].

Kommer, Gerd: Die Buy-and-Hold-Bibel: Was Anleger für langfristigen Erfolg wissen müssen, Frankfurt am Main: Campus Verlag, 2009 [Kommer, G., 2009].

Löwe, Janet: Hier Spricht Warren Buffett: Weisheiten vom erfolgreichsten Investor der Welt, Kulmbach: Börsenmedien, 2010 [Löwe, J., 2010].

Nefiodow, Leo A.: Der sechste Kondradieff: Wege zur Produktivität und Vollbeschäftigung im Zeitalter der Information. Die langen Wellen der Konjunktur und ihre Basisinnovation, 5. überarb. Aufl., Sankt Augustin: Rhein-Sieg Verlag, 2001 [Nefiodow, Leo, 2001].

O'Shaughnessy, James P.: What Works on Wall Street: A Guide to the Best-Performing Investment Strategies of All Time, New York: McGraw-Hill, 2005 [O'Shaughnessy, J., 2005].

Otte, Max: Der OnVista-Führer zur Aktienanalyse, München: Econ Verlag, 2002 [Otte, Max, 2002].

Otte, Max: Investieren statt sparen: Wie man mit Aktien ein Vermögen aufbaut, 3. Aufl., Berlin: Ullstein Taschenbuch, 2008 [Otte, Max, 2008].

Otte, Max; **Castner**, Jens: Erfolgreiches Value-Investieren: Geniale Investmentstrategien in Zeiten globaler Veränderungen, München: FinanzBuch Verlag, 2010 [Otte, Max / Castner, J., 2010].

Otte, Max: Endlich mit Aktien Geld verdienen: Die Strategien und Techniken, die Erfolg versprechen, München: FinanzBuch Verlag, 2012 [Otte, Max, 2012].

Pardoe, James: How Buffett Does It: 24 Simple Investing Strategies from the World's Greatest Value Investor, New York: McGraw-Hill, 2005 [Pardoe, J., 2005].

Penman, Stephen: Accounting for Value, New York: Columbia University Press, 2010 [Penman, S., 2010].

Shiller, Robert J.: Irrational Exuberance, 2nd Edition Revised & Updated, New York: Broadway Books, 2009 [Shiller, R., 2009].

Town, Phil: Rule No. 1: The Simple Strategy for Successful Investing in Only 15 Minutes a Week!, London: Random House UK, 2007 [Town, P., 2007].

Williams, John B.: The Theory of Investment Value, London: BN Publishing, 2012 [Williams, J., 2012].

Zitelmann, Rainer: Vermögen bilden mit Immobilien, 2. Aufl., München: Rudolf Haufe Verlag, 2008 [Zitelmann, R., 2008].

Artikel

Buffett, Warren E.: The Superinvestors of Graham-and-Doddsville, in: Hermes, Magazine of Columbia Business School, Mai 17, 1984, S. 3 - 15 [Buffett, W., 1984].

Deutsche Bank (Hrsg.): LT Asset Return Study: A Journey into the Unknown, in: Global Markets Research: Fixed Income, 3. September 2012 [Deutsche Bank, 2012].

Fisher, Kenneth L.: Philip A. Fisher, 1907 – 2004, in: Forbes.com, 26.04.04 [Fisher, K., 2004],
 http://www.forbes.com/free_forbes/2004/0426/142.html (12.08.15).

Goedhart, Marc; **Ray**, Rishi; **Saxena**, Abhishek: Equity Analysts: Still too bullish, in: McKinsey Quarterly, April 2010 [Goedhart, M. / Ray, R. / Saxena, A., 2010].

Gottschalk, Arne: Benjamin Graham: Der erste Analyst, in: manager magazin online, 05.02.2009 [Gottschalk, A., 2009],
http://www.manager-magazin.de/finanzen/artikel/0,2828,601666,00.html (12.08.15).

Keimling, Norbert: Langfristige Aktienmarktprognose: Das Shiller-CAPE auf dem Prüfstand, in: StarCapital Research, Januar 2016 [Keimling, N., 2016],
https://www.starcapital.de/de/kapitalmarktforschung/aktienmarktbewertungen/ (18.05.18).

Kösling, Barbara: Ende der Stagnation, in: Cash 9/2006, S. 112 – 125 [Kösling, B., 2006].

Markowitz, Harry: Portfolio Selection, in: The Journal of Finance, Vol. 7 No. 1, S. 77 - 91 [Markowitz, H., 1952].

Internetquellen

boerse.de (Hrsg.): Kurshistorie: Jahres-Schlusskurse, 2018 [boerse.de, 2018], https://www.boerse.de/devisen/ (14.12.18).

Deutsche Bundesbank (Hrsg.): historische DM-Devisenkurse der Frankfurter Börse, 2015 [Deutsche Bundesbank, 2015], http://www.bundesbank.de/Navigation/DE/Statistiken/Zeitreihen_Datenbanken/Makrooekonomische_Zeitreihen/its_list_node.html?listId=www_s331_b01011_1 (21.08.15).

finanzen.net: Krones Aktie: Schätzungen [finanzen.net, 2018], https://www.finanzen.net/schaetzungen/krones (16.12.18)

Forbes (Hrsg.): The World's Billionaires, 2018 [Forbes, 2018], https://www.forbes.com/billionaires/list/ (19.11.18).

global-rates.com (Hrsg.): historische Inflationsraten, 2018 [global-rates.com, 2018], https://de.global-rates.com/wirtschaftsstatistiken/inflation/verbraucherpreisen/hvpi/hvpi.aspx (14.12.18).

MSCI (Hrsg.): End of day data Country [MSCI, 2018], https://www.msci.com/end-of-day-data-country (21.05.18).

Starcapital (Hrsg.): Aktienmarktbewertungen, 2018 [Starcapital, 2018], https://www.starcapital.de/de/kapitalmarktforschung/aktienmarktbewertungen/ (19.07.18).

Shiller, Robert (Hrsg.): Online Data Robert Shiller, 2015 [Shiller, R., 2015], http://www.econ.yale.edu/~shiller/data.htm (10.08.15).

Shiller, Robert (Hrsg.): Online Data Robert Shiller, 2018 [Shiller, R., 2018], http://www.econ.yale.edu/~shiller/data.htm (20.05.18).

The Wall Street Journal: Krones AG [The Wall Street Journal, 2018], https://quotes.wsj.com/DE/XFRA/KRN (16.12.18)

U.S Department of the Treasury (Hrsg.): Daily Treasury Bill Rates Data [U.S Department of the Treasury, 2015], http://www.treasury.gov/resource-center/data-chart-center/interest-rates/Pages/TextView.aspx?data=billratesAll (10.08.15).

Jahresberichte

Buffett, Warren E.: Chairmen's Letter, in: Berkshire Hathaway: 1989 Annual Report, 1990, S. 5 - 25 [Buffett, W. , 1990].

Daimler (Hrsg.): Geschäftsberichte [Daimler, Geschäftsberichte], https://www.daimler.com/investoren/berichte/geschaeftsberichte/ (08.12.18).

Krones (Hrsg.): Finanzberichte [Krones, Finanzberichte], https://www.krones.com/de/unternehmen/investor-relations/finanzberichte.php (16.12.18)

Krones (Hrsg.): Präsentationen [Krones, Präsentationen], https://www.krones.com/de/unternehmen/investor-relations/praesentationen.php (16.12.18)

Procter & Gamble (Hrsg.): 2018 Annual Report [Procter & Gamble, 2018 Annual Report], http://www.pginvestor.com/interactive/lookandfeel/4004124/PG_Annual_Report_2014.pdf (12.09.18).

www.ingramcontent.com/pod-product-compliance
Lightning Source LLC
Chambersburg PA
CBHW030623220526
45463CB00004B/1389